FiNALEonline.de

FiNALEonline ist die digitale Ergänzung zu deinem Abiturband. Hier findest du eine Vielzahl an Angeboten, die dich bei deiner Prüfungsvorbereitung zusätzlich unterstützen.

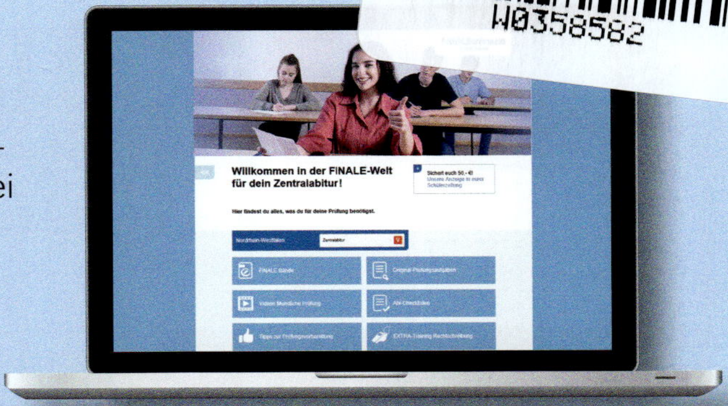

Das Plus für deine Vorbereitung:

- Original-Prüfungsaufgaben mit Lösungen (bitte Code von Seite 2 eingeben!)
- EXTRA-Training Rechtschreibung
  So kannst du einem möglichen Punktabzug bei deinen Abi-Klausuren vorbeugen.
- Videos zur mündlichen Prüfung
- Tipps zur stressfreien Prüfungsvorbereitung
- Abi-Checklisten mit allen prüfungsrelevanten Themen

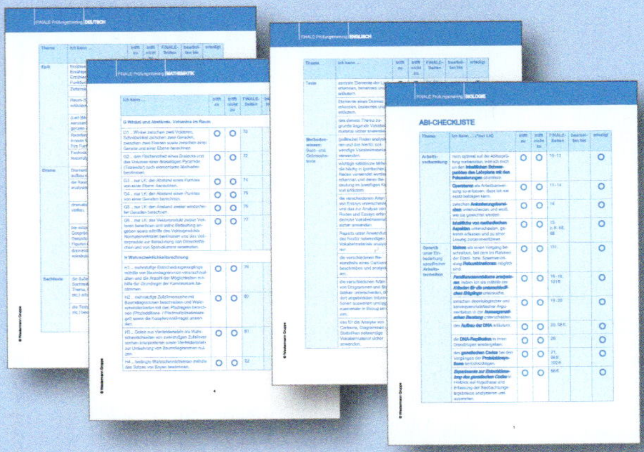

Abi-Checklisten
Sie helfen dir, den Überblick über den Prüfungsstoff zu behalten.

FiNALEonline.de

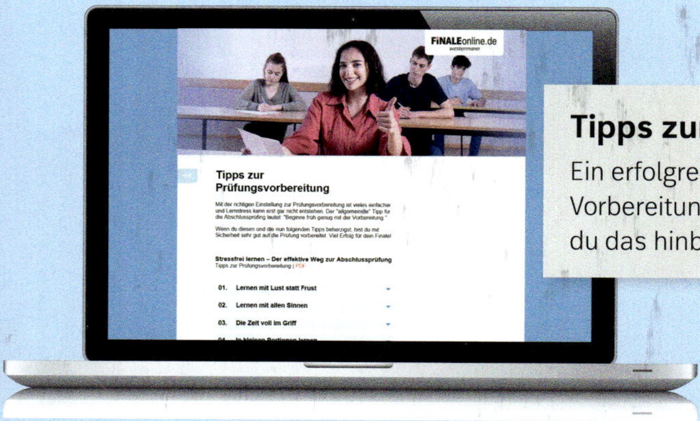

Tipps zur Prüfungsvorbereitung

Ein erfolgreiches Abitur erfordert eine gezielte Vorbereitung ohne unnötigen Lernstress. Wie du das hinbekommst, erfährst du hier!

Videos zur mündlichen Prüfung

Nur wenige Abiturienten wissen genau, wie sie abläuft, die „Mündliche". Die Videos geben dir Einblick in den Ablauf der Prüfung und Tipps für die richtige Vorbereitung.

Die Kombination aus FiNALE-Buch und FiNALEonline bietet dir die optimale Vorbereitung für deine Prüfung und begleitet dich sicher zu einem erfolgreichen Abitur 2022!

www.finaleonline.de

westermann

FiNALE Prüfungstraining

Baden-Württemberg

Abitur 2022

Geschichte

Falk Herbrechtsmeier
Stefan Nagelstutz

FiNALEonline.de

westermann GRUPPE

Bildnachweis:
|Bergmoser + Höller Verlag AG, Aachen: 50.1, 69.1. |bpk-Bildagentur, Berlin: 144.1; Dietmar Katz 7.1, 176.1; Geheimes Staatsarchiv, SPK / Thomann 163.1. |Gerner, Hans: 147.1. |Peter Wirtz Fotografie, Dormagen: Titel, 2.1. |Prestel Verlag, München: David Heather, DDR Poster. 130 Propagandabilder, Werbe- und künstlerische Plakate von den 40er- bis Ende der 80er-Jahre illustrieren die Geschichte des Kalten Krieges, Zeitgeist und Lebensgefühl der DDR. Ostdeutsche Propagandakunst / The Art of East German Propaganda © 2014 Prestel Verlag, München, in der Penguin Random House Verlagsgruppe GmbH. Übersetzung: Mechthild Barth 15.1, 184.1. |VG BILD-KUNST, Bonn: © VG Bild-Kunst, Bonn 2021 (Arnold, Karl: „Der letzte Demokrat, Der liebst Platz, den ich auf Erden hab', das ist die Rasenbank am Elterngrab" 1931, Simplicissimus 36. Jg. Nr. 27, 5.10.1931) 139.1. |Wilhelm-Busch-Gesellschaft e.V., Hannover: Hanns Erich Köhler 154.1, 154.2, 154.3.

Druck 1/Jahr 2021

Redaktion: lüra – Klemt & Mues GbR, Wuppertal
Kontakt: finale@westermanngruppe.de
Layout: Druckreif! Sandra Grünberg, Braunschweig
Umschlaggestaltung: Gingco.Net, Braunschweig
Umschlagfoto: Peter Wirtz, Dormagen
Druck und Bindung: westermann druck GmbH, Braunschweig

ISBN 978-3-7426-**2278**-5

Inhaltsverzeichnis

Methodentraining

Originalprüfung Abitur 2020

Arbeiten mit FiNALE

FiNALE Prüfungstraining Geschichte unterstützt Sie praxisnah bei der Vorbereitung auf die schriftliche, aber ggf. auch auf eine mündliche Abiturprüfung im Fach Geschichte.
Der Praxisteil stellt zu beiden Schwerpunktbereichen authentische Aufgaben zur Verfügung. Sie finden im Buch zudem die schriftlichen Originalprüfungen 2020, versehen mit Erklärungen und beispielhaften Lösungen.
Sobald die Originalprüfung 2021 zur Veröffentlichung freigegeben ist, können Sie die Unterlagen dafür unter www.finaleonline.de mit dem Code GE4Z6G8 abrufen. Auf der Website steht ferner eine Übersicht bereit, die Ihnen dabei hilft, Ihre Lerneinheiten im Vorfeld der Abiturprüfung zu planen.

So bereitet Sie FiNALE auf das Abitur im Fach Geschichte vor:

- Einführend geben Ihnen „Informationen und Tipps zur Prüfung" eine Orientierung über die Abiturprüfung. Wir stellen Ihnen die Operatoren und Anforderungsbereiche im Überblick vor und erläutern die Bewertungskriterien zu Inhalten und Darstellungsleistung. Hier erhalten Sie wertvolle Tipps, um Punkte zu sammeln.
- Das ausführliche „Basiswissen" entfaltet einen kompakten Überblick zu den gegenwärtigen Schwerpunktthemen des Abiturs im Fach Geschichte in Baden-Württemberg. Sie können gezielt Bereiche auswählen, die Sie im Zusammenhang wiederholen möchten: Abiturrelevante Überblicksinformationen zu historischen Ereignissen und Personen, Begriffserläuterungen, Schaubilder, Hinweise auf wichtige Forschungsdiskussionen sowie zentrale Zitate ermöglichen Ihnen auch eine Einordnung und Bewertung historischer Prozesse.
- Die beispielhaften Prüfungen mit den Schwerpunkten auf den Anforderungsbereichen II und III bringen Ihnen die wichtigsten Aufgabenformate nahe: den Umgang mit historischen Text- und Bildquellen sowie mit Sekundärliteratur. Sie erfahren, was die Operatoren im konkreten Zusammenhang erfordern, und Lösungshinweise geben Ihnen einen Ausblick auf die inhaltlichen Erwartungen in der Prüfung.
  Diese Beispiele zur schriftlichen und zur mündlichen Abiturprüfung sowie die Originalprüfungen 2020 geben Ihnen die Möglichkeit, sich mit den im Abitur 2022 vorgegebenen Aufgabentypen vertraut zu machen und deren Bearbeitung zu trainieren.

Wir wünschen Ihnen viel Erfolg!

Informationen und Tipps zur Prüfung

Aktuelle Informationen zur Abiturprüfung:
www.schule-bw.de/schularten/gymnasium/zentralepruefungen/abitur/

Was im Abitur von Ihnen erwartet wird

Inhaltlich richtet sich der Fokus der Abiturprüfungen im Fach Geschichte auf das 19. und 20. Jahrhundert. Grundlegende Kenntnisse über diese beiden Jahrhunderte haben Sie bereits im Unterricht der Mittelstufe erworben, diese werden in der Oberstufe „thematisch vertieft" und erweitert. Das im Abitur erwartete Grundlagenwissen wird in diesem Prüfungstrainer überblicksartig zusammengefasst.

Tipp Lücken schließen

Sollten Sie während der Wiederholung des Stoffs mit dem Basisteil für einzelne Themen feststellen, dass Sie dort größere Lücken haben, können Sie diese mithilfe Ihrer Aufzeichnungen und Lehrbücher gezielt schließen.

Im Fach Geschichte haben Sie in der gymnasialen Oberstufe gelernt, sich einem umfangreichen und vielschichtigen Faktenwissen interpretierend zu nähern, um historische Prozesse verstehen und deuten zu können. Sie haben folgende Kompetenzen erworben:

Sachkompetenz: Sie haben ein geordnetes Wissen aufgebaut, z. B. Fachwissen über bestimmte Ereignisse, Epochen, Personen, Strukturen oder Begriffe. Im Einzelnen sind Sie in der Lage,
- wichtige Ereignisse, Entwicklungen und Strukturen zu den unten genannten Themenkomplexen zu beschreiben,
- die Ursachen und Auswirkungen dieser Ereignisse und Entwicklungen zu nennen,
- themenbezogene Fachbegriffe korrekt zu verwenden.

Der Bildungsplan für das Land Baden-Württemberg verknüpft für die Kursstufe in Geschichte historische Phänomene zu vier großen Einheiten (s. Basiswissen ab S. 21).

Methodenkompetenz: Sie können fachgerecht mit Quellen und Darstellungen umgehen (z. B. mit Bildern wie Fotos, Karikaturen, Fotomontagen, Gemälden o. Ä.; mit Plakaten, v. a. Wahlplakaten; mit Statistiken, Grafiken oder Karten) und beherrschen die Verfahren historischer Untersuchungen, d. h., dass Sie z. B. eine Fallanalyse durchführen oder einen historischen Vergleich vornehmen können. Im Einzelnen sind Sie in der Lage,
- Quellen und Darstellungen zu unterscheiden,
- die Perspektivität von Quellen wahrzunehmen,
- verschiedene Quellengattungen nach ihrem Aussagewert zu unterscheiden,
- mit einzelnen Gattungen von Quellen und Darstellungen angemessen umzugehen.

Reflexionskompetenz: Sie zeigen ein Verständnis für Probleme, weil Sie historische Zusammenhänge beurteilen und interpretieren können. Im Einzelnen sind Sie in der Lage,
- mit der Perspektivität von Geschichte umzugehen,
- Veränderung in der Geschichte wahrzunehmen,
- mit Dimensionen/Kategorien/Begriffen umgehen zu können,
- Verfahren historischer Untersuchung zu beherrschen.

Orientierungskompetenz: Sie sind in der Lage, historische Prozesse oder Fragestellungen auf die Gegenwart zu übertragen. Im Einzelnen sind Sie in der Lage,
- einen Gegenwartsbezug herzustellen.

Besondere Anforderungen im fünfstündigen Geschichtskurs

Das fünfstündige Leistungsfach unterscheidet sich nicht nur inhaltlich vom zweistündigen Basisfach. Im Anschluss daran werden von Ihnen Kenntnisse über komplexe historische Konzepte erwartet, z. B.:
- Modernisierung, Revolution, Totalitarismus, Faschismus,
- Bilanz der deutschen Geschichte bis 1945,
- Wendepunkte des 20. Jahrhunderts.

Darüber hinaus sollten Sie mit anspruchsvolleren Operatoren zurechtkommen bzw. vielschichtigere Aufgaben bearbeiten können: Sie sollten z. B. einen Vergleich der Industrialisierung in verschiedenen Ländern anstellen oder Auswirkungen der Amerikanischen und Französischen Revolution vergleichen können.

Tipp zum Punktesammeln

Insbesondere die Operatoren „analysieren“, „erörtern“, „beurteilen“ und „vergleichen“ sollten Ihnen sehr vertraut sein. Das sind die gängigen Operatoren im Abitur.

Die schriftliche Abiturprüfung im Fach Geschichte

Die schriftliche Abiturprüfung besteht aus zwei Aufgaben, die den beiden Schwerpunktthemen zuzuordnen sind. Sie dürfen eine der beiden Aufgaben auswählen. Die Schwerpunktthemen für die schriftliche Abiturprüfung in Geschichte für das Abitur 2021 lauten:

Schwerpunktthema I:

Deutschland im Spannungsfeld zwischen Demokratie und Diktatur
- Die Entwicklung der politischen Kultur in der Weimarer Republik
- Die Diktatur des Nationalsozialismus

Schwerpunktthema II:

Deutschland nach 1945 im internationalen und europäischen Kontext
- Besatzungszeit und Teilung Deutschlands im Rahmen des Ost-West-Konflikts
- Die politische und gesellschaftliche Entwicklung in der Bundesrepublik Deutschland (BRD) und in der Deutschen Demokratischen Republik (DDR)

Wichtigste Kompetenz: Ein Wert- oder Sachurteil erstellen

Im Abitur müssen Sie in der Lage sein, historische Sachverhalte zu beurteilen. Ein historisches Urteil ist dann gut, wenn

... Ihr Urteil transparent ist:
- Haben Sie die Perspektive, Ihre Kriterien, Ihre Wertmaßstäbe offengelegt und dies auch begründet?
- Sind alle Begriffe erklärt?

... Sie sachlich korrekt gearbeitet haben:
- Haben Sie keine falschen Aussagen gemacht?
- Haben Sie alle Quellen und alle Informationen, die Sie haben (auch die Unterrichtsinhalte), genutzt?

... Sie logisch vorgegangen sind:
- Gibt es keine Widersprüche?

... Ihre Darstellung überzeugend und verständlich ausformuliert ist:
- Haben Sie Ihre Argumente verständlich und nachvollziehbar dargelegt?
- Passen die Argumente zur Aufgabenstellung?

… Sie gezeigt haben, dass Sie nachdenken können:
- Haben Sie in Ihrer Darstellung auch andere/alternative Positionen/Perspektiven berücksichtigt?
- Haben Sie, falls die Aufgabe es erfordert, evtl. pro und kontra argumentiert?
- Haben Sie ein Fazit gezogen, das Ihre Argumentation sinnvoll zusammenfasst?

Tipp zum Punktesammeln

Das müssen Sie vermeiden: unstrukturiert vorgehen, ein Pseudourteil bilden, die Aufgabe komplett aus dem Blick verlieren. Gehen Sie so vor:
1. Lesen Sie die Aufgabenstellung sorgfältig. Beachten Sie die Operatoren und unterstreichen Sie die Schlüsselwörter: Worum genau geht es?
2. Konzentrieren Sie sich bei der Arbeit auf die wichtigsten Aspekte des Themas.
3. Markieren Sie in den Texten etc. die Schlüsselbegriffe, die einen Bezug zu diesen Aspekten haben. Erarbeiten Sie auf dieser Grundlage zunächst ein Konzept für Ihre Darstellung.
4. Stellen Sie sicher, dass Ihre Ausarbeitung die Aspekte in einer sinnvollen Struktur aufnimmt und dass sie an die Aufgabenstellung anschließt.

So organisieren Sie sich in der Abiturklausur

Beachten Sie die Punktevergabe

Insgesamt können **60 Verrechnungspunkte** in der schriftlichen Abiturprüfung erreicht werden. Pro Schwerpunktthema werden vier Teilaufgaben gestellt:
- eine darstellend-strukturierende Aufgabe,
- zwei materialgestützte Aufgaben (evtl. mit vergleichender Perspektive),
- eine auf Urteilsbildung abzielende Aufgabe.

Die Punkte werden für die verschiedenen Anforderungsbereiche (im Normalfall) bzw. nach Schwierigkeitsgrad der Aufgabe vergeben. Die Höchstpunktzahl pro Teilaufgabe liegt bei 20 Verrechnungspunkten, die Mindestzahl bei 10 Verrechnungspunkten. Planen Sie für eine Aufgabe mit einer hohen Verrechnungspunktzahl genug Zeit ein (Richtwert: je Verrechnungspunkt = 4 Min. Bearbeitungszeit; z. B. 20 P. x 4 Min. = 80 Min.).

Beachten Sie die Zeitvorgaben

Insgesamt haben Sie **270 Minuten** lang Zeit, die Abituraufgabe zu bearbeiten. Dies erfordert, dass Sie konzentriert arbeiten und die Aufgabenstellung genau lesen, denn die Zeit ist sehr knapp bemessen.
Bei der Vorbereitung auf das Abitur empfiehlt es sich, eine komplette Prüfung zu simulieren. So lernen Sie, sich selbst in Bezug auf die Zeit einzuschätzen.

Legen Sie vor dem Ausformulieren ein Konzept an

Es empfiehlt sich, für jeden Teil der Aufgabenstellung die wichtigsten Stichpunkte zunächst in Form eines Konzepts festzuhalten und die Gedanken dann zu gliedern, um die Reinschrift anschließend zügig anfertigen zu können.
Das Konzept hilft Ihnen, die Struktur Ihrer Texte festzulegen. Sie können z. B.
- in einem **Cluster** Stichworte zur Aufgabenstellung sammeln,
- mithilfe einer **Mind-Map** zusammengehörende Sachverhalte strukturieren (Oberbegriffe festlegen, anschließend Unterbegriffe zuordnen) und diese anschließend, sofern für die Aufgabenstellung relevant, farbig markieren.

Tipp zum Punktesammeln

Vermeiden Sie Abschweifungen vom Thema, denn sie führen zu massiven Punktverlusten. Kein Korrektor wird Ihnen jedoch Punkte abziehen, weil Sie das eine oder andere Faktum vergessen haben.

Das Konzept bereitet die Gliederung Ihrer Ausarbeitung zu den Teilen der Aufgabenstellungen vor: Jede der Darstellungen muss erkennbar eine Einleitung (Hinführung zum Thema/Aufgabenstellung), einen Hauptteil (Darlegung Ihrer Argumentation) und einen Schluss (Ihr begründetes Fazit) enthalten.

Schreiben Sie strukturiert und sprachlich angemessen

Die Bewertung der Abituraufgaben erfolgt ganzheitlich. Für die Bewertung der Arbeiten fordern die Richtlinien des Kultusministeriums auch das Augenmerk auf die „Angemessenheit des (sprachlichen) Ausdrucks", die „richtige Anwendung der Fachterminologie" und „sprachliche Richtigkeit" ein. Die Abiturienten müssen in der Abiturprüfung kein Detailwissen anbringen, sondern vielmehr zeigen, dass sie in der Lage sind, präzise auf die Aufgabenstellung zu antworten und kohärent, also sprachlich und gedanklich flüssig zusammenhängend, zu schreiben.

Obwohl die Abiturprüfung aus mehreren Aufgaben besteht, sind diese inhaltlich aufeinander abgestimmt. Es wird von Ihnen erwartet, dass Sie den Text für die Abiturprüfung „aus einem Guss" schreiben. Eine sehr gute Klausur zeichnet sich unter anderem dadurch aus, dass die Schülerin/der Schüler in der Lage ist, von einer Aufgabe zur nächsten überzuleiten – mit sprachlich und gedanklich passenden Überleitungen und Verknüpfungen. Zudem verfügt ein am Adressaten orientierter, geschlossener Text über Einleitung, Hauptteil und Schluss. Beispielhafte Ausarbeitungen solcherart zusammenhängender Texte finden Sie ab S. 135.

Der **Einleitungssatz** hat beschreibenden Charakter. Sie stellen der Leserin/dem Leser Ihres Aufsatzes die zu analysierende Quelle kurz vor.
Nennen Sie ...
- **den Autor/Zeichner/Maler/Fotografen/Auftraggeber** (der Statistik o. Ä.),
- das **Material** und charakterisieren Sie kurz dessen Eigenschaften. Wenn es sich

um einen Text handelt, beantworten Sie folgende Frage: Ist es eine historische Textquelle (Flugblatt, historische Rede, zeitgenössischer Zeitungsartikel o. Ä.) oder handelt es sich um eine Darstellung eines Historikers?
- den **Erscheinungsort**/die **Erscheinungszeit** des Materials,
- das **Thema** bzw. die Hauptaussage des Materials,
- den **historischen Kontext** (knapp erläutern),
- den **Adressaten** der Quelle (z. B. das Parlament, das Wahlvolk).

Tipp zum Punktesammeln

Verwechseln Sie nicht die Angaben über die Herkunft (Veröffentlichung in einer Darstellung o. Ä.) des Materials mit Autor, Erscheinungsort und -zeit. Dadurch könnten Sie unnötig Punkte verlieren.

Denken Sie am Schluss Ihrer Darstellung zu einer Teilaufgabe an einen Schlusssatz, der Ihren Text abrundet. Fassen Sie z. B. die Aussagekraft des Materials zusammen oder ziehen Sie ein Fazit und leiten Sie dann zur nächsten Aufgabe über. Hilfreiche **Wendungen für eine Überleitung** sind z. B.:
Vor dem Hintergrund der bis hierher dargelegten Überlegungen stellt sich die Frage, …
Setzt man die These, dass …/die Annahme, …/das Resumee, dass …, in Beziehung zu …, ergibt sich eine neue Einordnung/eine erweiterte Fragestellung/eine neue Perspektive auf das Thema.
Die hier dargelegten Betrachtungen lassen sich in einen erweiterten historischen Kontext einordnen, indem …
Man sollte das hier dargelegte historische Ereignis/den hier dargelegten Prozess nicht isoliert für … betrachten. Um zu einer angemessenen Einschätzung zu gelangen, …

Tipp In Zweifelsfällen im Wörterbuch nachschlagen

In der Abiturprüfung sind **Nachschlagewerke** zur deutschen Rechtschreibung und Zeichensetzung zugelassen.
Formulieren Sie in der **Standardsprache** und verzichten Sie unbedingt auf umgangssprachliche Wendungen. Falls Sie unsicher sind, können Sie mithilfe des Wörterbuchs prüfen, ob ein Wort/Begriff als umgangssprachlich gekennzeichnet ist.
Sie sollten das Wörterbuch auch nutzen, um Fehler in **Rechtschreibung** und ggf. auch Zeichensetzung zu vermeiden, denn diese werden in der Korrektur berücksichtigt und können zu Punktabzug führen.

Zitieren und belegen Sie richtig

Besonders prägnante Textstellen aus dem angebotenen Material dürfen nicht nur, sie sollten auch zitiert werden. Achten Sie jedoch darauf, Zitate korrekt zu kennzeichnen.

Zitate/Belege in einen Text einfügen:

- Zitate sind so in den eigenen Text einzufügen, dass sich grammatisch richtige Sätze ergeben.
- Sie sollten möglichst knapp gefasst sein.
- Zitate müssen in ihrer Bedeutung immer erläutert werden.

Zitate/Belege im Text kenntlich machen:

- Wörtlich übernommene Textpassagen und Begriffe werden durch **Anführungszeichen** gekennzeichnet. Kennzeichnen Sie den Textbeleg durch Zeilenangaben.
- Satzteile, die nicht im Original enthalten sind, werden außerhalb der Anführungszeichen wiedergegeben. *Beispiel:* Dass alle „Satzteile, die nicht im Original enthalten sind, [...] außerhalb der Anführungszeichen wiedergegeben" werden.
- Bei grammatisch veränderten Wörtern wird die originale Schreibweise in eckigen Klammern angezeigt. *Beispiel:* Auch „grammatisch veränderte[n] Wörter[n]" müssen als solche gekennzeichnet werden.
- Kürzungen werden durch drei Auslassungspunkte in eckigen Klammern kenntlich gemacht. Beispiel: „Kürzungen werden [...] kenntlich gemacht."

Tipp zum Punktesammeln

Verwenden Sie keinesfalls ein Zitat nur deshalb, weil Ihnen keine eigene Formulierung einfällt. Sie müssen jedes Zitat in seiner Funktion einordnen.

Äußerungen/Inhalte sinngemäß wiedergeben:

Von wörtlichen Zitaten zu unterscheiden sind sinngemäße Wiedergaben. Bei der Umschreibung bzw. sinngemäßen Wiedergabe einer Textpassage müssen Sie sowohl bei Quellen als auch bei Darstellungen auf jeden Fall deutlich machen, dass es sich nicht um Ihre eigenen Überlegungen, Wertungen oder Erkenntnisse handelt. Andernfalls laufen Sie Gefahr, moralisch fragwürdige Äußerungen zu übernehmen. Sprachlich machen Sie die distanzierte Wiedergabe von Äußerungen dritter Personen kenntlich, indem Sie die **indirekte Rede mit dem Konjunktiv I** verwenden.

Stellen Sie historische Sachverhalte strukturiert dar

Eine gelungene Darstellung vergangenen Geschehens zeichnet sich weniger durch die lückenlose Aneinanderreihung historischer Daten und Fakten als durch Kohärenz, also flüssige Formulierungen und eine geordnete Struktur, aus. Für die sinnvolle Verknüpfung geschichtlicher Zusammenhänge und Ereignisse kommen, je nach Aufgabenstellung und Thema, unterschiedliche Möglichkeiten in Betracht:

- **Chronologische Gliederung:** Dies ist die wohl häufigste Gliederungsform, aber auch hier gilt: Nicht nur die in zeitlicher Abfolge richtige Aufzählung von Daten und Fakten führt zu einer angemessenen Darstellung vergangenen Geschehens, sondern auch deren Auswahl und Gewichtung. Daher sind nur solche Sachverhalte aufzuführen, die für die Aufgabe und das Thema relevant sind.

- **Inhaltliche/aspektorientierte Gliederung:** Geschichte ist nicht nur ein Nacheinander, sondern auch ein Nebeneinander von Geschehnissen. Neben einer chronologischen Darstellung lassen sich Ereignisse der Vergangenheit daher auch nach inhaltlichen Gesichtspunkten gliedern, z. B. in die Bereiche Politik, Wirtschaft oder Kultur. Hierbei ist jedoch zu beachten, dass sich auch diese Zuordnungen in der Regel gegenseitig beeinflussen und durchdringen.
- **Räumliche Gliederung:** Geschichte vollzieht sich nicht nur in der Zeit, sondern auch im Raum. Berücksichtigen Sie daher, dass räumlich begrenzte Entwicklungen, Umwälzungen und Konflikte aufgrund der globalen Verflechtungen oft weltweite Ursachen und Folgen haben.

Die hier vorgestellten Strukturierungsmöglichkeiten bzw. Ordnungsprinzipien erfolgen aus unterschiedlichen Blickwinkeln. Je nach Aufgabe und Thema bietet es sich an, sie zu kombinieren.

Die mündliche Abiturprüfung im Fach Geschichte

Auch eine mündliche Prüfung im Fach Geschichte können Sie inhaltlich mit dem Basiswissen und dem Materialteil in diesem Band vorbereiten – unabhängig davon, ob es sich um eine mündliche Prüfung oder um die sog. „mündliche Zusatzprüfung“ in Ergänzung zur schriftlichen Prüfung handelt.

In beiden Prüfungen wird von Ihnen erwartet, dass Sie
- fachlich kompetent sind,
- Ihr Wissen angemessen darlegen können,
- transferfähig sind, also Ihr Wissen auf andere/erweiterte Problemfelder anwenden können, und
- Kommunikationsfähigkeit und v. a. Methodenkompetenz beweisen.

Die mündliche Prüfung im Basisfach

Mit der Einführung der neuen gymnasialen Oberstufe („neue Oberstufe 21“) in Baden-Württemberg für Schülerinnen und Schüler, die im Schuljahr 2019 in die Kursstufe eingetreten sind, ergeben sich deutliche Änderungen bei der mündlichen Abiturprüfung. Die bisherige Form der Präsentationsprüfung in einem fünften Prüfungsfach entfällt ab dem Abiturjahrgang 2021. Neben drei fünfstündigen Leistungsfächern, die stets schriftlich zu absolvieren sind, müssen zwei mündliche Prüfungen in Basisfächern abgelegt werden.

In Abhängigkeit von der individuellen Kurswahl besteht die Möglichkeit, **das zweistündige Basisfach Geschichte als mündliches Prüfungsfach** zu wählen. In Ihrer mündlichen Prüfung im Basisfach Geschichte müssen Sie mindestens 1 Notenpunkt erreichen. Andernfalls ist das Abitur nicht bestanden.

So verläuft die mündliche Prüfung

Zeitrahmen: Die mündliche Prüfung im Basisfach Geschichte wird in der Regel als Einzelprüfung durchgeführt und besteht aus einer **20-minütigen Vorbereitungszeit** und einer insgesamt **20-minütigen Prüfung,** die zu ungefähr gleichen Teilen (also jeweils etwa 10 Minuten, d. h. ein Prüfungsteil muss mindestens 9 und darf höchstens 11 Minuten dauern) einen **Vortrag** und ein **Kolloquium** (Prüfungsgespräch) vorsieht.

Durchführung: Bringen Sie Stift und Papier mit, andere Hilfsmittel sind nicht erlaubt. Das leitende Mitglied des Prüfungsausschusses (= Fremdprüfer von anderer Schule) legt Ihnen die Prüfungsaufgabe vor, die zuvor aus mehreren Aufgabenvorschlägen Ihres Fachlehrers ausgewählt wurde. Sie haben nun unter Aufsicht etwa 20 Minuten Zeit, um Ihren Vortrag vorzubereiten.

Die Prüfungsaufgabe wird aus mehreren (zwei bis drei) Teilaufgaben bestehen, die in der Regel von einem Material ausgehen werden. Zudem müssen bei der Aufgabenstellung alle drei Anforderungsbereiche abgedeckt sein, was Sie den verwendeten Operatoren entnehmen können. In der Praxis werden erwartet:

- die Beschreibung einer Textquelle, einer Karikatur, einer Statistik oder eines Plakats mit Einordnung in den historischen Kontext („Analysieren Sie M1." oder „Arbeiten Sie aus M1 ... heraus und ordnen Sie M1 in den historischen Kontext ein.")
- ggf. ein strukturierter Vergleich mit einem anderen Material („Vergleichen Sie M1 mit M2 ...") oder eine Darstellungsaufgabe („Stellen Sie ... dar. – Erklären Sie ... – Erläutern Sie ... – Begründen Sie ...")
- sowie ein mit dem Material bzw. dem Thema im Zusammenhang stehendes historisches Urteil („Beurteilen"/„Erörtern"/„Überprüfen Sie, inwiefern/ob ...").

Vortrag: Sie sollen Ihre Ergebnisse in zusammenhängender Rede (etwa 10 Minuten lang) darstellen. Ihr Vortrag wird vom Prüfungsausschuss nicht unterbrochen. Ruhig bleiben: Sollten Sie ins Stocken geraten, wird Ihr/-e Fachlehrer/-in versuchen, Sie durch Nachfragen zu unterstützen (sogenannte „Stützfragen").

Tipp zum Punktesammeln

Nutzen Sie die ersten zehn Minuten für die Darstellung Ihrer Arbeitsergebnisse voll aus: Es ist besser, sich ein wenig Zeit bei den Ausführungen zu lassen und einen Gedanken zu Ende zu führen, als sich zu sehr zu beeilen und dann vielleicht unter dem Zeitdruck Wichtiges zu vergessen.
Bleiben Sie ruhig, dann gelingt das anschließende Prüfungsgespräch am besten. Sie sollen nachweisen, dass Sie ein breites Wissen besitzen und historische Prozesse einordnen können.

Kolloquium: Das Gespräch (ca. 10 Minuten) greift auf Inhalte aus unterschiedlichen Kurshalbjahren und unterschiedlichen Kompetenzbereichen zurück. Neben Rückfragen zu Ihrem Vortrag müssen Sie Fragen beantworten, die über das Prüfungsthema

hinausgehen (Aspekte immer innerhalb des Bildungsplans).
Gefragt sind im Basisfach neben **methodischen Kompetenzen** im Umgang mit Quellen und Darstellungen daher **solide historische Grundkenntnisse,** die Sie zu historischen Einordnungen und Bewertungen befähigen. Sie müssen Zusammenhänge formulieren, politische, gesellschaftliche, wirtschaftliche und kulturelle Bezüge (auch themenübergreifend!) herstellen und historische Sachverhalte beurteilen können. Vertieftes Detailwissen wird nicht erwartet.

Tipp zum Punktesammeln

Vergewissern Sie sich, dass Sie **alle Operatoren** kennen und verstehen (vgl. S. 17). Dann wissen Sie genau, was sowohl bei der Bearbeitung der Prüfungsaufgabe, als auch im Kolloquium von Ihnen verlangt wird bzw. was genau in methodischer Hinsicht zu tun ist. So vermeiden Sie die Gefahr, das Thema zu verfehlen.

Die mündliche Prüfung sinnvoll vorbereiten

Wichtig: Sie haben im Vorfeld **keinerlei inhaltliche Wahlmöglichkeiten.** Ihr/-e Fachlehrer/-in muss mehrere Aufgabenvorschläge vorlegen, die insgesamt alle Kurshalbjahre berücksichtigen. Es ist daher unerlässlich, sich inhaltlich-thematisch „breit" aufzustellen und über ein **Basiswissen zu allen vier Kurshalbjahren** zu verfügen. Die Inhalte werden keine Wiederholung einer Klausur in der Qualifikationsphase oder einer von Ihnen gehaltenen gleichwertigen Feststellung von Schülerleistungen (GFS) sein, dies ist ausdrücklich untersagt.
Bei der Bearbeitung des Prüfungsthemas und Vorbereitung des Vortrags helfen folgende Orientierungsfragen, Überlegungen und Hinweise:

Den Vortrag vorbereiten
Sammeln Sie Stoff für den Vortrag anhand einiger Leitfragen: – Welche inhaltlichen Aspekte hat das Thema? Welche Problemfrage ist vorgegeben oder liegt aufgrund des Materials nahe? – Wie kann ich das Thema in den übergeordneten historischen Komplex einordnen? – Wo gibt es im Material bzw. bei den Aufgabenstellungen Anknüpfungspunkte zu weiteren Themen, z. B. Zusammenhänge bzw. (Quer-)Verbindungen zu anderen Epochen? (auch als Vorbereitung auf mögliche Fragen im Kolloquium)
Den Vortrag gliedern
Orientieren Sie sich inhaltlich an den Teilaufgaben und folgen Sie in der Anordnung Ihres Vortrags zumindest grob der folgenden Struktur: – **Einleitung:** Darlegung der (vorgegebenen) Leitfrage/These – **Hauptteil:** (exakte Analyse des Materialteils, historische Einordnung, Vergleich etc.) mit ausführlich begründeter Beantwortung der Leitfrage oder Stellungnahme (Urteil) zur These den Teilaufgaben entsprechend – **Schluss:** kurze Zusammenfassung und Ausblick (weiterführende Fragen)

Den Vortrag halten

- Erstellen Sie zu jeder Teilaufgabe eine **übersichtliche Stichwortliste** als Grundlage Ihres Vortrags. Verzichten Sie aus Zeitgründen darauf, ganze Sätze zu formulieren. Notieren Sie sich allerdings weiterführende Fragen und Denkanstöße als Ausgangspunkt für das Kolloquium!

Tipp zum Punktesammeln

Es wird von Ihnen erwartet, dass Sie in der Lage sind, im Gespräch flexibel und initiativ zu reagieren. Achten Sie auch auf Ihre Kleidung, Ihre Körpersprache sowie auf Ihre Mimik und Gestik.

- Gehen Sie Ihren Vortrag gedanklich an Ihrer **Grobstruktur** entlang und überprüfen Sie Ihre Stichwortsammlung, dass Sie nichts Zentrales vergessen und Ihnen eine zusammenhängende, sinnvoll strukturierte Darstellung Ihrer Ergebnisse gelingt.
- Geben Sie am Ende Ihres Vortrags mit **weiterführenden Fragen** und Denkanstößen Ihrerseits die Richtung für das sich anschließende Gespräch vor.

Tipps für das Kolloquium (Prüfungsgespräch)

- Ergreifen Sie auch im Kolloquium die Initiative und versuchen Sie das Gespräch auf Themen zu lenken, in denen Sie sich gut auskennen.
- Vermeiden Sie Einwortsätze und Einsatzantworten, sondern gestalten Sie das Kolloquium selbst mit und führen Sie Ihre Gedanken aus.
- Fragen Sie unbedingt nach, wenn Sie eine Fragestellung inhaltlich oder akustisch nicht verstanden haben.
- Falls Sie zu einer Frage nichts sagen können, bitten Sie um die nächste.
- Bitten Sie bei anspruchsvollen Urteilsfragen um eine kurze Bedenkzeit.
- Sprechen Sie sowohl bei Ihrem Vortrag als auch im Kolloquium stets deutlich und nicht zu schnell. Suchen Sie den Blickkontakt mit den Prüfern.

Hinweise zur Bewertung der mündlichen Prüfung

In die Beurteilung fließen ein:

- **methodische Kompetenzen** (vgl. S. 125–134; fachgerechter Umgang mit Quellen [Texte, Karikaturen, Plakate etc.], korrekte Auswertung/Beschreibung von Statistiken/Schaubildern),
- sachliche Richtigkeit der Ausführungen (korrekte **Fachsprache**/Fachbegriffe),
- Erklärung von Sachverhalten und Zusammenhängen **(historisches Einordnen),**
- **Differenziertheit** des historischen Urteils (nach Fakten, Meinungen, Vermutungen, Sach- und Werturteilen),
- **Problembewusstsein** (problembezogenes Begründen und Urteilen),
- Fähigkeit zur **Orientierung in der Geschichte** (vergleichen, überprüfen und urteilen anhand geeigneter Kriterien, Beachtung kausaler Zusammenhänge und Entwicklungen, gegenwärtige Auswirkungen/Gegenwartsbezug).

Die „mündliche Zusatzprüfung" im schriftlich geprüften Fach

Sie können im fünfstündigen Leistungsfach Geschichte auch zusätzlich mündlich geprüft werden. Die Entscheidung über die Zulassung trifft das vorsitzende Mitglied des Prüfungsausschusses auf Ihren Antrag hin, wenn Sie das entsprechende Fach spätestens am nächsten, auf die Bekanntgabe der schriftlichen Prüfung folgenden Schultag schriftlich gegenüber dem stellvertretend vorsitzenden Mitglied des Prüfungsausschusses benennen. Dies ist insbesondere dann notwendig, wenn Ihre **schriftliche Abiturprüfung im Leistungsfach Geschichte mit 0 Notenpunkten bewertet** worden ist. Denn ab dem Abiturjahrgang 2021 gilt die Regelung, dass Sie bei 0 Notenpunkten in der schriftlichen Abiturprüfung im Leistungsfach mindestens 3 Notenpunkte in der mündlichen Prüfung erreichen müssen. Andernfalls ist das Abitur nicht bestanden.

Die mündliche Prüfung in den schriftlichen Prüfungsfächern wird als **Einzelprüfung** durchgeführt und dauert in der Regel **20 Minuten.** Sie entspricht hinsichtlich der Durchführung und den Anforderungen der mündlichen Prüfung im Basisfach (s. dazu S. 13). Wichtig ist, dass die mündliche Prüfung im schriftlichen Prüfungsfach **keine Wiederholung der schriftlichen Abiturprüfung** ist. Sie muss eine Ergänzung sein und über die Ihnen vorgelegte Prüfungsaufgabe hinaus auch weitere Themen des Bildungsplanes für das Leistungsfach mit einbeziehen. Demnach müssen Sie im Kolloquium (Prüfungsgespräch) auch mit Fragen rechnen, die über die klar umrissenen Schwerpunktthemen für die schriftliche Abiturprüfung hinausgehen. Beachten Sie zudem, dass der Bildungsplan für das Leistungsfach im Vergleich zum Basisfach deutlich mehr Inhalte (Begriffe und Daten) analog zu den Anforderungen in den vier Kurshalbjahren im Leistungsfach als bekannt voraussetzt. Allerdings wird Detailwissen nicht abgeprüft, vielmehr geht um die Einordnung historischer Ereignisse in größere Zusammenhänge und deren differenzierte Bewertung.

Hinweis: Das Basiswissen eignet sich sehr gut zur Wiederholung und Vorbereitung auf die zusätzliche mündliche Prüfung im Leistungsfach Geschichte.

Die Operatoren – Was genau ist zu tun?

Die Aufgaben im Fach Geschichte sind eng mit den sog. Operatoren verknüpft. Jeder Operator kann einem der drei Anforderungsbereiche zugeordnet werden. Der „Basisoperatorenkatalog der gesellschaftswissenschaftlichen Fächer" erläutert die Operatoren näher, wobei auf den Anforderungsbereich I im Abitur ab 2015 weitestgehend verzichtet wird. Er sei der Vollständigkeit wegen hier trotzdem aufgeführt, denn die hier genannten Aufgabenformulierungen entfallen nicht, sondern sie werden als selbstverständlich vorausgesetzt, z. B. für die Formulierung eines umfassenden Einleitungssatzes. Sie müssen in allen drei Anforderungsbereichen Kenntnis von Begriffen und Kategorien haben, um Materialien und Fragestellungen zu verstehen. Sie müssen in der Lage sein,

- die **Fachterminologie** selbstständig anzuwenden,
- die **Sachverhalte** sinnvoll mithilfe von Fachbegriffen (also z. B. durch Bildung von Oberbegriffen) zu strukturieren sowie
- Begriffe anwenden zu können, um **Vergleichs- oder Urteilskriterien** aufzustellen.

Anforderungsbereich I: ***Wiedergeben*** *und Beschreiben von fachspezifischen Sachverhalten (Reproduktion, Entnahme von Informationen aus einem Material) mit* ***eigenen Worten.***	
Operator	**Bedeutung**
Nennen	Informationen aus vorgegebenem Material entnehmen oder Kenntnisse/Wissen ohne Materialvorgabe anführen.
Herausarbeiten	Informationen und Sachverhalte unter bestimmten Gesichtspunkten aus vorgegebenem Material entnehmen, wiedergeben und/oder ggf. berechnen (z. B. bei Statistiken). **WICHTIG:** Auch wenn die Aufgabenstellung es nicht explizit erwähnt, müssen die herausgearbeiteten Inhalte strukturiert und in **eigenen Worten** wiedergegeben werden. Strukturieren kann man nach Argumenten oder thematischen Aspekten.
Beschreiben	Wesentliche Informationen aus dem Material oder aus Kenntnissen zusammenhängend und schlüssig wiedergeben.
Charakterisieren	Sachverhalte und Vorgänge mit ihren typischen Merkmalen beschreiben und in ihren Grundzügen bestimmen.
Anforderungsbereich II: *Selbstständiges Erklären, Bearbeiten, Ordnen und Anwenden bekannter Inhalte und Methoden (Reorganisations- und Transferleistungen).* *Sie müssen hier v. a. strukturelle und zeitliche Zusammenhänge erklären, Sachverhalte sinnvoll verknüpfen und einordnen können.* ***Das Fachwissen muss in einen Zusammenhang gestellt werden.***	
Operator	**Bedeutung**
Darstellen	Strukturen, Zusammenhänge beschreiben und verdeutlichen. **Fachwissen:** Zusammenhang zwischen Sachverhalten zeigen. **Was zu tun ist:** Sachverhalte auswählen, in eine inhaltliche Struktur einordnen/Zusammenhänge beschreiben, strukturiert beschreiben und Zusammenhänge verdeutlichen. **Beispiel:** *Stellen Sie die Phasen des Kalten Krieges dar.*
Analysieren	Materialien oder Sachverhalte systematisch auswerten. **Fachwissen:** Zusammenhang zwischen Informationen aus Statistiken, Karikaturen o. Ä., Texten und Fachwissen herstellen. **Was zu tun ist:** Wesentliche Informationen aus Materialien auswählen, strukturiert beschreiben und im historischen Kontext erklären. **Beispiel:** *Analysieren Sie die Karikatur/die Textquelle/die Statistik.*

Ein-/Zuordnen	Sachverhalte, Vorgänge begründet in einen vorgegebenen Zusammenhang stellen. **Fachwissen:** Zusammenhang zwischen einem Sachverhalt und einem größeren historischen Kontext aufzeigen. **Was zu tun ist:** Sachverhalte strukturiert beschreiben, die Beziehung(en) zwischen Sachverhalt und Kontext aufzeigen. **Beispiel:** *Ordnen Sie die Deutschlandpolitik Adenauers in die internationale Politik der 1950er-Jahre ein.*
Begründen	Komplexe Grundgedanken argumentativ schlüssig entwickeln und im Zusammenhang darstellen. **Fachwissen**: Einen kausalen Zusammenhang zwischen einem Sachverhalt und dem Fachwissen herstellen. **Was zu tun ist:** Erschließen von Aufgaben, Auswählen und strukturierte Darstellung von begründenden Sachverhalten. **Beispiel:** *Begründen Sie, weshalb die Alliierten den Grundsatz, Deutschland als wirtschaftliche Einheit während der Besatzungszeit zu betrachten, aufgegeben haben.*
Erklären	Informationen durch eigenes Wissen und eigene Einsichten begründet in einen Zusammenhang stellen. **Fachwissen:** Zusammenhang zwischen gegebenen Informationen und Fachwissen herstellen. **Was zu tun ist:** Aufschlüsselung von Informationen, Auswählen und Beschreiben von Sachverhalten, Aufzeigen der Beziehung zwischen Informationen und Sachverhalten. **Beispiel:** *Erklären Sie die in der Quelle dargestellten Folgen des Wandels der Landwirtschaft für die Gesellschaft.*
Erläutern	Sachverhalte im Zusammenhang beschreiben und anschaulich mit Beispielen oder Belegen erklären. **Fachwissen:** Herstellen eines Zusammenhangs zwischen Sachverhalten und dazu passenden Beispielen und Belegen. **Was zu tun ist:** Erschließen der Aufgabenstellung, Auswählen und Beschreiben von Beispielen/Belegen, Sachverhalte im Zusammenhang auf die Aufgabenstellung beziehen. **Beispiel:** *Erläutern Sie mithilfe von Beispielen den Zusammenhang zwischen der Entnazifizierung und dem gesellschaftspolitischen Umbau in der SBZ.*
Vergleichen *(Wichtig, da es sehr wahrscheinlich eine Vergleichsaufgabe im Abitur geben wird.)*	Gemeinsamkeiten und Unterschiede gewichtend einander gegenüberstellen und ein Ergebnis formulieren. **WICHTIG: Auch hier gilt es, die Vergleiche zu strukturieren. Achten Sie darauf, dass Sie sich nur auf die Aufgaben konzentrieren. Schweifen Sie nicht ab!** **Fachwissen:** Herstellen eines Zusammenhangs zwischen zwei unterschiedlichen Sachverhalten.

<table>
<tr><td></td><td>Was zu tun ist: Aufstellen von Vergleichskriterien, Beschreiben von Sachverhalten und Gegenüberstellung mithilfe der Vergleichskriterien; Auswertung des Vergleichs.
Beispiel: Vergleichen Sie M 1 mit M 2.</td></tr>
<tr><td colspan="2">Anforderungsbereich III:
Reflektierender Umgang mit neuen Problemstellungen, den eingesetzten Methoden und gewonnenen Erkenntnissen, um zu Begründungen, Beurteilungen und Handlungsoptionen zu gelangen (Reflexion und Problemlösung sind gefordert.)
WICHTIG: Fachwissen muss zur Lösung eines Problems angewandt werden.
Fachwissen (gilt für alle Operatoren): Nötig ist der Überblick über den Gesamtzusammenhang des Fach- bzw. des Schwerpunktthemas.</td></tr>
<tr><td>Operator</td><td>Bedeutung</td></tr>
<tr><td>Überprüfen</td><td>Vorgegebene These (Aussage, Behauptung bzw. Deutung) an konkreten Sachverhalten und innerer Stimmigkeit messen.
Was zu tun ist: Aufschlüsseln der These, einschlägige Sachverhalte und Beispiele (auch widersprechende Beispiele!) beschreiben und konkrete Aussage, Behauptung bzw. Deutung daran (über-)prüfen, These dann bestätigen, verwerfen oder abweichendes, eigenes Urteil formulieren.
Beispiel: Überprüfen Sie die These, dass die Maßnahmen der Besatzungsmächte in den Besatzungszonen entscheidend zur „doppelten Staatsgründung“ im Jahr 1949 beitrugen.</td></tr>
<tr><td>Beurteilen</td><td>Aussagen, Behauptungen, Vorschläge oder Maßnahmen im Zusammenhang auf ihre Stichhaltigkeit bzw. Angemessenheit prüfen und die angewandten Kriterien nennen.
Was zu tun ist: Bilden von Kriterien, Beschreibung relevanter Sachverhalte und Beurteilung im Gesamtzusammenhang.
Beispiel: Beurteilen Sie die „Reichsgründung von oben“.</td></tr>
<tr><td>Bewerten
(Zunächst nicht vorgesehen.)</td><td>Aussagen, Behauptungen, Vorschläge, Maßnahmen beurteilen, eine persönliche Stellungnahme abgeben und dabei die eigenen Wertmaßstäbe offenlegen.</td></tr>
<tr><td>Erörtern</td><td>Zu einer Problemstellung durch Abwägen von Für- und Wider-Argumenten ein begründetes Urteil fällen.
Was zu tun ist: Aufschlüsseln der Aussage, Auswählen und Beschreiben der Sachverhalte für Pro- und Kontra-Argumente, Entscheidung oder Urteil im Gesamtzusammenhang erstellen.
Beispiel: Erörtern Sie die Behauptung, dass die Außenpolitik Gorbatschows zum Ende des Kalten Krieges beigetragen hat.</td></tr>
</table>

(**Quelle:** *Basisoperatorenkatalog – gesellschaftswissenschaftliche Fächer sowie Fortbildungsmaterialien zur Weiterentwicklung der Abituraufgabenformate im Fach Geschichte ab dem schriftlichen Abitur 2015, RP Karlsruhe, Okt/Nov 2013*

Basiswissen

Dieses Kapitel gibt Ihnen Gelegenheit, das historische Faktenwissen, das Sie in Teilen bereits während der Mittelstufe erworben und in der Qualifikationsphase für das Abitur vertieft haben, im Zusammenhang zu wiederholen. Wichtiger als eine solide Kenntnis des historischen Geschehens ist jedoch Ihre Fähigkeit, geschichtliche Prozesse in einen größeren Zusammenhang einzuordnen und sie zu beurteilen. Der Bildungsplan für das Land Baden-Württemberg verknüpft für die Kursstufe in Geschichte historische Phänomene zu vier großen Einheiten:

- **Prozesse der Modernisierung in Wirtschaft, Politik und Gesellschaft seit dem 18. Jahrhundert** (Industrialisierung, Revolutionen der Moderne im Vergleich und das Modul „Individuum und Gesellschaft im Wandel")
- **Deutschland im Spannungsfeld zwischen Demokratie und Diktatur** (Revolution 1848/49, Kaiserreich, Weimarer Republik, Nationalsozialismus, Bilanz der deutschen Geschichte bis 1945 in europäischer Perspektive)
- **Deutschland nach 1945 im internationalen und europäischen Kontext** (Besatzungszeit, Teilung Deutschlands im Rahmen des Ost-West-Konflikts, politische und gesellschaftliche Entwicklung der BRD und der DDR, Wiedervereinigung)
- **Konfrontation und Kooperation in der internationalen Politik** (europäische Einigung, bipolare Welt/„Kalter Krieg" nach 1945, Wendepunkte des 20. Jahrhunderts, Brennpunkte und Entwicklungen der Gegenwart in historischer Perspektive)

Wo sinnvoll, wird die pointierte Darstellung eines jeden Bereichs durch Informationen über historisches Hintergrundwissen oder durch Hinweise auf Aspekte der Forschungsdebatte zum Thema erweitert, die Ihnen die Beurteilung erleichtern.

Prozesse der Modernisierung in Wirtschaft, Politik und Gesellschaft seit dem 18. Jahrhundert

Die Bedeutung des Wortes **Revolution** (lat. *revolutio*: das Zurückwälzen, die Umdrehung) unterliegt einem zeitlichen Wandel: Als Fachausdruck der Astronomie bezeichnete es noch im 15. Jahrhundert die *Umdrehung der Himmelskörper*. Im 16. Jahrhundert trat ein neuer Aspekt hinzu und Revolution bezeichnete nun auch *die Rückkehr zu einem bestimmten gesellschaftspolitischen Zustand*. Das heutige Verständnis von Revolution als einem vergleichsweise plötzlichen, einschneidenden *Bruch bestehender Zustände* entwickelte sich gegen Ende des 18. Jahrhunderts unter dem Eindruck der Französischen Revolution.

Im engeren Sinne bezeichnet der Begriff die *plötzliche Umwälzung historisch gewachsener Verhältnisse*. Im Gegensatz zur *Evolution* als einer langsamen, kontinuierlich verlaufenden Entwicklung und zur *Reform* als einer planmäßigen, schrittweisen Veränderung markiert die *Revolution* scharfe Zäsuren (Einschnitte) in der Geschichte bzw. „Bruchstellen der Entwicklung" (Hans Peter Heye). Lässt man den Aspekt der Veränderungsgeschwindigkeit beiseite und kennzeichnet Revolutionen als historische Phänomene, die das Zusammenleben der Menschen einschneidend verändern, können auch Prozesse, die zu tiefgreifenden Veränderungen geführt haben, als

Revolution bezeichnet werden (z. B. die neolithische Revolution, die industrielle Revolution, die digitale Revolution). Verallgemeinernd und umgangssprachlich wird der Revolutionsbegriff häufig auch für grundlegende politische, gesellschaftliche, technologische und kulturelle Neuerungen verwendet.

Debatte Der Begriff „Moderne"

Der Begriff „Moderne" – bzw. als Prozessbegriff „Modernisierung" – ist in der Wissenschaft umstritten: Da er zwischen fortschrittlich-modern und rückständig-traditionell unterscheidet, gilt er als normativ aufgeladen und insofern problematisch. In den meisten Darstellungen gelten die Entwicklungen Großbritanniens, Frankreichs und Nordamerikas als Maßstab und als „fortschrittlich", wohingegen andere Entwicklungspfade als defizitär bewertet werden.

Die gängige, wenn auch umstrittene Bezeichnung „Industrielle Revolution" weist darauf hin, dass die durch die Industrialisierung in Gang gesetzten Veränderungen sehr tiefgreifend waren. Geprägt hat den Begriff der britische Historiker Arnold Toynbee um 1880. Umstritten ist er, weil es sich bei dem von Toynbee erstmals im Zusammenhang beschriebenen Phänomen eben nicht um ein plötzlich auftretendes Ereignis oder um einen relativ überschaubaren Zeitraum handelt, sondern um einen langfristigen Prozess. Nachdem erstmals in England in großem Maße Maschinen für die industrielle Fertigung von Waren eingesetzt wurden, verbreitete sich die neue Technik schnell über viele Länder Europas, in den USA und in Japan. Sie stellte Staaten und Menschen vor große Herausforderungen, und sie berührte und veränderte fast alle Bereiche des Lebens.

Industrialisierung: Veränderungen in Wirtschaft und Gesellschaft

Zentrale Daten und Begriffe

Industrielle Revolution – Schrittmacherindustrie – Agrarrevolution – Wirtschaftsliberalismus – Kommunismus – Sozialismus – ab 1863: Gründung von Arbeiterparteien – ab 1883: Sozialgesetzgebung – 1891: Sozialenzyklika *Rerum Novarum* – *Big Business* – *Great Depression* – *New Deal*

Im Wesentlichen wird die Industrialisierung durch folgende, sich gegenseitig bedingende und weitgehend parallel verlaufende Entwicklungslinien bestimmt:

- **Der wirtschaftliche Schwerpunkt verschiebt sich**
  Der Übergang von einer vorwiegend agrarisch geprägten hin zu einer industriellen Wirtschaft lässt sich an der Verteilung der Beschäftigten auf die Wirtschaftssektoren erkennen. Während z. B. im späteren deutschen Reichsgebiet noch in den 1850er-Jahren etwa die Hälfte aller Erwerbstätigen in der Land- und Forstwirtschaft tätig

war, arbeiteten hier vor dem Ausbruch des Ersten Weltkriegs nur noch etwa 23 Prozent der Arbeiter.

- **Die Produktions- und Arbeitsformen verändern sich**
  Während in der Frühphase der Industrialisierung die Ersetzung handwerklicher Arbeitsabläufe durch Maschinen im Zentrum stand, traten in der Phase der Hochindustrialisierung neue Arbeitsmethoden hinzu, wesentlich die Fließbandarbeit und das Zeitmanagement. Hinzu kam, dass sich die Arbeit zunehmend aus den Handwerksbetrieben in moderne Fabriken verlagerte und vom Land in die Stadt.
- **Die Lebensformen wandeln sich**
  Die Trennung von Wohn- und Arbeitsbereich führte zu einer Neudefinition von Familie. Die Abwanderung vom Land in die Stadt brachte für große Bevölkerungsteile den Verlust dörflich-überschaubarer Lebensweisen mit sich.
- **Die Gesellschaft schichtet sich um**
  Schon in der ersten Hälfte des 19. Jahrhunderts entsprach die Vorstellung einer ständisch gegliederten Gesellschaft nicht mehr der gesellschaftlichen Wirklichkeit. Mit den Fabrikarbeitern war eine Schicht entstanden, die es in der vorindustriellen Gesellschaft noch nicht gegeben hatte und deren Bedeutung schon zahlenmäßig ständig wuchs. Auch innerhalb der Schichten kam es im Verlauf der Industrialisierung zu Verschiebungen, die sich z. B. an der sozialen Zersplitterung des Bürgertums ablesen lassen.
- **Eine massive Wanderungsbewegung setzt ein**
  Die massenhafte Abwanderung in die Städte führte in Deutschland im Verlauf der zweiten Industrialisierungsphase zu einer Umkehrung des Verhältnisses zwischen Land- und Stadtbevölkerung. Neben der Land-Stadt-Wanderung kam es in Deutschland seit der Jahrhundertmitte zu einer starken Ost-West-Binnenwanderung. Die Binnenwanderung wurde von einer starken Auswanderungsbewegung begleitet, wobei Nordamerika bei weitem das wichtigste Aufnahmeland war.
- **Ein neues Verständnis von Zeit und Raum entwickelt sich**
  Insbesondere der Eisenbahnbau war die Schrittmacherindustrie des 19. Jahrhunderts, denn er führte zum Aufbau von Schwerindustrie und zu einer rasanten Verbesserung der Infrastruktur zur Erschließung neuer Regionen und Transportwege. Weitere neue Verkehrs- und Kommunikationsformen wie die Telegrafie, die Straßenbahn und schließlich das Automobil führten dazu, dass Entfernungen schneller und leichter überwunden werden konnten – die Welt wuchs scheinbar zusammen und vieles mehr konnte in viel weniger Zeit erledigt werden.

Aspekte der Industrialisierung in England

Der Prozess der Industrialisierung verlief in den einzelnen europäischen Staaten nicht nur zeitlich unterschiedlich, sondern auch unter gänzlich verschiedenen politischen Voraussetzungen. In England, dem Ursprungsland der Industrialisierung, zeichnete sich der Wandel des ökonomischen und sozialen Systems schon in der zweiten Hälfte des 18. Jahrhunderts ab: Die gewerbliche Produktion begann sich langsam von der Hausarbeit und vom Manufakturwesen zu lösen. Der Übergang von der „Hausindustrie“ zum rationeller durchorganisierten, durch die Zerlegung von

Arbeitsprozessen gekennzeichneten Fabrikwesen ermöglichte eine Steigerung des Produktionsvolumens. Voraussetzung dafür waren ein aufnahmefähiger Binnenmarkt und ein weltweiter Außenmarkt, der seine Absatzbasis v. a. in den überseeischen Kolonien hatte. Eine weitere Voraussetzung waren die technischen Erfindungen, die die Rationalisierung der Produktion überhaupt erst ermöglicht hatten.
Den Beginn der Industrialisierung markiert in England die Mechanisierung des Textilgewerbes als **Schrittmacherindustrie**, welche im Jahr 1767 durch die Erfindung der Spinnmaschine *Spinning Jenny* gelang. Sie und der mechanische Webstuhl, erfunden 1785, ermöglichten nicht nur die massenhafte Produktion von Tuch und Bändern, sondern sie veränderten die Arbeitswelt in diesem Gewerbe fundamental. Der nächste Industrialisierungsschub ging von technischen Neuerungen im Kohlebergbau und in der Schwerindustrie aus. Durch das Verfahren der Koksverhüttung und infolge des Baus von Dampfmaschinen entwickelte sich England in der ersten Hälfte des 19. Jahrhunderts zum größten Eisenexporteur Europas. Dabei erschlossen sich durch den Eisenbahnbau und mit Beginn der Industrialisierung in anderen Ländern neue Absatzmärkte, die in England für einen weiteren Industrialisierungssprung sorgten.

Debatte Treibende Kräfte der Industrialisierung

Ein in den letzten Jahren viel diskutierter Erklärungsansatz von Jan de Vries verändert den Blick auf die Wirkkräfte der Industrialisierung. Wesentlich wichtiger als die großen technischen Erfindungen der Dampfmaschine oder der *Spinning Jenny*, wichtiger auch als Kapital oder Angebot seien die *Verbraucher als Akteure des Marktes* gewesen. Ihre **Nachfrage nach neuen Gütern** habe die wirtschaftliche Dynamik ausgelöst, so die zentrale These von Jan de Vries. Um sich die neuen Verbrauchsgüter, etwa Kleidung, Tee, Kaffee, Schokolade oder Zucker leisten zu können, hätten die privaten Haushalte ihre Ressourcen neu organisiert. Viele Menschen in Nordwesteuropa und Neuengland seien bereit gewesen, für Lohn mehr Arbeitskraft zu investieren, um sich diese Güter ebenfalls leisten zu können. Erst ihre Nachfrage habe also zu **erhöhter Arbeitsleistung** und zu weniger Freizeit geführt, aber auch zu einer Verschiebung in der Produktion: Statt für die Selbstversorgung zu produzieren, habe man sich nun auf marktfähige Produkte konzentriert. De Vries weist in diesem Zusammenhang auch darauf hin, dass das allgemein sich vervielfachende Handelsvolumen zunächst v. a. auf handwerklicher Arbeit und nicht auf industriellen Produkten beruht habe.
Der deutsche Begriff einer Revolution des Fleißes, wie in der deutschen Übersetzung bei Christopher Bayly, gibt hingegen nur einen Teilaspekt dieses Ansatzes wieder. Bayly verweist außerdem darauf, dass sich Industrious Revolutions nicht auf den Nordatlantik beschränkten. Die Sklavenarbeit auf den Plantagen sei eine besonders extreme, erzwungene Revolution des Fleißes gewesen, aber auch in Indien und in Südchina habe es vergleichbare Entwicklungen hin zu härteren, effizienteren Arbeitsweisen gegeben, die jenen im Nordatlantikraum vergleichbar waren.

Es gab in England neben dem expandierenden Handel und den technischen Erfindungen zwei weitere Faktoren, die die Industrialisierung vorantrieben.
Zum einen ermöglichten die **Entfeudalisierung** der Pachtverhältnisse (Im 17. Jahrhundert waren die Bindungen ehemaligen Lehensbesitzes an die Krone erloschen, die Grundherren konnten infolgedessen über ihr Eigentum verfügen, zudem war das System trotz gesellschaftlicher Hierarchien durchlässig: Während der Hochadel Geschäften nachging, konnte das gehobene Bürgertum/die *Gentry* Grundbesitz haben.), die Zerstörung des Kleinbauerntums infolge der Modernisierung der Bewirtschaftungsmethoden und die markt- und profitorientierte Umstrukturierung der Agrarverfassung eine enorme Produktivitätssteigerung in der Landwirtschaft (**„Agrarrevolution“**), welche wiederum den Binnen- und Außenmarkt ankurbelte.
Zum anderen wurde die Industrialisierung in England durch ein vergleichsweise **flexibles politisches System** gefördert, welches dem Handels- und Finanzwesen begünstigend gegenüberstand: Die Regierung war bereit und willens, ihre Politik nach ökonomischen Interessen auszurichten, wobei ihr zugutekam, dass die adeligen Führungseliten *(Peers)* traditionell eng mit dem Handels- und Finanzbürgertum *(Gentry)* verflochten waren. Zudem nahm der Adel in England – anders als z. B. in Preußen und Frankreich – am wirtschaftlichen Leben teil. Der Grundkonflikt zwischen adeligen Großgrundbesitzern und industriellen Interessen, der sich in anderen europäischen Ländern als hemmender Faktor erwies, entfiel in England.

Info Manchester-Liberalismus

Der Manchester-Liberalismus bzw. -Kapitalismus bezeichnet eine politische Freihandelsbewegung, die im 19. Jahrhundert in Manchester ihren Ausgang nahm. Der Begriff wird seither von Konservativen und Sozialdemokraten auch als Kampfbegriff gegen ihre liberalen Gegner benutzt, steht er doch für eine strikt wettbewerbs- und gewinnorientierte Wirtschaftsauffassung, die staatliche Eingriffe ablehnt (**Wirtschaftsliberalismus**). Befürworter staatlicher Regulierungen unterstellen dem liberalen Marktgeschehen ausbeuterische Tendenzen.

Aspekte der Industrialisierung im Deutschen Bund bzw. im Deutschen Reich

In Preußen verzögerte der Grundkonflikt zwischen landbesitzendem Adel und bürgerlichen Industriellen den ökonomischen Wandel. Zu Beginn des 19. Jahrhunderts lebte ein Großteil der Bevölkerung von der Land- und Forstwirtschaft, innerhalb der Gesamtwirtschaft stand der Agrarsektor an erster Stelle und der landbesitzende Adel bildete eine wichtige politische Einflussgröße.
Die ersten Ansätze zur Industrialisierung im Rheinland wurden durch *Zollgesetze*, die die Agrarier 1818 gegen die industriellen Interessen durchgesetzt hatten, stark gehemmt. Neben den gesellschaftlichen Schranken erwies sich die *kleinstaatliche Struktur des Deutschen Bundes* als entscheidendes Hemmnis: Die mit der wirtschaftlichen und politischen Zersplitterung einhergehende zollpolitische Fragmentierung verhinderte die Entwicklung überregionaler Märkte.

Erst mit der Errichtung eines einheitlichen Wirtschaftsraumes durch die Gründung des **Deutschen Zollvereins 1834**, dem nach und nach die meisten deutschen Länder beitraten, änderte sich das Bild. Der Industrialisierungsprozess setzte – mit erheblichen regionalen Unterschieden – auch in den Ländern des Deutschen Bundes ein. Da Österreich dem Deutschen Zollverein nicht angehörte, orientierten sich die kleineren Länder an Preußen, sodass sich mit den wirtschaftspolitischen Entwicklungen auch in politischer Hinsicht die *kleindeutsche Lösung* abzeichnete.
Neben der Errichtung eines überregionalen Marktes erwies sich der Eisenbahnbau als Schrittmacherindustrie: Der rasante Ausbau des Eisenbahnnetzes und der Bau von Eisenbahnen sorgten in Deutschland für einen enormen Aufschwung der Schwerindustrie, der sich um die Jahrhundertmitte im Maschinenbau – dem deutschen Leitsektor – fortsetzte.
Der Eintritt in das Eisenbahnzeitalter und die Gründung des Deutschen Zollvereins markieren in Deutschland den Beginn der **ersten Industrialisierungsphase**. Sie war gekennzeichnet durch wichtige technische Neuerungen im Bergbau, durch den Ausbau des Verkehrswesens, durch einen zunehmenden Ersatz handwerklicher Produktionsformen durch Maschinen, durch eine massive Wanderungsbewegung aus den ostelbischen Gebieten nach Westen sowie durch das rasante Anwachsen von Städten bis hin zu industriellen Ballungszentren (z. B. das Ruhrgebiet).

Die Reichsgründung markiert den Beginn der **zweiten Industrialisierungsphase**. Dabei führte der *Deutsch-französische Krieg 1870/71* in mehrfacher Hinsicht zu einem Industrialisierungsschub: Erstens verhalf die Rüstungsproduktion der deutschen Schwerindustrie zu einem starken Aufschwung, zweitens setzten die Reparationszahlungen aus Frankreich neues Kapital frei und drittens gewann das Deutsche Reich mit den annektierten Gebieten Elsass und Lothringen zwei besonders rohstoffreiche Provinzen hinzu.
Zugleich sorgte der massive Ausbau „neuer" Industrien für den zweiten industriellen Wachstumsschub: Die zweite Phase der Industrialisierung ist gekennzeichnet durch technologische Innovationen im Bereich der Chemie und der Elektrotechnik, durch die Elektrifizierung der Städte, durch den Ausbau des Kommunikations- und Nachrichtennetzes, durch die Zunahme transnationaler Verflechtungen sowie durch die Entstehung industrieller – auch multinationaler – Großkonzerne. Obwohl auch die Landwirtschaft in dieser Phase hohe Produktivitätszuwächse verzeichnete, war sie im ausgehenden 19. Jahrhundert nicht mehr in der Lage, die rasch anwachsende deutsche Bevölkerung ausreichend mit Nahrungsmitteln zu versorgen, sodass ein erheblicher Teil des Nahrungsmittelbedarfs durch Importe gedeckt wurde.
Um die Jahrhundertwende hatte die Industrie die Landwirtschaft von ihrem gesamtwirtschaftlichen Spitzenplatz endgültig verdrängt: Innerhalb eines Jahrhunderts war Deutschland ein Industriestaat geworden. Gleichzeitig war die ständisch organisierte Gesellschaft der vorindustriellen Zeit durch eine Gesellschaft abgelöst worden, in der sich die Gewichte in wirtschaftlicher Hinsicht verlagert hatten. Ein selbstbewusstes Bürgertum machte gesellschaftlichen Einfluss geltend, ihm gegenüber stand eine breite Arbeiterschaft (Proletariat).

Aspekte der Industrialisierung in Nordamerika

Parallel zu den Entwicklungen in England und Deutschland erlebte auch die Wirtschaft in den USA in der ersten Hälfte des 19. Jahrhunderts einen Aufschwung durch die technische Entwicklung. Neue Erfindungen wie die Baumwoll-Entkernungsmaschine, die Spinnmaschine und der mechanische Webstuhl ließen den Baumwollanbau in den Südstaaten und infolgedessen die Textilindustrie massiv anwachsen. Während die Südstaaten ihre Baumwollproduktion auf der Grundlage von Sklavenarbeit steigern konnten, konzentrierte sich in den Städten des Ostens das Handels- und Bankwesen. Mit seiner Marktproduktion von Nahrungsmitteln (Weizen, Mais, Rinder, Schweine) durch mittlere und kleine Farmen bildete sich der Westen als dritte Wirtschaftsregion heraus. Hier kam es infolge landwirtschaftlicher Neuerungen wie der Mäh- und der Dreschmaschine seit 1850 zu hohen Produktivitätszuwächsen. Besonders in den Städten der Ostküste beschleunigte sich der Industrialisierungsprozess in der zweiten Hälfte des 19. Jahrhunderts in einem enormen Ausmaß: Zwischen 1860 und 1900 verzwölffachte sich die Produktion, die Schwer- und Konsumgüterindustrien blühten auf und ein ausgebautes Verkehrsnetz erschloss das ganze Land als Rohstoff- und Absatzmarkt. Die Regierungen begünstigten mit ihrer Politik nicht allein die Marktbeherrschung durch einige wenige Konzerne (sog. ***Big Business***), sondern auch deren politische Einflussnahme. Während ein hochprotektionistisches Zollsystem die US-amerikanische Industrie vor ausländischer Konkurrenz schützte, führte die zunehmende Konzentration von Unternehmen – v. a. in wachstumsstarken Sektoren wie der Erdölindustrie, dem Eisenbahnbau, der Stahlindustrie und dem Bankenwesen – zu monopolistischen Bestrebungen. Zugleich ermöglichte die Einführung neuer Produktionsmethoden (Fließbandarbeit, Zeitmanagement), die mit dem Ziel der Gewinnmaximierung die Arbeitsabläufe rationalisierten, eine massive Steigerung des Produktionsvolumens (Massenindustrie). Gewinnstreben, sozialer Aufstieg und ökonomischer Erfolg („Vom Tellerwäscher zum Millionär") formten sich in dieser Phase des **Hochkapitalismus** zum gesellschaftlichen Leitbild aus. Demgegenüber standen die Alltagserfahrungen der Industriearbeiter und der kleinen Farmer, die bis zur Jahrhundertwende unter einer arbeitnehmerfeindlichen Gesetzgebung, schlechten Arbeitsbedingungen und stagnierenden Löhnen litten.

Nach der Jahrhundertwende expandierte die Wirtschaft weiter: Der Bedarf an Konsumgütern (Autos, Kühlschränken, Radios) führte zu gewaltigen Wachstumsraten. Infolge der **Großen Depression** *(Great Depression)* wurde die Phase der Hochkonjunktur jedoch Ende der 1920er-Jahre jäh gestoppt. Nachdem der durch Aktienspekulationen aufgeblähte Kreditmarkt am 24. Oktober 1929 – dem sog. *Schwarzen Freitag* – zusammenbrach, sank die Industrieproduktion innerhalb weniger Jahre auf die Hälfte. Zugleich stieg die Zahl der Arbeitslosen rapide an. Mit seinem Aufruf „to a new deal for the American people" trat Franklin Delano Roosevelt im Sommer 1932 in den Wahlkampf um die Präsidentschaft ein, den er gewann. Roosevelt (1933–1945 Präsident der USA) gab der durch ihn angestoßenen Reformära mit dieser Rede ihren Namen: Hinter dem ***New Deal*** stand eine Fülle von Maßnahmen, die die Stagnation der Wirtschaft und die sozialen Krisenmomente überwinden helfen sollten.

In den hundert Tagen des *First New Deal* gelang es,

- die Lage der notleidenden Landwirtschaft durch Gesetze zu verbessern,
- durch die Einführung eines Zentralbanksystems das Bankwesen und die Währung zu stabilisieren,
- durch die Errichtung eines freiwilligen Arbeitsdienstes die Arbeitslosigkeit zu reduzieren und
- durch die Vergabe von Staatsaufträgen die Industrieproduktion anzukurbeln.

Im *Second New Deal* von 1935 bemühte sich Roosevelt dann um eine sozialpolitische Gesetzgebung, um die Kontrolle der großen Konzerne sowie um eine Regulierung der Arbeitgeber-Arbeitnehmer-Beziehungen.

Die Soziale Frage: Problem und Lösungsansätze

Der Übergang von einer Agrar- zu einer sich in Städten ballenden Industriegesellschaft war von großen sozialen Missständen begleitet. Im deutschsprachigen Raum gab es bereits seit Beginn der Industrialisierung Bestrebungen, dieser Entwicklung zu begegnen. Auch die Geschichtswissenschaft wendete sich in der ersten Hälfte des 20. Jahrhunderts sozialgeschichtlichen Fragestellungen zu, u. a. wies der Sozialhistoriker Werner Conze darauf hin, dass der **Pauperismus** und mögliche Lösungen für die sog. Soziale Frage innerhalb des Bürgertums schon in den 1840er-Jahren breit diskutiert wurden. Staatlicherseits hielt man an altbewährten, aber angesichts der veränderten Rahmenbedingungen unwirksamen Methoden fest. Ausgehend von einer organisierten Wohltätigkeit seien Angehörige des Bürgertums schon frühzeitig dazu übergegangen, Vereine und Unterstützungskassen ins Leben zu rufen, auch seien an vielen Orten Ansätze zu erkennen gewesen, das Fabrikproletariat unter bürgerlicher Führung zu fördern, zu unterstützen und zu bilden.

Info Die Soziale Frage

Der Begriff „Soziale Frage" kennzeichnet die negativen Begleiterscheinungen und Auswirkungen der Industrialisierung und des massiven Bevölkerungszuwachses im 19. Jahrhundert. Die soziale Not der unteren Bevölkerungsschichten (u. a. durch Wohnraumknappheit, Armut, fehlende Sicherungsmechanismen, mangelnde Lohngerechtigkeit, Entfremdungserscheinungen) führte im Laufe des 19. Jahrhunderts zu wachsenden Spannungen zwischen den Gesellschaftsschichten. Besonders in der frühindustriellen Phase hatten das starke Anwachsen der Bevölkerung, die Mechanisierung der Arbeitsformen, das Überangebot an Arbeitskräften und die noch zu geringe Aufnahmefähigkeit der Industrie zu massenhafter **Verelendung (Pauperismus)** geführt. Lange Arbeitszeiten, geringe Löhne, Frauen- und Kinderarbeit, Auflösung des Familienlebens und menschenunwürdige Wohnverhältnisse gehörten in der Frühphase der Industrialisierung zu den elementaren Erfahrungen der Arbeiterschaft. Aus diesen Erfahrungen heraus bildeten sich **Arbeitervereine** („Allgemeine deutsche Arbeiterverbrüderung") und mit dem von Ferdinand Lassalle gegründeten „Allgemeinen Deutschen Arbeiterverein" auch die erste politische **Arbeiterpartei**.

Neben den Bestrebungen des Bürgertums lassen sich Ansätze, Maßnahmen und Bewegungen zur **Lösung der Sozialen Frage** in Deutschland v. a. auf drei Ebenen erkennen: auf der staatlich-politischen, der kirchlich-karitativen und der betrieblichen.

Staatlich-politische Ebene: Eine im weltweiten Vergleich fortschrittliche, richtungsweisende und wirksame Maßnahme zur Lösung der Sozialen Frage stellen auf der staatlich-politischen Ebene die in den 1880er-Jahren eingeführten **Sozialgesetze** dar. Mit der Einführung des Krankenversicherungsgesetzes von 1883, des Unfallversicherungsgesetzes von 1884 und des Invaliditäts- und Altersversorgungsgesetzes von 1889 zeigte sich der Staat bereit und fähig, gegenüber allen Bevölkerungsschichten Verantwortung zu tragen. Insofern markiert die Einführung der Sozialgesetze trotz äußerst geringer Versicherungsleistungen eine entscheidende Etappe bei der Herausbildung des modernen Sozialstaats.
Es darf nicht übersehen werden, dass die **Sozialgesetzgebung** ein Instrument war, mit dem Reichskanzler Bismarck die Sozialdemokratie als politische Kraft zu schwächen versuchte. Doch das Ziel, die gewerblichen Arbeiter durch eine staatliche Sozialpolitik von der Sozialdemokratie wegzutreiben, scheiterte ebenso wie der Versuch, die 1863 gegründete Arbeiterpartei durch staatliche Maßnahmen zu unterdrücken. Obwohl auf der Grundlage des 1878 erlassenen Sozialistengesetzes „Gegen die gemeingefährlichen Bestrebungen der Sozialdemokratie“ alle sozialdemokratischen und kommunistischen Vereine, Versammlungen und Schriften verboten wurden, stieg die Anhängerschaft der Sozialdemokratie weiter an. Letztlich wirkte das Sozialistengesetz sogar kontraproduktiv, da sich die Arbeiterschaft in den Jahren des Verbots noch enger zusammenschloss und die Theorien von Karl Marx und Friedrich Engels in der Konfliktsituation auf besonders fruchtbaren Boden fielen. Das Prinzip von „Zuckerbrot und Peitsche“ verfehlte seinen Zweck: Die Sozialdemokratie hatte sich am Ende des 19. Jahrhunderts zu einer Massenpartei entwickelt. In der Wilhelminischen Ära und v. a. in der Weimarer Republik wurde der **Arbeiterschutz** durch folgende Maßnahmen weiterentwickelt:

- Verbesserung der Kinder-, Jugend- und Frauenschutzbestimmungen,
- Anerkennung der Gewerkschaften als berufene Arbeitnehmerverbände (1914),
- Einführung des Achtstundentages (1920),
- Einführung des Betriebsrätegesetzes (1920),
- Einführung des Tarifvertrags- und Schlichtungswesens (1920),
- Aufhebung der Gesindeordnung und Einführung der Landarbeitsordnung (1920),
- Einführung des Gesetzes über die Arbeitsvermittlung und die Arbeitslosenversicherung (1927).

Kirchlich-karitative Ebene: Früher als der Staat reagierten Vertreter der beiden christlichen Kirchen auf die Soziale Frage. Davon ausgehend, dass ein ungehemmtes Gewinnstreben auf der einen und die zunehmende Verelendung breiter Bevölkerungsteile auf der anderen Seite dem Gebot christlicher Nächstenliebe widerspreche, setzten sich einzelne katholische und protestantische Geistliche für die Bewältigung der sozialen Missstände durch christliches Denken und Handeln ein.

Auf protestantischer Seite engagierten sich z. B. Johann Hinrich Wichern und Friedrich von Bodelschwingh durch den Aufbau sozialer Einrichtungen frühzeitig für eine Verbesserung der Lebensverhältnisse in den verarmten Bevölkerungsschichten. Auf katholischer Seite setzte sich z. B. der Mainzer Bischof Wilhelm Emmanuel von Ketteler in seinen Predigten und Schriften für eine christliche Sozialpolitik ein und forderte eine Verbesserung der Arbeitsbedingungen durch Arbeitszeitverkürzung, Ruhetage, Lohnerhöhung, Gewinnbeteiligung, Mutter- und Kinderarbeitsschutz. Die Gründungen der Inneren Mission, der Caritas sowie zahlreicher christlicher Vereine und Gewerkschaften trugen durch konkrete und praktische Hilfe zwar maßgeblich dazu bei, die Not vieler Menschen zu lindern, führten jedoch nicht zu einer grundsätzlichen, strukturellen Lösung der Sozialen Frage.
Breiter in die Gesellschaft und Politik hinein wirkte hingegen die durch die **Sozialenzyklika *Rerum novarum* (1891)** begründete *Katholische Soziallehre*. Die von Papst Leo XIII. verfasste Enzyklika setzte sich nicht nur für eine staatliche Sozialpolitik ein, sondern verurteilte mit ihrer harschen *Kritik am Liberalismus und am Sozialismus* die beiden prägenden politischen Weltanschauungen des 19. Jahrhunderts.

Betriebliche Ebene: Auch auf unternehmerischer Seite setzte sich seit der Jahrhundertmitte immer stärker die Einsicht durch, dass die schlechten Lebens- und Arbeitsbedingungen der gewerblichen Arbeiter sowohl in unternehmerischer Hinsicht als auch bzw. besonders unter ethischen Gesichtspunkten langfristig negative Auswirkungen haben würden. Nach dem Vorbild des „väterlichen" Gutsherrn, der für seine Arbeiter sorgt und im Gegenzug Gehorsam fordert, versuchten Unternehmer wie Krupp, Stumm, Thyssen oder Harkort durch die Einrichtung von Werkswohnungen, das Verbot von Kinderarbeit, Lohnerhöhungen, Freizeit- und Bildungsangebote oder Speiseanstalten die Situation ihrer Belegschaft verbessern.
Die unternehmerischen Maßnahmen sind ambivalent zu beurteilen: Einerseits trugen sie tatsächlich zu einer Verbesserung der Lebens- und Arbeitsbedingungen bei, insofern können sie als Ansätze zu einer sozialen Betriebspolitik beschrieben werden. Andererseits beruhte das Vorbild des „väterlich" sorgenden, jedoch Gehorsam einfordernden Gutsherrn auf den Vorstellungen einer vormodernen, patriarchalischen Ordnung, die der sich demokratisierenden Gesellschaft des 19. Jahrhunderts diametral gegenüberstand.

Isoliert betrachtet waren die hier aufgeführten Ansätze und Maßnahmen darauf ausgerichtet, die negativen Folgen des ökonomischen und gesellschaftlichen Wandels für die betroffenen Bevölkerungsschichten abzumildern und den sozialen Frieden herzustellen. Im Zusammenhang führten sie dazu, dass sich der Lebensstandard der gewerblich tätigen Bevölkerungsteile seit der zweiten Hälfte des 19. Jahrhunderts verbesserte. Im Vergleich und in Hinblick auf ihre Wirkungsmöglichkeiten und Reichweite nehmen die **Sozialgesetze** eine zentrale Stellung ein, da sie das auf ein Netz von freiwilliger – kirchlicher, privater und kommunaler – Armenfürsorge begrenzte Wohlfahrtswesen der vor- und frühindustriellen Zeit durch die Bereitstellung einer **gesetzlichen Sozialversicherung** ablösten.

Politische Revolutionen der Moderne im Vergleich

Zentrale Daten und Begriffe

1775–1783: Amerikanischer Unabhängigkeitskrieg – 1776: Unabhängigkeitserklärung – 1787: Verfassung der USA – 14.7.1789: Sturm auf die Bastille – bürgerliche Revolution – *Manifest Destiny* – *Frontier* – 1861–1865: Sezession und Bürgerkrieg – Bolschewiki/Menschewiki – Sowjet – 1917: Oktoberrevolution – Weltrevolution – 1924: Tod Lenins – 1929–1953: Herrschaft Stalins – Sozialismus in einem Land – Marxismus-Leninismus – sozialistische Revolution

Revolutionen im engeren Sinne können u. a. nach ihren *Zielsetzungen*, den *Trägerschaften*, dem *Verlauf* und der *Erscheinungsform* unterschieden werden. So unterscheidet man zwischen **bürgerlichen Revolutionen** und **proletarischen Revolutionen**. In der Regel will die revolutionäre Gruppe neue Verhältnisse herbeiführen, allerdings treten auch gegenläufige Bestrebungen (Konterrevolutionen) auf, die die bestehenden Verhältnisse bewahren wollen. Revolutionen werden immer von einer sozialen Gruppe getragen. Meist handelt es sich bei Revolutionen um Massenbewegungen (Volksrevolutionen), allerdings können sie auch als „Revolutionen von oben" auftreten, die z. B. mit einem Staatsstreich beginnen. Die von einer Masse getragenen Volksrevolutionen lassen sich weiter ausdifferenzieren: Während sich das Bürgertum in „bürgerlichen Revolutionen" die politische Macht erstreitet (z. B. 1848/49), führen die unterbürgerlichen Schichten und Bauern ihren Kampf in den „proletarischen Revolutionen" gegen alle besitzenden Gruppen, um das kapitalistische System abzuschaffen und gegen den Sozialismus bzw. Kommunismus auszutauschen (z. B. Russische Revolution von 1917). Hinsichtlich ihrer Erscheinungsform können Revolutionen sowohl friedlich und kompromisshaft (z. B. „Friedliche Revolution" 1989) als auch gewaltsam (z. B. Russische Revolution 1917) verlaufen. Im Folgenden werden als zentrale politische Revolutionen die Amerikanische und die Französische Revolution sowie die Oktoberrevolution in Russland dargestellt.

Die Amerikanische Revolution

Der Begriff der Amerikanischen Revolution bezieht sich auf den Loslösungsprozess der dreizehn englischen Kolonien in Nordamerika vom Mutterland. Die Ursache dieser **Unabhängigkeitsbewegung**, an deren Ende die Gründung der Vereinigten Staaten von Amerika (USA) stand, liegt v. a. in den wirtschaftspolitische Auseinandersetzungen zwischen den Kolonien und England. Den Ausgangspunkt dieser Differenzen bildet der *Britisch-französische Kolonialkrieg* (1754–1763), aus dem England zwar als Sieger mit beträchtlichem territorialem Gewinn (Louisiana und Kanada) hervorging, zugleich aber auch einen enormen Zuwachs an Staatsschulden zu verzeichnen hatte. Der Auffassung folgend, die Lasten und (Kriegs-)Kosten für den Unterhalt der Kolonien nicht allein den Steuerzahlern im Mutterland aufbürden zu können, forderte das Parlament in England von den Kolonisten in Nordamerika zusätzliche Steuern und Abgaben. Die infolgedessen seit den 1760er-Jahren erlassenen Abgabebestimmungen

für Einfuhrwaren (z. B. für Zucker, Tee und Seide), Handelsregulierungen und Gesetze (z. B. gegen Schmuggel) stießen bei den Kolonisten auf geschlossenen Widerstand: Nicht nur die Einschränkung wirtschaftlicher Freiheit sorgte für einen Sturm der Entrüstung, auch der Umstand, von einem Parlament, in dem die Kolonisten aufgrund der räumlichen Entfernung nicht vertreten waren, Anordnungen und Beschränkungen hinnehmen zu müssen, galt als Zumutung *(no taxation without representation)*. Als England eine Stempelsteuer erhob, kam es in den Kolonien zu Unruhen und zum Boykott englischer Waren. Zwar wurde daraufhin die Stempelsteuer 1766 wieder zurückgenommen, die Kontrolle und Besteuerung der Wirtschaft in Nordamerika blieben jedoch bestehen.
Den Anlass zu den kriegerischen Auseinandersetzungen zwischen den Kolonien in Nordamerika und England bildete 1773 die Entscheidung des Parlaments in England, der Ostindienkompanie Vorteile im Teehandel zu gewähren. In den nordamerikanischen Küstenstädten kam es zu Demonstrationen, in Charleston, Philadelphia und New York wurde der Tee der Ostindienkompanie boykottiert und im Hafen von Boston warfen Kolonisten unter großem Aufsehen Teekisten der Ostindienkompanie ins Meer. Infolge der sog. ***Boston Tea Party*** verstärkte die englische Regierung ihre Truppen in den Kolonien und es kam zu ersten gewaltsamen Auseinandersetzungen. 1774 beschlossen die Vertreter der Kolonien auf einem Kongress in Philadelphia die Einstellung des Handels mit England. Nach einem Zusammenstoß britischer Truppen und nordamerikanischer Milizen im April 1775, aus dem sich der **Amerikanische Unabhängigkeitskrieg (1775–1783)** entwickelte, erklärten die Kolonisten 1776 auf einem zweiten Kongress in Philadelphia ihre Unabhängigkeit von der englischen Krone. Der am **4. Juli 1776** erfolgten **Unabhängigkeitserklärung**, deren Hauptverfasser Thomas Jefferson, Benjamin Franklin und George Washington die Ideen der europäischen Aufklärung aufgenommen hatten, war zuvor die einstimmige Verabschiedung der *Virginia Declaration of Rights* vorangegangen, die als erste moderne Grundrechtserklärung die natürlichen Rechte jedes Menschen zum Ausgangspunkt nimmt. Der englische König wurde in 19 Punkten beschuldigt, die Rechte der Kolonisten verletzt zu haben. Die Erklärung der Kolonien in Nordamerika zu freien und unabhängigen Staaten, die das Recht hätten, Kriege zu führen, Frieden zu schließen, Handel zu treiben und Staatsgeschäfte vorzunehmen, basierte auf folgenden Prinzipien:
- vorstaatliche Menschenrechte (Naturrecht),
- die Bürger in ihrer Gesamtheit haben den Anspruch auf Volkssouveränität,
- Gewaltenteilung und zeitliche Begrenzung aller Staatsämter,
- Trennung von Staat und Kirche.

Da Frankreich die amerikanischen Kolonisten in ihrem Unabhängigkeitskampf gegen England mit Truppen und Waffen unterstützte und die englischen Soldaten in der ihnen fremden Umgebung benachteiligt waren, konnten die an Truppengröße und Ausrüstung ursprünglich unterlegenen Kolonisten den Krieg nach jahrelangen Auseinandersetzungen schließlich für sich entscheiden: Nach mehreren Niederlagen ihrer Truppen gegen die Siedler in den nordamerikanischen Kolonien erkannte die englische Regierung 1783 die Unabhängigkeit an.

Die durch den langen Krieg verursachten Schäden, zerrüttete Finanzen, wirtschaftliche Probleme und die Auseinandersetzungen mit der indigenen Bevölkerung erforderten einen stärkeren Zusammenschluss der verbündeten Einzelstaaten. 1787 trat in Philadelphia ein Konvent zusammen, um eine Verfassung für die 13 Staaten auszuarbeiten. Am **25. September 1789** erhielten die Vereinigten Staaten von Amerika mit der *Bill of Rights* eine **Verfassung**, die durch Gewaltenteilung, gegenseitige Kontrolle der Gewalten sowie von Mitgliedsstaaten und Bund verhindern sollte, dass der Staat die naturrechtlichen Freiheiten der Bürger beschnitt und die als schriftlich festgelegte Staatsordnung zum Vorbild für spätere Staatsgründungen wurde.

Info Naturrecht

Die philosophische Grundlage der am 25. September 1789 beschlossenen amerikanischen ***Bill of Rights*** ist das während der Aufklärung formulierte *Naturrecht*, eine Vorstellung, die jedem Menschen angeborene und unveräußerliche Rechte zuerkennt. Bei den von einer Verfassungsgerichtsbarkeit geschützten Rechten handelt es sich im Einzelnen um das Recht auf Eigentum, um Glaubensfreiheit, um das Recht auf Sicherheit und Widerstand gegen Unterdrückung, um das Recht auf freie Rede und Schrift sowie um das Recht auf ein faires Gerichtsverfahren. Die einzige Beschränkung liegt in der Freiheit der anderen. Das Gesetz verleiht dem Gemeinwillen der Bürger Ausdruck.

Trotz der Annahme universeller Menschenrechte als Grundlage der Verfassung der Vereinigten Staaten blieb die **Sklaverei** in den **Südstaaten** durch die Verfassung geschützt, weil sie bereits vorher existierte. Nord- und Südstaaten gerieten immer wieder in Konflikte über die Rechte der Einzelstaaten gegenüber dem Bund, die nicht zuletzt mit der Frage nach der Legitimität der Sklaverei verknüpft waren. Einige Südstaaten vertraten die These, die Einzelstaaten hätten mit dem Beitritt zur Union nicht ihre Souveränität aufgegeben und könnten die USA daher jederzeit wieder verlassen. Zudem dürfe die Union keinem Einzelstaat ein bestimmtes Gesellschaftssystem vorschreiben. Wäre nicht mit der Verfassung von 1789 das Eigentumsrecht auf Sklaven ausdrücklich garantiert worden, wären die Südstaaten der Union niemals beigetreten. Nach Meinung der Südstaaten verstießen demnach die Nordstaaten mit den Angriffen auf die Sklaverei und mit sonstigen Eingriffen in die Gesetze der Einzelstaaten fortlaufend gegen den Geist der Verfassung und gefährdeten so den Bestand der Union. Schlussendlich spitzte sich der Konflikt derart zu, dass die Südstaaten die **Sezession**, also die Loslösung von den Nordstaaten anstrebten. Diese beharrten auf der Unauflösbarkeit der Union. 1861 kam es zum **Amerikanischen Bürgerkrieg**, der 1865 mit der Kapitulation der Südstaaten und einem Verbot der Sklaverei endete. Nun waren zumindest nominell alle Menschen vor dem Gesetz gleich.

Info Manifest Destiny

Die US-amerikanische Leitidee des 19. Jahrhunderts lässt sich im Begriff ***Manifest Destiny*** (dt.: offensichtliche Bestimmung) fassen. Man glaubte, einen göttlichen Auftrag zur Expansion zu haben, wollte die in der Mitte des Jahrhunderts noch bestehende westliche Grenze (**Frontier**) überwinden und den Kontinent bis an die Ufer des Pazifiks besiedeln.
Der Journalist John L. O'Sullivan prägte die Redewendung 1845. Er schrieb, es sei „die offenkundige Bestimmung der Nation, sich auszubreiten und den gesamten Kontinent in Besitz zu nehmen, den die Vorsehung uns für die Entwicklung des großen Experimentes Freiheit und zu einem Bündnis vereinigter Souveräne anvertraut hat." In dieser Vorstellung liegen die Wurzeln des *amerikanischen Exzeptionalismus, Nationalismus und Expansionismus*.

Die Französische Revolution

Um die historische Bedeutung der Französischen Revolution angemessen einschätzen zu können, muss man ihre Voraussetzungen genauer in den Blick nehmen. Die Ursachen des politischen Umsturzes waren vielfältig: Hohe Kriegskosten (z. B. durch die Unterstützung der amerikanischen Kolonisten im Unabhängigkeitskrieg gegen England), eine verschwenderische Hofhaltung durch Ludwig XVI. und Misswirtschaft hatten den Staat im 18. Jahrhundert in eine katastrophale Finanzlage geführt und die sozialen Ungleichheiten verschärft. Die finanziellen Unzulänglichkeiten und Misserfolge sorgten nicht nur für einen starken Ansehensverlust der Krone, sondern auch für soziale Unruhen unter den Ständen:
Das ***Ancien Régime*** befand sich in den Jahren vor dem Ausbruch der Revolution in einer akuten Krise. Die enorme Steuerlast lag allein auf dem Dritten Stand, also den Bauern und Bürgern, die durch ihre Abgaben den Hof, den Adel, den Klerus und die Armee finanzieren mussten. Zur Steuerlast kamen als weitere existenzgefährdende Faktoren die von den Bauern zu leistenden Frondienste und Naturalabgaben sowie starke Preissteigerungen, die bei der armen städtischen Bevölkerung immer wieder zu Hungersnöten und Revolten führten. Das Bürgertum war im Laufe des 18. Jahrhunderts zur stärksten wirtschaftlichen Kraft geworden, ohne daraus politische Rechte ableiten zu können. Parallel zur Verschärfung wirtschaftlicher und sozialer Missstände hatten sich die Ideen der Aufklärung unaufhaltsam weiterverbreitet, aber die zentralen Ideen „Freiheit" und „Gleichheit" standen in krassem Widerspruch zur gesellschaftlichen Realität.

Info Die Generalstände

Die Generalstände (États géneraux) setzten sich aus den Vertretern der drei Stände zusammen: Den *Ersten Stand* bildete der **Klerus**, den *Zweiten Stand* der **Adel**, zum *Dritten Stand* zählten **sehr unterschiedliche Bevölkerungsschichten**: vom Großbürgertum über die Handwerkerschaft, die Bauern und Tagelöhner bis hin zu den städtischen Unterschichten alle Menschen, die nicht zu den ersten beiden Ständen gehörten.
1789 gehörten etwa 98 Prozent der Bevölkerung zum Dritten Stand: 25 Mio. Menschen standen 0,5 Mio. Aristokraten und Klerikern gegenüber. Besonders im städtischen Raum hatte sich aus Handwerkern und Kaufleuten, aber auch aus den freien Berufen (z. B. Rechtsanwälte, Lehrer und Ärzte) ein Bürgertum entwickelt. Sog. Großbürger (z. B. Bankiers) waren dem Adel an Finanzkraft weit überlegen, viele kauften sich auch einen Adelstitel. Insofern gab es große soziale Unterschiede innerhalb des Dritten Standes: Politisch-rechtlich war man zwar ein Stand, aber keine gesellschaftliche Klasse.
Die Angehörigen aller drei Stände wählten ihre **Repräsentanten in den Generalständen**. Hauptaufgabe der Generalstände war die Steuerbewilligung, sie waren allerdings seit 1615 gar nicht mehr zusammengekommen.

Nach mehreren Missernten in Folge stand Frankreich Ende des 18. Jahrhunderts schließlich am Rand des **Staatsbankrotts**. Um diesen abzuwenden, willigte König Ludwig XVI. im August 1788 schließlich ein, zur Lösung der Finanzkrise im Mai 1789 die **Generalstände** einzuberufen. Nachdem er mit dem Vorstoß, adeligen Grundbesitz zu besteuern, gescheitert war, sollte nun der Dritte Stand mit neuen Steuern belastet werden. Dessen Vertreter forderten, um neuerliche Belastungen abzuwenden, die gleiche Anzahl an Abgeordneten wie die beiden oberen Stände und eine Abzählung nach Köpfen.
Nach wochenlangen Streitigkeiten um den Abstimmungsmodus erklärte sich der Dritte Stand am 17. Juni 1789 zur alleinigen **Nationalversammlung**. Als Ludwig XVI. diese Nationalversammlung auflöste und den Versammlungssaal zusperren ließ, kamen die Vertreter des Dritten Standes sowie reformwillige Adelige und Geistliche im benachbarten Ballhaus von Versailles zusammen. Mit dem Schwur, nicht eher auseinanderzugehen, „bis die Verfassung verabschiedet ist" *(Ballhausschwur)*, äußerte sich ein selbstbewusstes Bürgertum, das sich die politische Mitsprache sichern und die Vorrechte des Adels nicht mehr länger hinnehmen wollte. Schließlich gab König Ludwig XVI. dem Druck des Dritten Standes nach und befahl den Abgeordneten der anderen Stände, sich der Nationalversammlung anzuschließen.
Doch der Funke der revolutionären Bewegung war unterdessen auch auf die Volksmassen übergesprungen. Als der König wenige Tage später Truppen in Paris zusammenzog, kam es am **14. Juli 1789 zum Sturm auf die Bastille**. Obwohl Ludwig XVI. die Truppen abziehen ließ und gegenüber der Nationalversammlung schließlich eine Loyalitätserklärung abgab, beförderte die Eroberung des Pariser Staatsgefängnisses das revolutionäre Bewusstsein der Bevölkerung: In der Provinz erhoben sich

Bauern gegen adelige und geistliche Grundherren, forderten die Abschaffung der Leibeigenschaft und verbrannten vielerorts die Zeugnisse ihrer Dienstpflichten. Viele Adelige emigrierten ins Ausland und in Paris wurde die Stadtverwaltung von einem revolutionären Komitee *(Comité permanent)* übernommen.

Info Die Jakobiner

Eine wichtige Rolle bei der Verbreitung der revolutionären Ideen spielten **politische Klubs**, allen voran der straff geführte und im ganzen Land organisierte **Jakobinerklub**. Der Name war an den Versammlungsort angelehnt, das Jakobinerkloster Saint-Honoré in Paris. Die Mitglieder dieser Klubs nahmen großen Einfluss auf die Arbeit der Verfassungsgebenden Versammlung. Ursprünglich mehrheitlich konstitutionell gesinnt, traten im Laufe der Revolution immer mehr Jakobiner für die Abschaffung der Monarchie und die Gründung einer **Republik** ein. Die Jakobiner fanden ihre Anhänger zum großen Teil in städtischen Unterschichten, aber auch bei Ärzten, Rechtsanwälten oder Handwerkern.

Der Verlauf der Französischen Revolution gliedert sich in drei Phasen:
Die **erste Phase** (1789–1791) umfasst die *Abschaffung der feudal-absolutistischen Strukturen*, die *Verwirklichung der Verfassung* und die *Schaffung einer konstitutionellen Monarchie*. Unter dem Eindruck der Vorgänge ließ die definitive Neuordnung der Rechtsverhältnisse nicht lange auf sich warten: Nachdem die Nationalversammlung mit der Leibeigenschaft, der Zwangsgerichtsbarkeit und den adeligen Steuerprivilegien am 4./5. August das feudal-absolutistische System abgeschafft hatte, erfolgte am 26. August 1789 die **Erklärung der Menschen- und Bürgerrechte** mit ihren programmatischen Leitideen *liberté* (Freiheit eines jeden Menschen von Geburt an), *égalité* (Gleichheit der Bürger vor dem Gesetz) und *fraternité* (Brüderlichkeit aller Menschen). Mit den zunächst dominierenden, aus dem Besitz- und mittleren Bildungsbürgertum stammenden *Girondisten*, den aus dem Kleinbürgertum und der Arbeiterschaft stammenden *Sansculotten* sowie den radikal-demokratischen, aus den *Jakobinern* hervorgegangenen *Montagnards* setzte sich die *Verfassungsgebende Versammlung (Konstituante)* aus konkurrierenden politischen Gruppierungen zusammen. Ihre Arbeit endete im September 1791 mit folgenden Ergebnissen:

- Zur Lösung des Finanzproblems wurden zunächst die Besitztümer der Krone, des (emigrierten) Adels sowie der Kirche eingezogen und zum Nationaleigentum erklärt. Im Juli 1790 folgte die Auflösung der Klöster und Orden. Die Schulen wurden verstaatlicht und der Aufsicht des Klerus entzogen.
- Zur Neuordnung der Verwaltung wurde das Land in Departements mit Selbstverwaltung und die Hauptstadt in Bezirke aufgeteilt.
- Zur Umgestaltung der Wirtschaft wurden die Zünfte abgeschafft und die Berufs- und Gewerbefreiheit eingeführt.
- Frankreich wurde zu einer konstitutionellen Monarchie, in der der König die Exekutive ausüben und die Legislative in der Hand des Parlamentes liegen sollte.

Als im Oktober 1791 eine neue, gesetzgebende Nationalversammlung zusammentrat, nahm Ludwig XVI., der unter dem Druck der erregten Bevölkerung schon im Oktober 1789 von Versailles nach Paris übergesiedelt war, die Verfassung zwar an, hoffte jedoch weiterhin auf eine Wiederherstellung seiner Macht. Mit seinem als Hochverrat gewerteten Fluchtversuch im Juni 1791 ging die Französische Revolution in ihre **zweite Phase** (1792–1794) über, die durch den *Sturz der Monarchie* und die *Diktatur des Wohlfahrtsausschusses* gekennzeichnet ist.
In der Hoffnung, das militärische Eingreifen der europäischen Fürsten könne die Revolution beenden, nahm Ludwig XVI. geheime Verhandlungen mit dem Ausland auf und fand dort auch Unterstützung: Im August 1791 forderten der österreichische Kaiser und der preußische König in einer Erklärung die Wiedereinsetzung des Königs. Nachdem Frankreichs Forderung, die Erklärung zurückzunehmen, scheiterte, erklärte die Nationalversammlung Österreich am 20. April 1792 den Krieg. Ein Manifest des Herzogs von Braunschweig, der als Oberbefehlshaber der heranrückenden Truppen die Pariser Bevölkerung zum Gehorsam gegenüber dem König aufforderte, entzündete den revolutionären Funken erneut und führte im August 1792 zum **Sturm auf die Tuilerien**, die Pariser Residenz Ludwigs XVI. Mit der Gefangennahme und Amtsenthebung König Ludwigs XVI. endete die Monarchie in Frankreich.
Im September 1792 trat eine neue Nationalversammlung (**Nationalkonvent**) zusammen, um eine **republikanische Verfassung** auszuarbeiten. Im Machtkampf der Parteien gewannen nun die radikaleren Montagnards die Oberhand und bauten – unterstützt von den Sansculotten – eine Schreckensherrschaft auf. Noch im September rollte eine erste Verfolgungswelle über Frankreich hinweg (**Septembermorde**). Nach der Einführung der Todesstrafe im Januar 1793 wurde König Ludwig XVI. hingerichtet. Ein im März eingesetztes Revolutionstribunal, die Einrichtung von Überwachungsausschüssen und die Abschaffung von Verhör und Verteidigung führten zu einem permanenten Justizterror. Das Zentrum der Macht bildete der **Wohlfahrtsausschuss**, der sich aus neun im Nationalkonvent gewählten Mitgliedern zusammensetzte, diesen aber zunehmend zu seinem Werkzeug degradierte und durch seine Machtfülle die Gewaltenteilung wieder außer Kraft setzte: Eingerichtet, um die Revolution zu verteidigen, entwickelte er sich unter der Führung der Jakobiner Georges Jacques Danton und Maximilien Robespierre zu einer provisorischen Regierung mit uneingeschränkten Vollmachten. Als weder die durchgeführten Verstaatlichungen noch wirtschaftliche Lenkungsmaßnahmen für eine Verbesserung der wirtschaftlichen Lage sorgten, regte sich Widerstand.

Mit der Hinrichtung Robespierres im Juli 1794 tritt die Französische Revolution in ihre **dritte Phase** (1794–1799), die durch die *Regierungsgewalt eines fünfköpfigen Gremiums (Direktorium)* und die *Stärkung des Bürgertums* gekennzeichnet ist. Der Wohlfahrtsausschuss und das Revolutionstribunal wurden aufgelöst, die Terrorgesetze außer Kraft gesetzt, der Jakobinerklub geschlossen, die Gewaltenteilung wieder eingeführt und die Wirtschaftsfreiheit wiederhergestellt.

Nach der Verabschiedung einer neuen Verfassung am 23. September 1795 löste sich der Nationalkonvent auf und übertrug die Regierung dem **Direktorium**. Obwohl die revolutionäre Dynamik von nun an nachließ, erholte sich das Land wirtschaftlich auch weiterhin nicht. Im Gegensatz dazu konnte sich Frankreich jedoch außenpolitisch behaupten, wofür maßgeblich General Napoléon Bonaparte sorgte, der 1795 einen Aufstand der Royalisten niedergeschlagen hatte und seither als Garant der Revolution galt. Im November 1799 ersetzte Napoléon das Direktorium durch ein **Kollegium von drei Konsuln**, übernahm selbst den Vorsitz sowie den Oberbefehl über das französische Heer und erklärte die Revolution für beendet. In der nachfolgenden sog. **Napoleonischen Ära** waren Verwaltung, Wirtschaft, Recht und Erziehung einem starken *Zentralismus* unterstellt, dessen Fäden in Paris zusammenliefen. Ein spezialisiertes Berufsbeamtentum sorgte für die Durch- und Umsetzung der Regierungsanordnungen.

1804 erließ Napoléon den *Code civil des Français*, der einen Meilenstein der Gesetzgebungsgeschichte darstellte. Das Gesetzbuch, als **Code Napoléon** bezeichnet, verfügte erstmals eine vollständige, einheitliche Regelung des Zivilrechts. Die überlieferten, regional geprägten Rechtsgewohnheiten wurden durch dauerhafte, eindeutige und für jedermann verständliche Regeln ersetzt, die die Freiheit der Person und des Eigentums, die Gleichheit vor dem Recht und die Trennung von Staat und Kirche als bürgerliche Freiheitsrechte garantierten. Diese gesetzlichen Regulierungen sowie wirtschaftliche Maßnahmen wie Schutzzölle, Straßenbau und Heeresaufträge trugen zur Erholung der Wirtschaft bei. Durch die unter Napoléon entwickelten Verwaltungsreformen und Gesetzeswerke wurden die Ideen der Französischen Revolution weit über Frankreich hinausgetragen.

Trotz aller Differenzen der politischen Zielsetzungen blieb der Grundgedanke der Französischen Revolution in ihrem Verlauf unangetastet: Über die Parteigrenzen und jeweiligen Phasen hinweg waren sich die Revolutionsanhänger einig, dass es eine Wiederherstellung der feudal-absolutistischen Strukturen nicht geben dürfe. Doch während sich die politischen und rechtlichen Verhältnisse im Zuge der Französischen Revolution fundamental wandelten, blieben die Eigentumsverhältnisse der unteren Bevölkerungsschichten im Kern unverändert, sodass das besitzende Bürgertum bevorzugt blieb. Insofern kann man urteilen, dass die Französische Revolution in ihren ideellen Grundzügen und in ihrem Ergebnis die politische **Revolution eines wirtschaftlich starken und selbstbewussten Besitz- und Bildungsbürgertums** war, welches sich **politische Mitsprache** erkämpfte.

Die Bedeutung der Amerikanischen und der Französischen Revolution für die Entwicklung der modernen Demokratie

Zu Recht gilt die in eine Revolution mündende Unabhängigkeitsbewegung der englischen Kolonien in Nordamerika als ein zentrales Ereignis der Geschichte: Von der Forderung nach politischer Mitbestimmung ausgehend erkämpften sich die Kolonisten mit der Unabhängigkeit auch eine demokratische, auf den unveräußerlichen Menschenrechten beruhende Gesellschaftsordnung. So fanden mit der amerikanischen

Unabhängigkeitserklärung von 1776 die **Menschenrechte** erstmals Eingang in ein staatliches Dokument. Die Auffassung, dass die natürlichen Rechte des Einzelnen als sog. vorstaatliche Rechte allem staatlichen Handeln zugrunde liegen müssen, gilt bis heute als ein Grundprinzip (nicht nur) der US-amerikanischen Gesellschaft.

Ebenfalls zu Recht gilt die Französische Revolution als einer der bedeutendsten historischen Wendepunkte der europäischen Geschichte: Sie markierte den Übergang vom feudal-absolutistischen zum bürgerlichen Gesellschafts- und Herrschaftssystem und führte damit neue Situationen herbei, die auch die Entwicklung der anderen europäischen Länder beeinflussten. Dass bedeutende zeitgenössische Dichter und Philosophen wie Johann Wolfgang Goethe oder Immanuel Kant die Französische Revolution befürworteten, belegt, dass die **Abschaffung der feudal-absolutistischen Strukturen** im revolutionären Frankreich auch in den Nachbarländern den Impuls gab, über die politische Gestaltung der Gesellschaft nachzudenken. So wurden viele Ideen und Prinzipien der Französischen Revolution auch in anderen Ländern wirksam.

Eine für die gesamteuropäische Entwicklung fundamentale Bedeutung besitzt die *Erklärung der Menschen- und Bürgerrechte*. Das **Prinzip der Rechtsgleichheit** ermöglichte die politische Emanzipation des Staatsbürgers *(Citoyen)* und bildete den Grundstein und das Vorbild für den modernen demokratischen Rechtsstaat.

Vergleichend betrachtet, ist der Kampf für die Menschen- und Bürgerrechte ein wesentliches gemeinsames Ziel beider Revolutionen. In diesem Sinne erfolgte die **Erklärung der Menschen- und Bürgerrechte am 26. August 1789** durch die Französische Nationalversammlung in Anlehnung an die amerikanische ***Bill of Rights***.

Ein wesentlicher Unterschied liegt hingegen in dem Umstand, dass die Amerikanische Revolution als eine Unabhängigkeitsbewegung begann, aus der ein ganz neuer Staat hervorging, während in Frankreich die Französische Revolution eine neue Staats- und Gesellschaftsordnung hervorbrachte. Anders als in Nordamerika kennzeichnet die Revolution in Frankreich eine zunehmende Radikalisierung infolge rivalisierender Positionen auf Seiten der Revolutionäre einerseits sowie der Selbsterhaltungsversuche des *Ancien Régime* andererseits, die in eine Phase des Terrors mündete und sich schlussendlich auch gegen die eigene Bevölkerung richtete.

Die Russische Revolution

Die politischen und gesellschaftlichen Umwälzungen Russlands zogen sich über viele Jahre hin. 1905 kam es in einer **ersten Phase** zu schweren Auseinandersetzungen und Protesten gegen Zar Nikolaus II., die auf seit Langem schwelende soziale und politische Probleme zurückzuführen waren. Noch zu Beginn des 20. Jahrhunderts besaßen weite Teile der Bevölkerung kein politisches Mitspracherecht, große Teile des Volkes lebten in bitterer Armut und vollkommener sozialer Abhängigkeit.

Die Unruhen waren von großen Teilen der Bevölkerung getragen, die folgende Forderungen formulierte:
- Bildungsbürgertum und Intelligenz forderten eine Verfassung,
- die Bauern forderten mehr oder besseres Land,
- die marxistische Arbeiterschaft forderte eine gesellschaftliche Veränderung.

Info Marxismus-Leninismus

1902 entwickelte Wladimir Iljitsch Uljanow, genannt **Lenin,** einer der Führer der Ende des 19. Jahrhunderts gegründeten, schweren Verfolgungen ausgesetzten sozialdemokratischen Partei in Russland, in der Schrift „Was tun" die Lehren von Karl Marx weiter (s. S. 43).
Seine Theorie des **Marxismus-Leninismus** formuliert u. a. folgende Thesen:
- höchstes Stadium des Kapitalismus ist der Imperialismus,
- da eine bürgerlich-liberale Revolution nicht zur Befreiung der Arbeiterklasse führt, muss die **sozialistische Revolution** bis zur Diktatur des Proletariats weitergetrieben werden, Gegner der Revolution sind gewaltsam zu unterdrücken.

Zu Beginn des Jahres 1905 sorgten eine schwere Wirtschaftskrise sowie die Niederlage im Krieg gegen Japan 1904/1905 für eine Zuspitzung der seit Langem schwelenden Konflikte. Als am 22. Januar 1905 zaristische Truppen in St. Petersburg eine friedliche Arbeiterdemonstration brutal niederschlugen, entzündete sich der revolutionäre Funke. Nach dem sog. **Blutsonntag** bildeten sich in der Arbeiter- und Bauernschaft revolutionäre Truppen, denen sich auch Teile des Militärs anschlossen. Nachdem im Oktober 1905 ein Arbeiterrat *(Sowjet)* zum Generalstreik aufrief, beugte sich die Zarenregierung: Mit dem **Oktobermanifest** vom 30. Oktober 1905 garantierte Zar Nikolaus II. bürgerliche Rechte und Freiheiten wie Presse-, Rede- und Versammlungsfreiheit sowie eine nach dem allgemeinen Wahlrecht zu wählende Volksvertretung *(Duma)*. Da sowohl die erste als auch die 1907 gewählte zweite Duma über eine sozialistische Mehrheit verfügt hatte, sorgte die zaristische Regierung mit massiver Wahlbeeinflussung und einer Änderung des Wahlrechts in der dritten Duma für eine regierungsfreundliche Mehrheit. Trotz der von dieser Duma ab 1910 getragenen Agrarreform, die durch die Einführung von Eigentumsrechten für Bauern die Lebensbedingungen des bäuerlichen Proletariats verbesserte, blieben jedoch die wesentlichen sozialen und politischen Probleme bestehen.

Mit dem Ausbruch des Ersten Weltkriegs 1914 rückten die schwerwiegenden sozialen und innenpolitischen Probleme zunächst in den Hintergrund. Doch je länger der Krieg dauerte, desto dramatischer verschlechterte sich die Lage im Zarenreich. Die militärische Situation führte Ende 1916 in Teilen der vierten Duma zu der Forderung, die Regierung abzulösen. Um den sich abzeichnenden Zusammenbruch der zaristischen Ordnung zu verhindern, planten nun auch Kreise im Umfeld des Zarenhofes Veränderungen an der Spitze. Zugleich versuchte das Deutsche Reich, den Zusammenbruch Russlands durch eine finanzielle Unterstützung der **Bolschewiken** zu beschleunigen, um das Bündnis der Alliierten (Entente) zu schwächen.

Info **Sowjet, Menschewiken, Bolschewiken**

Der Begriff *Sowjet* (Rat) bezeichnete ursprünglich die aus den Revolutionen von 1905 und 1917 hervorgegangenen basisdemokratischen **Arbeiter- und Soldatenräte**. Später hießen auch die staatlichen Behörden und Organe in der Sowjetunion **Sowjets.** Umgangssprachlich wurden auch die Bewohner der sowjetischen Republiken als Sowjets bezeichnet.
1903 spaltete sich die 1898 gegründete Sozialdemokratische Arbeiterpartei Russlands in die Fraktionen der gemäßigten *Menschewiki* (wörtl. Minderheitler) und der radikalen *Bolschewiki* (wörtl. Mehrheitler) unter Lenin. 1912 konstituierten sich die Bolschewiki als selbstständige Partei. In der Oktoberrevolution 1917 ergriffen sie die Macht in Russland. Ab 1918 nannten sich die Bolschewiki „Russische Kommunistische Partei" (später KPdSU). Während die Menschewiki in den Arbeiterräten (Sowjets) von 1905 und 1917 noch eine wichtige Rolle spielten, wurden sie nach der Oktoberrevolution von den Bolschewiki verfolgt.

Als Anfang 1917 das Versorgungssystem in Russland zusammenbrach, kam es in mehreren Städten zu Massendemonstrationen und Streiks. Am 23. Februar brachen wegen der schlechten Lebensmittelversorgung in St. Petersburg Unruhen aus, gegen die die Regierung militärisch vorgehen wollte. Doch die zur Verstärkung der Polizei eingesetzten Truppen verweigerten den Gehorsam, die Soldaten verbrüderten sich mit den Arbeitern. Damit war der Regierung die Machtgrundlage entzogen und das Ende der zaristischen Ordnung besiegelt: Am 28. Februar 1917 konstituierte sich ein Ausschuss der Duma als *Provisorische Regierung*, zwei Tage später wurde Zar Nikolaus gezwungen, für sich und seinen Sohn eine Abdankungsurkunde zu unterschreiben, und am 3. März 1917 wurde Russland eine Republik.

Die **Februarrevolution** hatte die Auflösung der alten staatlichen Ordnung eingeleitet. Nach dem Ende der Zarenherrschaft gelangten in der Duma zunächst jene Parteien an die Macht, die die bürgerlichen Schichten repräsentierten und an der Entente (Bündnis zwischen Großbritannien, Frankreich, Russland) festhielten. Da sich die Mehrheit der Bevölkerung jedoch eine Beendigung des Krieges und eine bessere Versorgung wünschte, verlor die demokratisch gesinnte Provisorische Regierung immer stärker an Rückhalt, während die **radikalen Bolschewiken** ihre Macht weiter ausbauen konnten. Als die Versorgungskrise im Herbst 1917 ihren Höhepunkt erreichte, ergriff der mithilfe der deutschen Obersten Heeresleitung aus seinem Schweizer Exil zurückgekehrte Bolschewik **Lenin** die Gelegenheit und verkündete unter den Parolen „Alle Macht den Räten" und „Land und Frieden" den rücksichtslosen Kampf gegen die Provisorische Regierung sowie gegen alle Gruppierungen, die sich einer Beendigung des Krieges in den Weg stellten.
Im September 1917 errangen die Bolschewiken in den Sowjets von St. Petersburg und Moskau die Mehrheit. Als am 25. Oktober die Vertreter aller Arbeiter- und Soldatenräte des Landes auf dem **Zweiten Allrussischen Sowjetkongress** zusammentraten, begann der von Leo Trotzki organisierte Sturm auf den Regierungssitz

der Provisorischen Regierung. Während die gemäßigten Abgeordneten die Sitzung verließen, stimmte der Rest für Lenin. Zugleich erklärte der Zweite Allrussische Sowjetkongress, in dem die Bolschewiken nach dem Auszug der **gemäßigten Menschewiken** dominierten, den Rat der *Volkskommissare* unter Lenin zur neuen Regierung.

Nach der **Oktoberrevolution** von 1917 war die Macht in Russland in die Hände der Bolschewistischen Partei übergegangen. Nach dem *Frieden von Brest-Litowsk* im Frühjahr 1918 nahm die Partei die innenpolitische Stabilisierung in Angriff, wobei der Industrie eine Schlüsselposition eingeräumt wurde. Durch eine straffere Organisation und Lenkung, den *Aufbau einer Arbeiterverwaltung* und die *Verstaatlichung einzelner Industriezweige* sollte der sich abzeichnende Zusammenbruch der Industrie verhindert, die Versorgungslage verbessert und schließlich eine Verbesserung der gesamtrussischen Wirtschaftsverhältnisse verwirklicht werden.
Doch der Erholung der Industrie stand die negative Entwicklung der von den Bolschewiken vernachlässigten Landwirtschaft gegenüber. Die landwirtschaftlichen Großbetriebe waren im Zuge der Revolution aufgelöst worden, die Versorgungslage in den Städten war infolgedessen verheerend. Nach mehreren Hungersnöten richtete sich die Stimmung der Bevölkerung gegen die Bolschewiken, sodass sich Lenin zu Beginn der 1920er-Jahre zu einem Richtungswechsel veranlasst sah. Eine *begrenzte Reprivatisierung*, die stärkere Förderung des agrarischen Bereichs, freier Warenaustausch auf dem lokalen Markt, der Ausbau konsumnaher Produktionszweige und eine stärkere Orientierung an den Bedürfnissen der Bevölkerung führten zu einer Erholung der Wirtschaft.

Nach **Lenins Tod 1924** übernahm Josif Wissarionowitsch Dschugaschwili, genannt **Stalin**, die Macht im Staat. Mit dem schrittweisen *Abbau privatkapitalistischer Einflüsse,* der *Ausschaltung marktwirtschaftlicher Kräfte,* einer *straffen Lenkungspolitik* und einer *starken Förderung der Schwerindustrie* orientierte sich die Wirtschaftspolitik unter Stalin neu. Das Agrarland Russland holte die Industrialisierung jetzt im Eiltempo nach. Um eine Auseinanderentwicklung von Stadt und Land zu verhindern und auch in der Landwirtschaft eine hohe Produktivität zu erreichen, wurde in diesem Bereich ebenfalls das *zentralistische System* eingeführt.
Neben dem wirtschaftlichen Aufbau wurde nun auch die Verbreitung der kommunistischen Ziele und Ideen mit diktatorischen Maßnahmen vorangetrieben. Die von Stalin entwickelte Herrschaftsform wird als **Stalinismus** bezeichnet: Als Machtinstrumente setzte die Partei neben einem umfangreichen *Propagandaapparat* und der militärischen Unterstützung durch die Rote Armee die Geheime Staatspolizei ein, die durch ein Spitzelsystem jeden Widerspruch in der Bevölkerung im Keim erstickte. Hinzu kamen, v.a. in dem Zeitraum von 1936 bis 1938, rigorose Säuberungsaktionen, die das *Einparteiensystem* festigten und nach deren Abschluss der gesellschaftliche Umerziehungsprozess abgeschlossen war.

Info Kommunistisches Manifest und Weltrevolution

Karl Marx (1818–1883) und **Friedrich Engels** (1820–1895) waren die einflussreichsten Theoretiker des Sozialismus und des Kommunismus. Ihre Schriften, das „Kommunistische Manifest" (1848) und das „Kapital" (ab 1867), beeinflussten die Arbeiterbewegungen des 19. und 20. Jahrhunderts weltweit.

Marx entwickelte in Auseinandersetzung mit den gegebenen wirtschaftlichen Theorien eine der ersten Geschichten des ökonomischen Denkens. Zentrale Wirkkraft des **Kapitalismus,** so Marx, sei die Konkurrenz, die die Akteure des Marktes zwinge, stets neue kostensenkende Produktionsverfahren und Produkte einzuführen. Über Märkte und Preise erfolge die Koordination der arbeitsteilig produzierenden Unternehmer. Marx unterschied zwischen Konsumgütern und Produktionsmitteln und definierte den Mehrwert als Ertrag aus den Lieferbeziehungen zwischen diesen Sektoren, in Abhängigkeit von den Reallöhnen. Der Mehrwert geht als Profit an den Kapitaleigner.

Mit dem **Kommunistischen Manifest** lieferten Marx und Engels erstmals einen theoretischen Lösungsansatz für die Soziale Frage – die Abschaffung des Kapitalismus: Der Theorie des Kommunismus folgend gibt es zwei Klassen, nämlich die der **Kapitalisten** (Bourgeoisie) und die der **Proletarier.** Eine Klasse ist als eine gesellschaftliche Gruppe mit gleichen Lebens- und Arbeitsbedingungen sowie gemeinsamem Interesse definiert.
Die Kapitalisten besitzen die Produktionsmittel, die Proletarier nur ihre Arbeitskraft. Infolge des durch den Kapitalismus hervorgerufenen Elends der Arbeiter stehen sich die beiden Klassen, so Marx, unversöhnlich gegenüber. Durch eine von den Proletariern getragene Revolution soll der Kapitalismus abgeschafft werden und die Produktionsmittel sollen vergesellschaftet werden. Infolgedessen wird die bürgerliche Klasse enteignet. Herrscht der Sozialismus (Diktatur des Proletariats, da alle Produktionsmittel/Banken enteignet sind) gibt es keine Klassenunterschiede mehr.

Karl Marx und Friedrich Engels propagierten, dass der Sozialismus international verwirklicht werden müsse: Die Emanzipation der Arbeiterklasse sei eine soziale Aufgabe für alle modernen Länder. Lenin war der Meinung, der Erfolg der Revolution in Russland hänge vom Fortschreiten der angestrebten **Weltrevolution** ab. Führende Theoretiker stritten erbittert darüber, ob die Erfolgsaussichten einer Revolution in Russland vom Sieg des westeuropäischen Proletariats abhingen. Nach Lenins Tod 1924 trat Stalin seinem parteiinternen Konkurrenten Trotzki mit einem Schlagwort entgegen: **Sozialismus in einem Land** sei möglich.
Das Begriffspaar **Marxismus-Leninismus** (s. S. 40) würdigt die Verdienste Lenins für die theoretische Weiterentwicklung des Marxismus. Die hier vertretene Ideologie galt als wissenschaftliche Weltanschauung der Arbeiterklasse, Stalin erklärte sie zur offiziellen Staatsdoktrin der Sowjetunion.

Deutschland im Spannungsfeld zwischen Demokratie und Diktatur

Die Herausbildung von Nationalstaaten war das politisch alles überlagernde Thema des 18. Jahrhunderts und es bestimmte auch weite Teile des 19. Jahrhunderts.

Info Nation und Nationalstaat

Das Modell des *Nationalstaats* setzt einen **Staat** und eine **Nation** voraus. Beide beruhen im Wesentlichen auf geteilten Übereinkünften und Vorstellungen, die historisch gewachsen sind und keineswegs „natürliche" Voraussetzung menschlichen Zusammenlebens. Anhänger der Nationalstaatsidee streben an, bedeutende Teile eines staatstragenden und meist auch namensgebenden Volkes zu vereinen, das sich einer gemeinsamen Kultur, Sprache oder Tradition verbunden fühlt. Nachaußen grenzt sich ein Nationalstaat in territorialer und rechtlicher Weise ab. Eine Nation hat im Gegensatz dazu keine festen Grenzen, sie beschreibt eher die Idee, die einer Staatengründung vorangeht.
Zu unterscheiden ist zwischen den Begriffen **Staatsnation** und **Kulturnation**: Frankreichs Nationalbewusstsein z. B. gründete sich auf einen schon viele Jahrhunderte lang territorial bestehenden Staat, es ist eine sog. Staatsnation. Auf deutschsprachigem Gebiet existierten hingegen unzählige kleinere und größere Staaten, Länder, Fürstentümer etc. Die Idee eines geeinten „Deutschlands" war an die gemeinsame Sprache und die Kultur bzw. das Brauchtum gebunden. Man spricht hier von einer Kulturnation.

Die demokratische und nationale Bewegung in der Auseinandersetzung mit dem Obrigkeitsstaat

Zentrale Daten und Begriffe

1848: Märzrevolution – Nationalversammlung in der Paulskirche – Restauration – Liberale – Demokraten – Konstitutionelle Monarchie – 1849: Reichsverfassungskampagne – Badische Revolution – 1871: Gründung des Kaiserreichs

Um die historischen Entwicklungen im 19. Jahrhundert einordnen zu können, muss man die wichtigen **politischen Strömungen** bzw. Ideen kennen:
Insbesondere in Süddeutschland, in den sog. Verfassungsstaaten, entwickelte sich als politische Grundhaltung der **deutsche Liberalismus**. Fundamental im Liberalismus war und ist der Glaube an die **Vernunft** und die **Selbstbestimmung des Menschen**. Da im Liberalismus die Freiheit des Individuums eine zentrale Rolle spielt, tritt er gegen jede staatliche Bevormundung des Menschen ein. Er setzt sich für Menschen- und Bürgerrechte bzw. Grundrechte ein.

Der **politische Liberalismus** stand darüber hinaus für beschränkte politische Mitbestimmung (z. B. in Form des Zensus-/Dreiklassenwahlrechts), eine parlamentarische Monarchie und Gewaltenteilung. Wirtschaftspolitisch propagierte der Liberalismus den sog. *Nachtwächterstaat*. Gemeint ist, dass der Staat sich aus der Wirtschaft heraushalten sollte.
Der **Nationalismus** ist eine weitere mächtige Strömung des 19. Jahrhunderts, die eng mit dem Liberalismus verbunden ist. Er bekämpfte zunächst die Ständeordnung sowie die Fürsten, wie im Liberalismus sollte die staatliche Gewalt für den Nationalismus von der Nation ausgehen. Der Nationalismus trug in einer Zeit, die von heftigen Umbrüchen betroffen war (z. B. von der Industrialisierung), zur Orientierung bei.

Restauration und Vormärz

Nach den Napoleonischen Kriegen und der Neuordnung Europas durch den **Wiener Kongress 1814/15** wurden die Machtverhältnisse weitgehend wiederhergestellt, die vor der Französischen Revolution geherrscht hatten **(Restauration)**. Ziel des Wiener Kongresses war es, ein Friedens- und Gleichgewichtssystem zwischen den fünf Großmächten – hierzu gehörten England und Frankreich, Russland, Österreich und Preußen (sog. *Pentarchie*-Mächte) – zu schaffen, das neue Revolutionen verhindern sowie hegemoniale Bestrebungen einzelner Mächte eindämmen sollte. Die europäischen Kräfte hatten kein Interesse an einem mächtigen deutschen Nationalstaat. Stattdessen wurde ein lockerer Staatenbund, der **Deutsche Bund**, mit 37 (später 35) souveränen Fürsten und vier freien Städten gegründet. Die deutsche Nationalbewegung, die einen deutschen Nationalstaat gefordert hatte, reagierte enttäuscht. In Artikel 13 der Schlussakte von 1815 wurden allen Einzelstaaten **landständische Verfassungen** versprochen, de facto besaßen jedoch nur die süd- und mitteldeutschen Staaten tatsächlich eine. Die beiden deutschen Großmächte, Preußen und Österreich, blieben bis 1848 ohne Verfassung.

Info Landstände

Im Mittelalter bis in die Frühe Neuzeit vertraten die Landstände die Interessen der Stände vor dem Landesherrn. In Württemberg reicht die Geschichte der neu aufgelegten Landstände vom Jahre 1815 bis zur Novemberrevolution. Der **Landtag** bestand von 1819 bis 1918 aus zwei Kammern, einer Kammer der Standesherren (Erste Kammer) und einer Kammer der Abgeordneten (Zweite Kammer), die schließlich den Vorläufer der württembergischen Volksvertretung bildete.

Auf das **Wartburgfest 1817**, bei dem Burschenschaften mit schwarz-rot-goldenen Schärpen u. a. für nationale Einheit, Verfassungen, Meinungs- und Pressefreiheit eintraten, folgten im Jahr **1819** die **Karlsbader Beschlüsse**: Repressionen, Polizeigewalt und Pressezensur, charakteristisch für die Zeit der Restauration, unterdrückten die Meinungsfreiheit. Nach dem **Hambacher Fest 1832**, der größten politischen Massenveranstaltung vor der Revolution 1848, wurden diese Gesetze noch verschärft.

Die Repression nach dem Wiener Kongress wird auch als **„System Metternich“** bezeichnet: Klemens Fürst von Metternich war Außenminister im Dienste des Österreichischen Kaisers. Als dominierende Kraft des Wiener Kongresses ordnete er Europa politisch und territorial im Sinne eines Gleichgewichts der Mächte neu. Als politischer Gestalter der **Heiligen Allianz** (Bündnis Österreich, Russland, Preußen) stand Metternich für das monarchische Prinzip und bekämpfte die nationalen und liberalen Bewegungen. Seit den 1840er-Jahren erstarkte die deutsche National- und Freiheitsbewegung wieder: Sie forderte für Deutschland Einheit, Freiheit und Recht sowie Macht und Weltgeltung.

Die Revolution 1848

In den Jahren vor der Revolution 1848 litten viele Menschen unter der frühindustriellen Verelendung (Pauperismus), Missernten führten zusätzlich zu Hungersnöten. Infolge der sozialen Probleme kam es zu Hungerrevolten und zu Forderungen nach wirtschaftlichen und sozialen Reformen. Auslöser für die Revolution 1848 war die **Februarrevolution (24.2.) in Paris**. In Frankreich wurde der Bürgerkönig Louis Philippe gestürzt und die Zweite Republik ausgerufen. Diese Revolution griff auf Baden über und von da aus auf den Deutschen Bund. Die Proteste blieben meist unblutig; allerdings kam es in Wien am 13.3. und in Berlin am 18.3. zu blutigen Kämpfen mit Toten. Innerhalb von nur wenigen Tagen wurden die Verhältnisse im sog. **Vormärz** vollkommen umgestürzt. Die Ständegesellschaft geriet v. a. durch das aufstrebende Bürgertum in Bewegung, das von der Industrialisierung profitieren konnte. Zwar hielt der Adel seine Privilegien, doch ansonsten wurde eine soziale Mobilität der Schichten möglich. Mit wachsender wirtschaftlicher Macht strebte das Bürgertum nach politischer Mitsprache, und es bekämpfte die ständischen und monarchischen Strukturen.

Die sozialen Träger der Revolution waren

- das **Bürgertum**, v. a. die noch „junge“ Bevölkerungsgruppe der bildungsbürgerlichen Schichten, die gegen die Monarchie kämpften und für ihr liberales und nationalistisches Programm eintraten,
- die **Arbeiter und Handwerker**, v. a. der städtischen Unterschichten, die die Einschränkung der Fabrikproduktion und eine Preisstabilisierung forderten, weil sie durch die beginnende Industrialisierung verarmten. Sie beteiligten sich in der Anfangszeit der Revolution an Straßen- und Barrikadenkämpfen.
- die einfachen **Bauern** bzw. die einfache Landbevölkerung (v. a. im Süden wie in Baden, Württemberg, Hessen). Diese forderten die Abschaffung der Frondienste und der feudalen Rechte. Diese Aufstände wurden größtenteils durch preußische Truppen niedergeschlagen. Die liberalen Regierungen der Revolution sorgten für die Entfeudalisierung der Bauern, womit die Bauern meistens zufrieden waren, sodass sie sich nur noch wenig für die weiteren Ziele der Revolutionäre interessierten.

Die Ziele der Revolution (Märzforderungen) waren:

- Pressefreiheit,
- Versammlungsfreiheit,
- das allgemeine Wahlrecht,
- die Einrichtung von Schwurgerichten,
- ein gesamtdeutsches Parlament,
- ein Volksheer,
- die nationale, staatliche Einheit.

Info Entfeudalisierung

Schon in den 1830er-Jahren wurden die süd- und westdeutschen Bauern durch sog. „Ablösungsgesetze" entfeudalisiert: Sie konnten sich von der Grundherrschaft freikaufen. In Preußen mussten die Bauern einen Teil ihres Landes abtreten, um frei zu sein. In Baden, Württemberg und Hessen profitierten viele Bauern nicht von diesen Ablösungsgesetzen, weil in den sog. Standesherrschaften die Standesherren durch ihnen zugestandene Sonderrechte eine Art Blockade- und Verwässerungspolitik betrieben, um die beschlossenen Reformen zu verhindern. Standesherrschaften waren selbstständige Herrschaften, die 1815 im Zuge der Restauration entstanden waren.

Es gab mehrere Gruppierungen, die als **politische Träger der Revolution** zu betrachten sind: Hauptsächlich muss man zwischen *gemäßigten Liberalen* und *radikalen Demokraten* unterscheiden. Die **gemäßigten Liberalen**, die sich vom Deutschen Bund unterdrückt fühlten, verfolgten eine versöhnliche Strategie gegenüber den Landesfürsten. Sie forderten neben der Einführung von Verfassungen, rechtsstaatlichen Strukturen, Grundrechten auch die Kontrolle der Regierung und die Einberufung eines Parlaments. Allerdings bestanden sie auf der Einführung eines Zensuswahlrechts (Wahlrecht nach wirtschaftlicher Kraft) und dem Erhalt der Monarchie in ihrer konstitutionellen Form. Die Liberalen traten dafür ein, die Revolution zu legalisieren und das Land zu reformieren. Die **radikalen Demokraten** hingegen, die in der Fürstenherrschaft eine Tyrannei sahen, setzten sich für das allgemeine Wahlrecht und für eine Republik ein, sie wollten also die grundsätzliche Umgestaltung Deutschlands.

Ausgehend von der Februarrevolution in Frankreich kam es zu vielen Revolutionen in Europa. Nicht nur Deutschland wurde erschüttert; auch in Ungarn, in Böhmen und in Italien kam es zu Aufständen.
In **Baden** ging die Regierung am 2.3. auf die Märzforderungen ein. Allgemein kann man sagen, dass die Revolution in den Klein- und Mittelstaaten sehr erfolgreich verlief. Die Fürsten machten rasch liberale Zugeständnisse: Alte Verfassungen aus der napoleonischen Zeit wurden wieder aktiviert, Liberale der Opposition wurden zu Ministern berufen („Märzminister"), liberale Kabinette wurden eingesetzt, die Karlsbader Beschlüsse wurden aufgehoben.

In **Preußen** protestierten am 18.3. Handwerker, Arbeiter und Studenten gegen die Obrigkeit (Straßen- und Barrikadenkämpfe). Am 19.3. lenkte der preußische König ein und versprach in der Märzproklamation die Schaffung einer konstitutionellen Verfassung sowie Volksrepräsentation, Pressefreiheit und die Aufhebung der Pressezensur. Außerdem ehrte er die „Märzgefallenen" der Straßenkämpfe. Fortan, so der König, solle Preußen in Deutschland aufgehen. Er bekannte sich zwar zur deutschen Einheit, erkannte jedoch die von den Liberalen geforderte Volkssouveränität nicht an. Am 28.3. berief er ein liberales Regierungskabinett ein und im Mai wurde eine preußische Nationalversammlung gewählt.
Als am 13.3. die Unruhen in **Wien** begannen, floh Metternich nach England. Am 17.3. flüchtete der kaiserliche Hof nach Innsbruck, von wo aus er wieder an Handlungsfähigkeit gewann.

Die Nationalversammlung in der Paulskirche

Am 30.3. trat schließlich – aufgrund der frühen Anfangserfolge der Märzrevolution – das **Vorparlament in der Paulskirche** in Frankfurt am Main zusammen. Dort wurde ein *Fünfzigerausschuss* gebildet, der die Wahlen zur Nationalversammlung vorbereiten sollte. Die liberale Mehrheit wollte die Neuordnung Deutschlands mit den Fürsten klären.

Dies ging den Revolutionären Friedrich Hecker und Gustav von Struve (radikale Demokraten) nicht weit genug: Sie forderten die Ausrufung der Republik. Deshalb mobilisierten sie das Volk erneut gegen diese Beschlüsse. Im April kam es zur **badischen Revolution**, in Konstanz wurde die Republik ausgerufen und die Republikaner zogen über den Schwarzwald nach Karlsruhe. Im Gefecht auf der Scheideck (bei Kandern) wurde der *Heckeraufstand* von den Truppen des Deutschen Bundes niedergeschlagen.

Am 1.5. fanden die **Wahlen zur Nationalversammlung** statt. Die 850 Abgeordneten, vornehmlich aus bildungsbürgerlichen Schichten, wurden in freier, gleicher und geheimer Wahl in allen deutschen Staaten gewählt. Vorsitzender des Parlaments wurde der Liberale Heinrich von Gagern. Am 29.6. wurde Erzherzog Johann von Österreich zum Reichsverweser gewählt. Nachdem die Verfassung ausgearbeitet worden war, lehnte am 3.4.1849 der preußische König die Kaiserkrone ab, die ihm vom Parlament angetragen worden war. Die Nationalversammlung verlegte daraufhin ihren Sitz nach Stuttgart und preußische Truppen lösten am 18.6.1849 das Rumpfparlament auf (Österreich und Preußen erklärten davor die Mandate ihrer Abgeordneten für beendet). Aus Wut und Enttäuschung über dieses Ergebnis kam es v. a. in Südwestdeutschland erneut zu einer Revolutionswelle **(Reichsverfassungskampagne)** mit Volkserhebungen. Diese wurden von der preußischen Armee und Reichstruppen niedergeschlagen. In Österreich wurde die Revolution militärisch besiegt. Die Monarchen erstarkten erneut.

Die **Nationalversammlung** stand bei der Ausarbeitung der Verfassung und der Schaffung eines Staates vor **grundsätzlichen Fragen**:

1. **Welche Staatsform für Deutschland: Monarchie oder Republik?**
   - Insbesondere die Demokraten setzten sich für eine Republik ein.
   - Die Liberalen, die sich durchsetzten, hielten an der Volkssouveränität und einer *parlamentarischen Monarchie* fest: Darunter versteht man eine Monarchie, in der der König meist nur repräsentative Funktion hat.
   - Die konservative Rechte strebte eine *konstitutionelle Monarchie* an: Bei diesem Modell hat der König weitergehende Rechte, seine Gewalt ist allerdings durch die Verfassung eingeschränkt. Er leitet jedoch die Exekutive.
2. **Organisation des Staatswesens: Einheits- oder Bundesstaat?**
   - Die radikalen Demokraten setzten sich für einen einheitlichen (unitaristischen) Zentralstaat ein, mit dem das Ende der „Kleinstaaterei“ bzw. Einzelstaaten verbunden gewesen wäre.
   - Die liberale Mitte bevorzugte einen (föderalen) Bundesstaat mit einer zentralen Legislative (Gesetzgebung) und einer monarchischen Zentralgewalt.
   - Die Konservativen wollten die zukünftige Zentralgewalt auf ein Mindestmaß beschränken und sowohl monarchische als auch föderalistische Elemente weitgehend erhalten. Auch hier setzten sich die Liberalen durch.
3. **Die Debatte um das Wahlrecht: Beschränktes oder allgemeines Wahlrecht?**
   - Konservative und Liberale strebten ein Zensuswahlrecht an.
   - Die Demokraten setzten sich mit ihrer Forderung nach einem allgemeinen und gleichen Wahlrecht durch.
4. **Die Debatte um die Grundrechte**
   Den Kern der Verfassung sollten – neben dem Regierungssystem – die Grundrechte ausmachen. Die Paulskirche war sich hierbei sehr rasch einig und verabschiedete Freiheits- und Gleichheitsrechte für das Individuum. Dazu gehörte die Beseitigung der Feudalordnung und der Repression durch das Polizeisystem sowie die Zulassung der Versammlungs- und Meinungsfreiheit. Soziale Grundrechte, wie z.B. das Recht auf Arbeit, wurden nicht in den Grundrechtskatalog aufgenommen.
5. **Die Debatte um das Staatsgebiet: Klein- oder großdeutsche Lösung?**
   Diese Aufgabe war am schwierigsten zu lösen: Was sollte das Staatsgebiet umfassen? Was sollte mit den nationalen Minderheiten geschehen? Die Befürworter der kleindeutschen Lösung wollten die Ausschaltung Österreichs und ein Deutschland unter preußischer Führung, die Großdeutschen wollten auf Österreich nicht verzichten. Sie stellten sich die Frage, ob nur die deutschsprachigen Gebiete Österreichs oder die gesamte Donaumonarchie in den Bund aufgenommen werden sollte, worauf der österreichische Ministerpräsident Schwarzenberg drang *(mitteleuropäische Lösung)*. Letztlich setzte sich die kleindeutsche Lösung durch, da diese am ehesten und leichtesten zu realisieren war.

Info Probleme der territorialen Festlegung Deutschlands

Wegen der vielen Kleinstaaten standen die Abgeordneten der Paulskirche vor der Frage, wie sich die Grenzen eines vereinigten Deutschlands gestalten ließen. In vielen deutschen Fürstentümern lebten Ethnien, die nicht Deutsch sprachen, sondern z. B. Polnisch, Tschechisch, Italienisch oder auch Dänisch. Aber es gab auch Deutsche, die nicht in den Grenzen des Deutschen Bundes lebten: Schleswig gehörte zum Königreich Dänemark.

Es gab den Vorschlag einer **kleindeutschen Lösung,** in deren Reichsgebiet es kaum Minderheiten gegeben hätte. Diese Lösung wäre international am ehesten durchsetzbar und am einfachsten realisierbar gewesen. Auf der anderen Seite wären viele Deutsche, die nicht innerhalb dieses Gebietes lebten, von einem deutschen Nationalstaat ausgeschlossen geblieben. Die Frage, ob Österreich einen Ausschluss akzeptiert hätte, kann wohl mit „nein" beantwortet werden – sicherlich wäre ein Krieg mit Österreich unausweichlich gewesen.

Auf einen europäischen Krieg hätte man sich bei der **großdeutschen Lösung** einstellen müssen: Zwar wären viele Deutsche in den Nationalstaat integriert, man stünde in der Tradition des Heiligen Römischen Reiches deutscher Nation und hätte einen Zugang zu allen Meeren (sogar zum Mittelmeer!) gehabt. Jedoch hätten in diesem großdeutschen Reich viele ethnische Minderheiten gelebt. Aus europäischer Sicht wäre dies schwer durchsetzbar gewesen, da die europäischen Großmächte das Gleichgewicht der Kräfte nie aus den Augen verloren.

Die vom Parlament unter großen Kompromissen zwischen Liberalen und Demokraten erarbeitete Verfassung sah nun folgendermaßen aus:

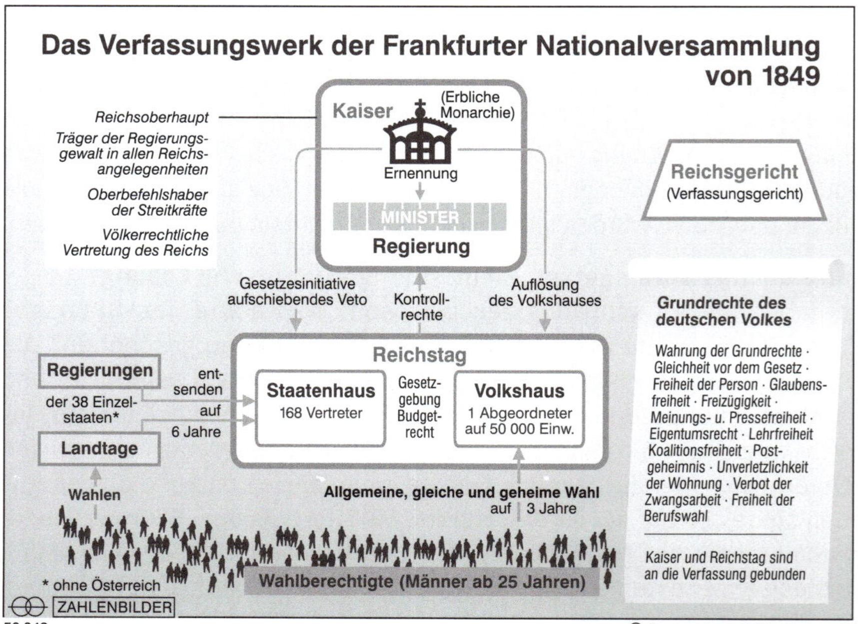

50 042

Gründe für das Scheitern der Revolution 1848

Nachdem der preußische König die Krone abgelehnt hatte, war die Revolution gescheitert. Doch weshalb?
Wie man aus dem Verlauf ersehen kann, gab es kein einheitliches Zentrum der Revolution, anders als z. B. in Frankreich. Stattdessen verlief die Revolution dezentral und war eine Abfolge von vielen Einzelrevolutionen. So war es nicht möglich, die Revolution zu organisieren und zu koordinieren. Die Paulskirche hatte keinen Zugriff auf eine eigene Revolutionsarmee, auf eine eigene Verwaltung und eigene Finanzen. Sie blieb stets auf den guten Willen der preußischen und österreichischen Monarchen angewiesen, was z. B. der Konflikt um Schleswig-Holstein zeigte.
Darüber hinaus waren sich die Träger der Revolution politisch uneinig: Die Liberalen wollten die Revolution „schließen", die Demokraten wollten sie vorantreiben. Daraus ergaben sich wiederum unterschiedliche Meinungen in Bezug auf die Staatsform, die Regierungsform und die Verfassung. Insgesamt waren die Interessen der Trägergruppen der Revolution zu unterschiedlich, als dass sie eine einheitliche Front gegen die Gegenrevolution hätten bilden können.
Nicht zu unterschätzen ist die Tatsache, dass die Nationalversammlung durch das Ausland komplett missachtet wurde, wie z. B der **Vertrag von Malmö** vom August 1848 zeigt, der den Konflikt zwischen Schleswig und Holstein klären sollte. Nach der Annexion Schleswigs durch Dänemark beauftragte die Nationalversammlung Preußen mit der Rückeroberung. Im Waffenstillstand von Malmö, der von Preußen und Dänemark auf Druck von England und Russland geschlossen wurde, wurde die Nationalversammlung schlicht übergangen. Erst im Nachhinein billigte das Parlament den Waffenstillstand. Die europäischen Mächte zeigten somit der deutschen Nationalbewegung ihre Grenzen auf.

Die Nationalversammlung hatte zu viele und v. a. zu gegensätzliche Probleme zu lösen. Sie musste auch gegen zahlreiche Widerstände arbeiten, wie z. B. die Gegenrevolution in Preußen und Wien und die Radikalisierung der Linken, die durch ihre Aufstände und Gewalt viele Unterstützer der Revolution in die Arme der Gegenrevolution trieben.
Ein weiterer Grund für das Scheitern der Revolution lag in der Schwäche der Nationalversammlung: Obwohl die Abgeordneten auf hohem Niveau diskutierten, verlief die Parlamentsarbeit unstrukturiert. Es mussten erst Verfahrensweisen entwickelt werden, da den Abgeordneten die Erfahrung in der Parlamentsarbeit fehlte.
Die territoriale Frage nach den Grenzen provozierte die europäischen Großmächte, da die Wahrung des Mächtegleichgewichts infrage gestellt wurde.
Nicht zu beherrschen waren zudem die Interessen der Einzelstaaten, v. a. die Machtfrage um die Vorherrschaft zwischen Preußen und Österreich.
Die liberale Mehrheit des deutschen Bürgertums wünschte keine radikalen Veränderungen, sondern *Reformen*. Aus den Erfahrungen der Französischen Revolution heraus (v. a. des Terrors unter Robespierre) blieb das Bürgertum „vor den Thronen stehen" und suchte den Ausgleich mit den Fürsten.

Die Bedeutung der Revolution für die demokratische Entwicklung Deutschlands

Die Revolution 1848 war gescheitert. Infolgedessen lebte der Deutsche Bund wieder auf und Preußen konnte die Demokraten durch das entschlossene Vorgehen der Gegenrevolution für lange Zeit nachhaltig schwächen. Auch die sehr geschwächten Liberalen mussten einsehen, dass es in absehbarer Zeit keine Möglichkeit gab, auf einem parlamentarischen Wege ein Deutsches Reich zu gründen. Preußen wurde zwar zum Verfassungsstaat, aber es verdankte eher seinem Heer den Sieg über die Revolutionäre. Infolgedessen wurde die Rolle des Militärs gestärkt, das von nun an den Herrschaftsanspruch des Monarchen absicherte. Diese Linie führte in den Militarismus des Kaiserreichs.

Info Zensuswahlrecht (Dreiklassenwahlrecht)

Preußen erhielt zunächst das allgemeine Wahlrecht, das schon 1850 durch das *Dreiklassenwahlrecht* abgelöst wurde. Man spricht von einer *oktroyierten* (von oben verfügten, erzwungenen) Verfassung.
Beim Dreiklassen- oder Zensuswahlrecht wurden die Bürger in drei Klassen – je nach der Höhe ihres Steueraufkommens – eingeteilt. Alle drei Klassen – die erste Steuerklasse war die kleinste und die dritte umfasste die meisten wahlberechtigten Menschen (83 Prozent!) – wählten anschließend die gleiche Zahl an Wahlmännern, die wiederum die Abgeordneten des Preußischen Abgeordnetenhauses wählten (indirekte Wahl).
Das Dreiklassenwahlrecht widersprach grundlegenden demokratischen Vorstellungen, da es eine ungleiche, öffentliche und mündliche Wahl war, d. h., dass jede Klasse ein Drittel der Wahlmänner öffentlich und mündlich bestimmte. Die Wahlmänner wählten ebenfalls in öffentlicher und mündlicher Wahl die Abgeordneten des Abgeordnetenhauses. Das Gewicht der Stimme eines Wählers aus der ersten Klasse war somit um ein Vielfaches (das 17,5-Fache) höher als das eines Wählers aus der dritten Klasse.

Trotz ihres Scheiterns erzielte die Revolution doch unmittelbare und auch langfristige **Erfolge,** die **die demokratische Entwicklung Deutschlands** prägten:
- Zum einen war innerhalb kurzer Zeit eine **politische Öffentlichkeit** entstanden, die sich in Versammlungen und Demonstrationen zeigte, aber auch in öffentlichen Diskussionen, durch Klubs, Zeitungen, Flugblätter und Karikaturen. Dieser Politisierungsschub konnte auf Dauer nicht mehr rückgängig gemacht werden.
- Die **Bauern** wurden endgültig vom **Feudalsystem befreit**.
- Das **Verfassungsprinzip** setzte sich allmählich gegen die Fürstenherrschaft durch – und obwohl die Verfassungen nicht demokratisch waren, so war die Fürstenherrschaft durch sie an Recht und Gesetz gebunden. Der Grundrechtskatalog war wegweisend und vorbildlich für Deutschland; auch setzte sich die Parlamentarisierung der politischen Ordnung in den Folgejahren zunehmend fort.
- Schließlich ist besonders auf die **Vorbildfunktion der Verfassung der Paulskirche** hinzuweisen: Sie stand Modell für die Weimarer Reichsverfassung und auch

für das Bonner Grundgesetz. Das von der Paulskirche entwickelte Modell des Bundesstaates prägte die deutsche Verfassungsgeschichte bis heute. Außerdem setzte sich das allgemeine Wahlrecht durch, welches auch in der Reichsverfassung des deutschen Kaiserreichs festgeschrieben wurde. Das allgemeine Wahlrecht galt später als das fortschrittlichste Element der Verfassung des Kaiserreichs.
- In Bezug auf die **nationale Frage** trug die Revolution zu der Erkenntnis bei, dass eine nationale Einigung Deutschlands, wie auch anderer Länder Europas, nur militärisch herbeigeführt werden könnte, was sich später durch die Einigungskriege bewahrheitete. Auch die kleindeutsche Reichsgründung wurde durch die Revolution vorgezeichnet.

Das Deutsche Kaiserreich

Zentrale Daten und Begriffe

Nationalismus – 1871–1890: Bismarck Reichskanzler – 1888–1918: Das Wilhelminische Zeitalter – Militarismus

Nach dem Scheitern der Revolution im Jahr 1849 waren die Deutschen weiterhin bestrebt, die nationale Einheit herbeizuführen. Schon mit dem *Deutschen Zollverein*, dem Österreich nicht angehörte, war eine wichtige wirtschaftliche Vorentscheidung für die *kleindeutsche Lösung* gefallen, die unter Preußens Führung entstehen sollte. Die Revolution 1848/49 hatte auch in Preußen durchaus Spuren hinterlassen: Es erhielt eine Verfassung und ein Abgeordnetenhaus mit gewählten Abgeordneten. Mit wachsendem bürgerlichem Wohlstand nahmen auch die Sitze der Liberalen im Abgeordnetenhaus zu.

Info Die preußische Verfassung

Der König von Preußen ernannte und entließ den Ministerpräsidenten und „seine" Regierung, die die Verwaltung leitete. Er setzte die Verwaltung selbst ein und ernannte auch die Richter auf Lebenszeit. Außerdem war er Oberbefehlshaber über das Heer, ernannte die Mitglieder des Herrenhauses (v. a. Adelige) auf Lebenszeit und berief das Abgeordnetenhaus (mit den vom Volk nach Dreiklassenwahlrecht gewählten Abgeordneten), das er auch auflösen konnte. Wurden Gesetze beschlossen, mussten diesen die drei Instanzen Herrenhaus, König und Abgeordnetenhaus zustimmen. Einfluss auf die Politik konnte das Abgeordnetenhaus v. a. in der Haushaltspolitik nehmen.

Auf dem Weg zur Reichsgründung gab es einen zentralen Konflikt zwischen der liberalen Volksvertretung und der monarchischen Staatsführung Preußens. Schon 1858 sollte es eine **Heeresreform** geben, um die Stärke der Armee an die Bevölkerungsentwicklung anzugleichen. 1861 geriet dieser Konflikt zum **Verfassungskonflikt**: Die Liberalen wandten sich gegen die Verlängerung der Wehrpflicht auf drei Jahre und gegen die Minderung der Mitspracherechte des Abgeordnetenhauses. Der König, Wilhelm von Preußen, setzte 1861 auf das Vorrecht des militärischen Oberbefehls. Das Parlament bestand auf seinem Budgetrecht und verweigerte folglich die Zustimmung zum Haushalt. Otto Fürst von **Bismarck** erhielt in dieser schwierigen Lage das Amt des Ministerpräsidenten von Preußen. Er ging auf Konfrontation zu den Liberalen im Abgeordnetenhaus und plädierte für eine Politik der Stärke (sog. *Blut-und-Eisen-Politik-Rede)*. Die Regierung amtierte, ohne über einen ordnungsgemäßen Haushalt zu verfügen. Mit der „Lückentheorie", der zufolge die Regierung auch ohne Zustimmung der Volksversammlung ihren Staatsgeschäften nachgehen müsse, da sie für den Fortbestand des politischen Gemeinwesens und seiner Institutionen zuständig sei, regierte man weiter.

Als im Jahre 1864 der dänische König Schleswig und Holstein dem dänischen Staat einverleiben wollte, spielte Bismarck die sog. **nationale Karte** aus und mobilisierte die deutschen Nationalisten. In den sich anschließenden Einigungskriegen konnte Bismarck auf Teile des liberalen Bürgertums als Unterstützer vertrauen. Bei den Wahlen zum Abgeordnetenhaus verlor die liberale *Fortschrittspartei* massiv Stimmenanteile und die neu gegründete *Nationalliberale Partei*, die Bismarcks Regierungspolitik unterstützte, erhielt die Mehrheit. Indem das Abgeordnetenhaus nun der Regierung Straffreiheit für ihr Vorgehen zusicherte (Indemnitätsgesetz, 1866), wurde die Militärfinanzierung nachträglich im Abgeordnetenhaus akzeptiert und der Verfassungskonflikt beigelegt.

Die drei Einigungskriege

Indem Bismarck die nationale Karte zückte, brachte er die deutschen Nationalisten und das liberale Bürgertum hinter sich. Für die Liberalen schien das Ziel der Einheit Deutschlands im Sinne einer kleindeutschen Lösung mit Bismarck erreichbar.

Es folgten bis zur Reichsgründung drei Einigungskriege:

1. **1864: Deutsch-dänischer Krieg** (Preußen und Österreich gegen Dänemark)
   Folge: Schleswig und Holstein gehörten zu Deutschland.
2. **1866: Preußisch-österreichischer Krieg** (Preußen und die Mehrheit der deutschen Staaten gegen Österreich)
   Folge: Österreich musste der Auflösung des Deutschen Bundes zustimmen, Preußen gründete den Norddeutschen Bund, der von Norddeutschland bis zur Mainlinie reichte. Damit waren die politischen Konturen des Kaiserreiches vorgezeichnet.
3. **1870/71: Deutsch-französischer Krieg** (Norddeutscher Bund, Baden, Württemberg und Bayern gegen Frankreich)
   Folge: Dieser Krieg überzeugte die deutsche Öffentlichkeit von der Realisierung des nationalen Traums. Der Krieg wurde als **„deutscher Nationalkrieg"** aufgefasst. Frankreich musste die ungeheure Summe von fünf Milliarden Francs als Kriegsentschädigung zahlen und sowohl das Elsass als auch Lothringen an das Deutsche Reich abtreten.

Das Deutsche Reich war im Zuge nationaler Hochstimmung, aber auch durch jahrzehntelange, zähe Verhandlungen entstanden. Die süddeutschen Staaten schlossen sich dem **Norddeutschen Bund** an, der dann im Dezember 1870 in **Deutsches Reich** umbenannt wurde: Am 18.1.1871 fand im Spiegelsaal von Versailles die Kaiserkrönung statt. Das „kleindeutsch-preußische" Kaiserreich war gegründet.

Info Politik mit Symbolen: Der Spiegelsaal von Versailles

Bei der Reichsgründung wurde die Kaiserkrönung 1871 ganz bewusst im Spiegelsaal von Versailles durchgeführt, weil die dortigen Deckengemälde Siege der Franzosen über deutsche Länder darstellen und diese verherrlichen. Franzosen empfanden die Kaiserkrönung als Demütigung.
Über 40 Jahre später, nach dem Ende des Ersten Weltkrieges, bestand die französische Regierung auf der Unterzeichnung des Friedensvertrages im Spiegelsaal von Versailles, was wiederum die deutsche Seite als Demütigung verstand. Der *Friedensvertrag von Versailles* galt in Deutschland als „Schandfrieden".

Bewertung der Reichsgründung „von oben"

Aus unserer heutigen Sicht heraus scheint es normal zu sein, dass das Volk an der politischen Willensbildung mitwirkt (eine Reichsgründung „von unten"). Das war aber nicht immer so: Die Idee, dass das **Volk der Souverän** sei und folglich an der Regierung beteiligt werden müsse, wurde erst im 17. Jahrhundert von den Staatsphilosophen der Aufklärung entwickelt. Sie brauchte lange, um sich gegen die Interessen der Mächtigen durchzusetzen.
Die Gründung des Deutschen Reiches wird von Historikern als „Reichsgründung von oben" bezeichnet, weil sie weder durch eine Revolution noch durch einen Bürgerkrieg oder gar einen förmlichen Wahlakt der Bevölkerung zustande gekommen ist. Stattdessen wurde das Reich von den Kräften der alten Ordnung ohne Volksvertreter gegründet. Im Rahmen der **äußeren Reichsgründung** gewährte Bismarck den süddeutschen Ländern für die Ratifizierung der Verträge einige Sonderrechte für Bahn, Post und Militär; Bayerns Zustimmung wurde durch die Zahlung von jährlich 100 000 Goldmark erkauft. Dass man von einer Reichsgründung „von oben" sprechen kann, wird auch in der Kaiserproklamation in Versailles deutlich, die mitten im Krieg und in Frankreich stattfand. Die Annexion Elsass-Lothringens trug dazu bei, das deutsch-französische Verhältnis nachhaltig zu stören und Verständigungsmöglichkeiten zu erschweren.
Das neu gegründete Reich war nicht vom Volk geschaffen, es war vielmehr ein Bund der Fürsten und der Freien Städte. Damit hatten Bismarck sowie die nationalen und liberalen Kräfte mit der Reichsgründung ihr Ziel, nämlich die Schaffung eines Nationalstaates, erreicht. Formal war somit die äußere Reichsgründung vollzogen, die innere aber noch lange nicht.

Der Einfluss der Reichsgründung „von oben“ auf das politische System ist vielschichtig. Das Kaiserreich war ein (militärischer) **Obrigkeitsstaat** (= Macht- und Militärstaat) und ein **Verfassungsstaat** (= Rechts- und Kulturstaat), der damit sowohl den nationalen und liberalen Gruppen als auch dem Militär und dem Adel die Möglichkeit gab, sich mit diesem Nationalstaat zu identifizieren. Gelenkt wurde es von Kaiser und Reichkanzler. Dass das Kaiserreich in einem Spannungsfeld zwischen obrigkeitsstaatlichen Strukturen und demokratischen Tendenzen stand, zeigt die Verfassung, die als Kompromiss zwischen den einzelnen Fürsten (Einzelstaaten), dem konservativen preußischen Adel und dem liberalen Bürgertum angesehen werden kann. Bismarcks Ziel war es, die Monarchie zu sichern und die Wirksamkeit des Parlaments zu blockieren.

Den preußischen Konservativen war es wichtig, dass **Preußen die Vormachtstellung im Reich** innehatte. Diese wurde hauptsächlich durch die doppelte Personalunion von deutschem Kaiser und preußischem König sowie von Reichskanzler und preußischem Ministerpräsidenten realisiert. Der Kaiser war Oberbefehlshaber des Militärs (er entschied damit über Krieg und Frieden), aber er war demokratisch nicht legitimiert. Seine Macht beruhte auf den Säulen des absolutistischen Staates: Heer, Bürokratie und Diplomatie. Die obrigkeitsstaatliche Prägung der Reichsgründung, die in der Tradition der militärischen Vorrechte der Krone stand, zeigte sich am deutlichsten darin, dass der Reichskanzler mit seiner Politik dem Kaiser und nicht dem Parlament verantwortlich war. Obwohl Preußen die Reichspolitik maßgeblich bestimmen konnte, ging es letztlich durch die Einigung immer stärker im Reich auf. Laut Verfassung war das Deutsche Reich ein **Bundesstaat**, bestehend aus 25 souveränen *Einzelstaaten*, die weiterhin die Steuerhoheit besaßen. Der *Bundesrat*, das föderale Element – als Vertretung der Länder – hatte in der Verfassung des Reiches eine starke Stellung. Damit die Gesetze, die der Reichstag verabschiedete, rechtsgültig wurden, musste der Bundesrat ihnen zustimmen. Außerdem kontrollierte er die Exekutive. Preußen besaß im Bundesrat ein Vetorecht, was seine Sonderstellung betonte.

Als Zugeständnis an das **liberale Bürgertum**, dessen Wunsch nach einem Nationalstaat und einer nationalstaatlichen Verfassung erfüllt wurde, kann der *Reichstag* als gewähltes Repräsentationsorgan betrachtet werden. Das Wahlrecht zum Reichstag war sehr modern und fortschrittlich; dennoch war das Wahlrecht gegen die Liberalen „gestrickt“. Der Reichstag stand der konstitutionellen Monarchie gegenüber, er war schwach, da er keine Gestaltungs- oder Kontrollrechte hatte. Trotz des Rechts auf Gesetzesinitiative bedurften alle Gesetze der Zustimmung des Bundesrates. Außerdem konnte der Reichstag vom Kaiser oder vom Bundesrat aufgelöst werden. Zwar war es die Aufgabe des Reichstages, das Budget des Reiches zu bewilligen, allerdings konnte er nicht frei über Einnahmen und Ausgaben (v. a. beim Militäretat) verfügen. Auch hier zeigt sich wieder deutlich der Vorrang des Militärischen vor anderen Politikfeldern. Außerdem fehlte dem Reichstag ein wichtiges Instrument, das in eine parlamentarische Verfassung gehört: Das *Misstrauensvotum*, um den Kanzler zum Rücktritt zu zwingen, und auch eine Ministerverantwortlichkeit gegenüber dem Parlament gab es nicht.

Der autoritäre Staat prägte das politische Leben auch außerhalb der Verfassung. Selbst das zivile Leben war militärisch geprägt. Den Industriearbeitern (immerhin 20 Prozent bei Reichsgründung, zu Beginn des 20. Jahrhunderts fast 30 Prozent) wurde durch die Verfassung keine Interessensvertretung eingeräumt, den Arbeitgebern aber schon. Gewerkschaften wurden im Kaiserreich zwar toleriert, doch es gab nur ein sehr begrenztes Streik- und Koalitionsrecht.
Trotz fehlender Demokratie war die Gesellschaft im Kaiserreich sehr politisch: Es entstand ein vielfältiges Parteienspektrum (von den Konservativen bis zur Sozialdemokratie), das v. a. durch Wahlkämpfe zur Politisierung der Bevölkerung beitrug.

Die politische Kultur im Kaiserreich

Nachdem die äußere vollzogen war, musste nun die **innere Reichsgründung** folgen, wenn das Kaiserreich Bestand haben sollte. In wirtschaftlicher und rechtlicher Hinsicht gelang dies, indem z. B. das Handelsgesetzbuch (1865), das Strafgesetzbuch (1872) und das Bürgerliche Gesetzbuch (1900) eingeführt wurden.
Es ist Aufgabe eines jeden Staates, sich um die Integration der Bevölkerung zu kümmern. Im Kaiserreich unterschied man allerdings nach denjenigen Gruppen, die „staatstragend" waren, und denjenigen, die es nicht waren (sog. Reichsfeinde). Letztere wurden systematisch unterdrückt, verfolgt und ausgegrenzt. Ebenso wohnten im Reich viele Minderheiten. Sie zu diskriminieren war leicht möglich, da es in der Reichsverfassung keinen Minderheitenschutz gab. Man bezeichnet diese Vorgehensweise der Unterdrückung und Ausgrenzung als **negative Integration**. Bismarck nutzte diese geschickt, um innenpolitische Konflikte anzuheizen. So konnte er im Parlament Mehrheiten für eine bestimmte Politik sammeln. „Andersdenkende" wurden kurzerhand als Reichsfeinde stigmatisiert, wie *Kulturkampf* und *Sozialistengesetze* zeigen.

Als **Kulturkampf** wurde ein grundlegender Streit über den Einfluss der Kirche im Staat bzw. um das Verhältnis von Staat und Kirche bezeichnet. Der säkularisierte Nationalstaat sah sich an keine Konfession gebunden, was zu Zerwürfnissen mit der katholischen Kirche führte. Diese sah sich als Garantin christlicher Werte in Staat und Gesellschaft, v. a. in Schule und Familie. Dieser Anspruch der katholischen Kirche wird in der von Papst Pius IX. 1864 verfassten Enzyklika *Syllabus Errorum* begründet, in der er Stellung gegen den Liberalismus und gegen die Säkularisierung des Staates bezog, die sich u. a. dadurch äußere, dass der Staat für sich z. B. die Leitung öffentlicher Schulen beanspruchte. Verschärft wurde die Auseinandersetzung durch das *Infallibilitätsdogma* (Unfehlbarkeitsdogma) im Jahre 1870, mit dem der Papst seine Autorität stärken wollte. Die Liberalen sahen hierin einen Anschlag auf die Gewissensfreiheit des Menschen.
Das **Zentrum** (Partei der Katholiken), das die Interessen der katholischen Kirche vertrat, wurde zur zweitgrößten Partei im Reich und gefährdete Bismarcks Mehrheiten im Reichstag. Außerdem befürchtete Bismarck, das Zentrum könne sich für eine Parlamentarisierung des Reiches einsetzen, darum bekämpfte er die Parteigänger als *Reichsfeinde*. Man bezeichnete die Mitglieder des Zentrums als *Ultramontane* (= jenseits der Berge, d. h. der Alpen, wo der Papst residiert) und stempelte sie als schlechte

Deutsche ab. Durch den Kampf gegen das Zentrum konnte Bismarck die Liberalen an sich binden, da die Zentrumspartei in ihren Augen der Inbegriff des Antimodernismus war. Bismarck hingegen sah im Zentrum eine großdeutsch gesinnte Partei, die auch mit nichtdeutschen, aber katholischen Minderheiten im Reich (z. B. Polen und Elsässer) verbündet war.
Im **Kulturkampf** wurden antikatholische Gesetze durchgesetzt. So wurde z. B. der Jesuitenorden auf Reichsebene verboten, die Zivilehe durch die Schaffung von staatlichen Standesämtern obligatorisch eingeführt, die Schule unter staatliche Aufsicht gestellt und die Priesterausbildung neu geregelt. Im Zuge dieser Maßnahmen wurden v. a. Priester und Bischöfe verfolgt und zeitweise inhaftiert.
Beendet wurde der Kulturkampf 1878, als mit Leo XIII. ein liberalerer Papst an die Spitze der Kirche gewählt wurde, mit dem sich Bismarck verständigte. Er wusste, dass die Katholiken durch ihre konservative Prägung seine potenziellen Verbündeten waren. Die antikatholischen Gesetze wurden nach und nach aufgehoben. Letztlich erreichte Bismarck sein Ziel nicht, sondern das katholische Milieu ging gestärkt aus dem Kulturkampf hervor, wie die folgenden Reichstagswahlen zeigten.

Im Umgang mit der **Sozialdemokratie**, die *international, antibürgerlich und antikapitalistisch* ausgerichtet war und sich für Sozialismus und Demokratie einsetzte, zeigt sich abermals, wie sich der Obrigkeitsstaat in der politischen Kultur des Kaiserreichs widerspiegelte. Schon 1870 kritisierten die Sozialdemokraten die Annexion von Elsass-Lothringen und solidarisierten sich mit der Französischen Republik; sie wurden deshalb als *vaterlandslose Gesellen* bezeichnet.
Schnell wurde Bismarck klar, dass er der sozialdemokratischen Bewegung nicht allein durch Repressivmaßnahmen, sondern durch eine Doppelstrategie („Zuckerbrot und Peitsche") beikommen konnte. Nach zwei den Sozialdemokraten angelasteten Attentaten auf Kaiser Wilhelm I. wurde am 21.10.1878 das sog. **Sozialistengesetz** erlassen („Gesetz gegen die gemeingefährlichen Bestrebungen der Sozialdemokratie"). Insgesamt wurde es drei Mal verlängert. Es verbot alle sozialdemokratischen, sozialistischen und kommunistischen Vereine, Versammlungen und Druckschriften; viele Sozialdemokraten wurden aus Berlin und Hamburg ausgewiesen. Die Sozialdemokratie wurde jedoch **nicht** vollständig **verboten**, sie hatte weiterhin das Recht, sich an Wahlen zum Reichstag zu beteiligen.
Infolge der Repressalien wurden Sammelaktionen durchgeführt, um die betroffenen Sozialdemokraten zu unterstützen. Dadurch wurden neue Bande der Solidarität geknüpft. Um dem Polizeizugriff zu entgehen, unternahmen die Sozialdemokraten Ausflüge ins Grüne. Darüber hinaus wurden Sport- und Musikvereine gegründet, wodurch eine Subkultur aufgebaut werden konnte, die den späteren Erfolg der Sozialdemokratie erst ermöglichte.
Trotz der Repressalien war der Aufschwung der Bewegung ungebrochen. Da die „Peitsche der Unterdrückung" ohne Erfolg blieb, musste Bismarck die zweite Variante seines Konzepts in die Tat umsetzen: das „Zuckerbrot der Sozialreform" für die Arbeiter. Sein Ziel war es, die Arbeiter durch Sozialreformen wieder an den monarchischen Staat zu binden.

Mit dem Ziel der Bindung der Arbeiter wurden die heute noch bestehenden **Sozialversicherungssysteme** auf den Weg gebracht:
- 1883: gesetzliche Krankenversicherung,
- 1884: Unfallversicherung,
- 1889: Rentenversicherung.

Da die Leistungen sehr gering waren, konnten nur sehr langsam Wirkungen erzielt werden. Ebenso wurde durch die Verfolgungsmaßnahmen deutlich, dass der Staat nicht die Interessen der Arbeiter, sondern vielmehr die der Unternehmer vertrat. Gerade deshalb nahm die Unterstützung für die Sozialdemokratie immer mehr zu, was die Reichstagswahlen zeigten: Der Stimmenanteil wuchs von 7,8 Prozent im Jahr 1878 auf 19,7 Prozent im Jahr 1890. Bismarcks Politik war gescheitert, die Gesellschaft tief gespalten.

Das Wilhelminische Zeitalter (1890–1918)

Mit dem Sturz Bismarcks (1890) begann das sog. „Wilhelminische Zeitalter". Im Gegensatz zu seinem Großvater wollte Wilhelm II. selbst regieren (persönliches Regiment). Innenpolitisch war das Zeitalter durch Nationalismus, Antisemitismus und Militarismus, aber auch durch wirtschaftliche und gesellschaftliche Änderungen geprägt.

Debatte Wilhelm II. – „Schattenkaiser"?

Historiker streiten sich, ob die Regierungsweise **Wilhelms II.** tatsächlich als *persönliches Regiment* bezeichnet werden kann. Manche Historiker (so v. a. Hans-Ulrich Wehler) sehen in ihm nur einen **„Schattenkaiser"**, dem letztlich nur von seiner Beraterclique vorgegaukelt worden sei, dass er die „kaiserliche Entscheidungsgewalt" innehabe. Im Abitur können Sie, falls es die Aufgabenstellung erlaubt, mit einer Darstellung dieses Sachverhalts Pluspunkte erreichen.

Der Nationalismus, der ursprünglich liberal und gegen die Stände gerichtet war, veränderte sich nach der Reichsgründung zu einer rechtsorientierten Ideologie, die Feindbilder nach innen und außen beschwor **(Reichsnationalismus)**. Als Erstes traf es Katholiken und Sozialdemokraten, zunehmend aber auch Juden und Angehörige nationaler Minderheiten (Franzosen, Dänen, Polen, Litauer, Masuren). Nach außen hin zeigte sich der Reichsnationalismus als aggressiv, v. a. gegenüber dem französischen „Erbfeind", später auch gegenüber den Slawen. Gleichzeitig wurde durch das Propagieren des Reichsnationalismus versucht, die Identifikation der Bürger mit den Einzelstaaten zu überwinden: Sie sollten sich dem Reich zugehörig fühlen. Als Integrationsfigur dienten der Kaiser und der ehemalige Reichskanzler Bismarck. Viele Nationaldenkmäler wurden geschaffen (z. B. das *Völkerschlachtdenkmal* in Leipzig, das *Deutsche Eck* in Koblenz). Der *Sedantag* (Kapitulation der französischen Armee), der 2. September, wurde zu einer Art Nationalfest erkoren. National sein hieß nun, den Staat und seine Führer bedingungslos zu unterstützen.

Nach der Reichsgründung 1871 riefen ein einheitlicher Markt, eine wirtschaftsliberale Gesetzgebung und nicht zuletzt die französischen Reparationszahlungen einen ungebremsten Fortschrittsoptimismus und eine rasant ansteigende Konjunktur hervor. Während dieser sog. **Gründerzeit** stiegen Aktienkurse und Investitionen fortwährend an, bis die Spekulationsblase 1873 in der sog. **Gründerkrise** platzte: Infolge von Börsengerüchten brachen die Börsen in Wien, London, New York und schließlich auch Berlin zusammen. Der Krise folgte eine wirtschaftliche Konsolidierung, der Prozess der Industrialisierung insgesamt setzte sich ungehindert fort.
Allerdings entstand mit der Gründerkrise im Zuge ungerechtfertigter Schuldzuschreibungen der moderne **Antisemitismus**, der zwar an tradierte Vorurteile anknüpfte, qualitativ aber dennoch ein neuartiges Phänomen war. Schnell wurden diskriminierende „rassische" Vorstellungen zum festen Bestandteil des Reichsnationalismus: Da sie laut „Rassentheorie" als wesensmäßig „fremdartig"angesehen wurden, wurde die Entrechtung und Ausweisung von Juden gefordert. Für Antisemitismus besonders empfänglich waren konservative, rechtsnationale, bäuerliche und kleinbürgerliche Kreise: Im Zeichen von Sozialneid und Fremdenhass wurden die Juden für die als bedrohlich empfundenen gesellschaftlichen Auswirkungen des Kapitalismus und des Liberalismus verantwortlich gemacht.

Info Militarismus

Militärische Wert- und Denkvorstellungen (Hierarchie, Befehl und Gehorsam) dominieren die Politik, den Staat und die Gesellschaft. Das Recht des Stärkeren wird betont und Kriege werden als notwendig und unvermeidbar angesehen.

Das Militär und die Offiziere genossen im Kaiserreich ein besonders hohes Ansehen und verfügten über eine privilegierte Stellung in der Gesellschaft, was auf die preußische Tradition der Militärmonarchie zurückzuführen ist. Daher durchdrang das Militärische auch alle anderen Lebensbereiche im Kaiserreich. Militärisch geprägt war bereits die Kindererziehung, wie ein bekannte Weihnachtslied zeigt: „Morgen kommt der Weihnachtsmann,/Kommt mit seinen Gaben./Trommel, Pfeife und Gewehr,/Fahn und Säbel und noch mehr,/Ja ein ganzes Kriegesheer,/Möcht' ich gerne haben." Jede Schulordnung forderte militärischen Drill, Veteranenvereine pflegten das Andenken an Krieg und Soldatenleben, Uniformen und Militärparaden waren sehr beliebt. Dieser **Militarismus** führte schließlich dazu, dass Armee und Flotte zum Staat im Staate wurden.

Außenpolitik: Das Ende des Kaiserreichs

Auch in der Außenpolitik kann man eine neue Ära unter Wilhelm II. erkennen. War Bismarck darauf bedacht, den *Status quo* zu sichern, den europäischen Großmächten zu versichern, dass Deutschland keine weitere territoriale Expansion plane *(Saturiertheit)*, und zu verhindern, dass antideutsche Bündnisse geschlossen wurden, so begann unter Wilhelm II. die Phase des **Hochimperialismus**. Deutschland hatte das Gefühl, „zu spät zu kommen", und forderte ebenfalls seinen „Platz an der Sonne":

Wilhelm II. betrieb Weltpolitik. Symbolisch für die wilhelminische Weltpolitik stehen der Erwerb von Kolonialgebieten durch das Deutsche Reich und die Flottenrüstung *(Tirpitz-Plan)*. Massiv wurde die deutsche Marine aufgerüstet, die zwei Drittel der britischen Stärke erreichen sollte. Deutschland wurde zum Unruhestifter in Europa. Das hoch komplexe, von Bismarck geschaffene Bündnissystem zerbrach – wohl auch, weil Kaiser Wilhelm II. mit seinen Aufgaben überfordert war. Deutschland isolierte sich zusehends selbst: Frankreich, Großbritannien und Russland verbündeten sich *(Entente cordiale/Triple Entente)*. Rüstungswettlauf, verschiedene internationale Krisen und zunehmende Kriegsbereitschaft kennzeichneten die Jahre vor dem Ausbruch des Ersten Weltkriegs, an dessen Ende der Untergang des Kaiserreichs steht.

Ökonomische Modernität vs. Herrschaft der traditionellen Eliten

Die Menschen im wilhelminischen Kaiserreich werden in der Geschichtsforschung als *Übergangsmenschen* bezeichnet. Zahlreiche Veränderungen in Wirtschaft, Gesellschaft und Kultur prägten Alltag und Bewusstsein, ihnen gegenüber stand jedoch in weiten Kreisen ein hohes Beharrungsvermögen. Die **Herrschaft der „traditionellen Eliten“** war nach wie vor ungebrochen. Der Adel genoss, obwohl er de facto keine stadtliche Funktion mehr besaß, viele Privilegien im Militär oder in den Parlamenten der Einzelstaaten (Dreiklassenwahlrecht in Preußen). Die Mentalität der herrschenden Klassen und die politische Struktur des Kaiserreichs waren vordemokratisch geprägt und keineswegs modern.

Demgegenüber war der **Staat wirtschaftlich** gesehen **sehr modern**, denn spätestens seit der Mitte der 1890er-Jahre herrschte im Kaiserreich fast ununterbrochen Hochkonjunktur. Deutschland hatte sich vom wirtschaftlichen Nachzügler und Agrarland zum Industriestaat gewandelt und hatte, gemessen an der Industrieproduktion, sogar England überholt. Neue Leitsektoren waren nun die Chemie- und Elektroindustrie und der Maschinenbau. Die Landwirtschaft litt hingegen unter einer strukturellen Agrarkrise (die USA exportierten seit 1873 Weizen, wodurch sie mit der deutschen Landwirtschaft konkurrierten). Damit einhergehend veränderten sich die Berufsstruktur und das Sozialgefüge. Der Adel verlor seine Funktion und profitierte nur noch von seinem Ansehen, der alte Mittelstand (Handwerker, Einzelhändler) spürte den Druck der Fabriken und neu entstandener Warenhäuser, der „neue“ Mittelstand (Angestellte, Sekretäre, Buchhalter etc.) gewann an Gewicht. Durch die Industrialisierung stieg die Zahl der Arbeiter kontinuierlich an, die sich zunehmend in Gewerkschaften organisierten. Die Arbeiterbewegung wurde zu einer wichtigen politischen Kraft. Die Schwer- und Montanindustrie organisierte sich im „Centralverband deutscher Industrieller“ (CdI), die Leichtindustrie im „Bund der Industriellen“ (BdI). Da die Industrialisierung die Menschen in die Städte gezogen hatte, wurden die urbanen Wirtschafts-, Lebens- und Verhaltensformen zum gesellschaftlichen Leitbild **(Urbanisierung)**. Einhergehend mit diesen Veränderungen modernisierte sich die Gesellschaft z. B. auch in familiärer Hinsicht: Die Kleinfamilie mit zwei Kindern setzte sich immer mehr durch.

Die Weimarer Republik

Zentrale Daten und Begriffe

1918: Novemberrevolution – 1919: Weimarer Verfassung – ab 1930: Präsidialkabinette – Dolchstoßlegende – Antiparlamentarismus – Notverordnungen – Weltwirtschaftskrise

Am 11.11.1918 endete mit der Unterzeichnung des Waffenstillstandsvertrages durch Außenminister Matthias Erzberger (Zentrum) sowie ranghohe Militärs der **Erste Weltkrieg**. Deutschland hatte den Krieg verloren. Die kriegsbeteiligten Staaten hatten mehr als 10 Millionen Tote und über 20 Millionen Verwundete zu beklagen. Schon am 29.9. forderte Erich Ludendorff, Paul von Hindenburgs Stellvertreter in der Obersten Heeresleitung (OHL), ultimativ, dass eine neue Regierung sofortige Waffenstillstandsverhandlungen mit den Alliierten aufnehmen sollte. Am 3.10. richtete Prinz Max von Baden, der neue Reichskanzler, ein Waffenstillstandsgesuch auf Grundlage des **14-Punkte-Plans** an den amerikanischen Präsidenten Wilson. Die deutsche Bevölkerung war nicht auf die Niederlage vorbereitet, sie erlitt einen regelrechten Schock. Die OHL hatte es darum vorgezogen, dass eine neue Regierung ein Waffenstillstandsangebot an die Kriegsgegner übermittelte, was einer **Kapitulation** gleichkam. Indem sie ihre Verantwortung auf die deutsche Regierung abwälzte, konnte sie von ihren kriegstaktischen Fehlern ablenken und das Militär weiterhin als *unbesiegt* bezeichnen.

Info **Wilsons 14-Punkte-Plan**

Der amerikanische Präsident Thomas Woodrow Wilson hatte einen 14-Punkte-Plan entwickelt, um eine Grundlage für Friedensverhandlungen zu schaffen. Auf diese einzugehen, war die Reichsregierung jedoch erst nach dem Scheitern der Frühjahrsoffensive 1918 bereit, als sich abzeichnete, dass Deutschland den Krieg nicht gewinnen würde. Dieser **Friedensplan** sah u. a. Folgendes vor: Abrüstung, Selbstbestimmungsrecht der Völker, Frieden ohne Sieger und Besiegte, Gründung eines Staatenbundes, um den Weltfrieden zu sichern (Völkerbund). Wilsons Plan spielte bei der Pariser Friedenskonferenz (Januar 1919) eine wichtige Rolle. Die Satzung des Völkerbundes, der in Zukunft den Frieden sichern sollte, wurde schließlich Teil des Versailler Vertrages. Der Völkerbund war indirekt die Vorläuferorganisation der UNO.

Die Deutschen erhofften sich von Wilsons **14-Punkte-Plan** einen milden Frieden, wurden jedoch vom amerikanischen Präsidenten zu weitreichenden („Oktober"-) Reformen genötigt. Diesen Forderungen folgte der kaiserliche Parlamentserlass zur Parlamentarisierung der staatlichen Ordnung. Wilson erklärte, dass nur mit einer demokratisch legitimierten Regierung über Waffenstillstandsverhandlungen gesprochen würde. Das Kaiserreich wurde notgedrungen zu einer parlamentarischen Monarchie, die Befugnisse des Kaisers wurden stark eingeschränkt: Er war nun dem

Reichskanzler rechenschaftspflichtig, der Reichskanzler und seine Minister waren dem Parlament verantwortlich. Am 3.10. wurde die **erste parlamentarische Regierung des Kaiserreiches** aus *MSPD*, *Fortschrittspartei* und *Zentrum* unter dem Kanzler Prinz Max von Baden gebildet. Ludendorff wurde am 26.10. entlassen. Im November 1918 wurde in Preußen das Dreiklassenwahlrecht abgeschafft. Erst mit der Verfassungsänderung vom 28.10. waren die Bedingungen für ein Waffenstillstandsabkommen, nämlich die Entwaffnung und die Demokratisierung Deutschlands, erfüllt. Die *Unabhängige Sozialdemokratische Partei* – **USPD** war 1917 aus dem linken Flügel der SPD hervorgegangen. Die USPD war nicht mehr bereit, weiterhin Kriegskredite zu bewilligen und den Krieg fortzuführen. Die SPD nannte sich fortan *Mehrheitssozialdemokraten* – **MSPD**.
Der **Spartakusbund** unter Führung von Karl Liebknecht und Rosa Luxemburg hatte sich schon 1916 aufgrund der Kriegspolitik der SPD von der Partei abgespalten. Aus ihm ging 1918 die *Kommunistische Partei Deutschlands* – **KPD** hervor. Diese wurde von Karl Liebknecht und Rosa Luxemburg geführt.

Ziel der „Mehrheitsparteien" war es, eine ruhige demokratische Entwicklung herbeizuführen. Die Reichsregierung unter Prinz Max von Baden versuchte, im Sinne einer *Revolution von oben* Macht und Einfluss für die Eliten des Kaiserreiches zu erhalten. Doch dieses Bemühen scheiterte, es kam zu einer **Revolution von unten**. Diese begann mit dem **Kieler Matrosenaufstand** am 4. November: Die Matrosen weigerten sich, zu einem sinnlosen Einsatz auszulaufen, und meuterten. Sie wählten Soldatenräte (= direkte Vertreter von Soldaten) und bewaffneten sich. Schließlich solidarisierten sich die Werft- und Industriearbeiter mit den Soldaten und begannen zu streiken. Dieser Streik breitete sich in ganz Deutschland aus, denn überall rissen **Soldaten- und Arbeiterräte** (= direkte Vertretung der Arbeiter) die Macht an sich. Nach der **Ausrufung der Republik in Bayern** durch Kurt Eisner dankte zunächst der bayerische König ab. Das Volk wandte sich gegen den Militär- und Obrigkeitsstaat, weshalb sich in ganz Deutschland ähnliche Situationen ereigneten, die dazu führten, dass die Fürsten innerhalb weniger Tage abdankten.

Info Gründe für die Revolution 1918

Als Gründe für die *Revolution von unten* führt u. a. der Historiker Wolfram Pyta Unzufriedenheit und Friedenssehnsucht der Menschen an. Der Kaiser wurde für die Fortführung des sinnlosen Leidens verantwortlich gemacht, da er und die OHL auf einen sog. Siegfrieden gepocht hatten. Damit geriet die Monarchie endgültig in Verruf, der Kaiser ging nach seinem Sturz nach Holland ins Exil.
Unter einem **Siegfrieden** versteht man einen Frieden, der aufgrund eines militärischen Sieges geschlossen wird: Der Verlierer muss mit harten Auflagen und mit Gebietsverlusten (Annexionen) rechnen.
Bei einem **Verständigungsfrieden**, wie ihn die MSPD, das Zentrum und die Fortschrittliche Volkspartei 1917 forderten, wird auf Kontributionen (Wiedergutmachungsleistungen) und Annexionen verzichtet.

Am 9. November erreichte die Revolution Berlin. Wiederum wurden Arbeiter- und Soldatenräte gebildet. Es kam zu Demonstrationszügen und zu einem Generalstreik. Prinz Max von Baden verkündete eigenmächtig die Abdankung des Kaisers und übergab das Amt des **Reichskanzlers** an **Friedrich Ebert** (MSPD), der sich seine Legitimation bei den Berliner Arbeiter- und Soldatenräte holte. Ebert versprach sogleich eine Volksregierung und die Wahl einer verfassunggebenden Nationalversammlung. Am Nachmittag rief der Sozialdemokrat **Philipp Scheidemann** die **Republik** aus. Kurz danach proklamierte Karl Liebknecht die „freie sozialistische Republik Deutschland", in der das Proletariat die Herrschaft übernehmen werde.

Info Parlamentarische Demokratie vs. Rätesystem

Parlamentarische Demokratie
- freie, individuelle Willensbildung, freies Mandat
- freie Wahl der Abgeordneten von Wahlberechtigten für eine bestimmte Periode
- Gewaltenteilung ist zentrales Prinzip
- Mehrparteiensystem

Rätesystem
- einheitliche Willensbildung des Kollektivs, imperatives Mandat
- Basiseinheiten, z. B. Arbeiter eines Betriebs, wählen Räte als Vertreter: diese sind jederzeit abwählbar
- keine Gewaltenteilung, Gewaltenkonzentration bei den Räten

Friedrich Ebert und seine MSPD setzten alles daran, die parlamentarische Demokratie durchzusetzen. Er einigte sich mit dem gemäßigten Flügel der USPD am 10. 11. auf eine neue, provisorische Regierung, den sog. „Rat der Volksbeauftragten". Erste Aufgaben der neuen Regierung waren, für Ruhe und Ordnung zu sorgen, die Truppen nach Deutschland zurückzuführen (Ebert-Groener-Bündnis) und den Waffenstillstand zu unterzeichnen. Auf dem im Dezember tagenden Rätekongress wurde mit überwältigender Mehrheit beschlossen, allgemeine Wahlen zur Nationalversammlung am 19.1.1919 abzuhalten. Die dann gewählte Nationalversammlung sollte über die Neuordnung Deutschlands entscheiden. Jedoch trat die USPD aus dem Rat der Volksbeauftragten Ende Dezember wieder aus. Ihr widerstrebte u. a. auch die Zusammenarbeit Eberts mit den alten Eliten des Obrigkeitsstaates, z. B. der Generalität und dem Offizierskorps.
Die im Januar gegründete KPD rief zu Protestkundgebungen **(Januaraufstand)** gegen die Regierung auf, die sehr schnell zu einem Aufstand wurden, den Ebert durch Regierungstruppen und Freikorps niederschlagen ließ. **Freikorps** hatten in der Weimarer Republik bis 1919 den Auftrag, im Namen des Rates der Volksbeauftragten und der Regierung Aufstände von links niederzuschlagen und die Grenzen des Reiches im Osten zu sichern. Gegründet wurden sie von ehemaligen Frontoffizieren. Den Freikorps gehörten vorwiegend ehemalige Soldaten an, die nach ihrer Rückkehr aus dem Krieg entlassen wurden. Freikorps-Soldaten ermordeten am 15.1. auch die Führer der KPD Karl Liebknecht und Rosa Luxemburg.
Das Resultat dieser gewalttätigen Niederschlagung war die **Spaltung der Arbeiterbewegung** in eine staatstragende und eine radikal-gewaltbereite Richtung.

TIPP zum Punktesammeln

Im Abitur kann es durchaus sein, dass Sie den **Standpunkt eines Politikers** bestimmen sollen. Deshalb ist es wichtig, die Parteien zu kennen. Hier ein knapper Überblick über die **Ziele der Parteien** von links nach rechts. Die staatstragenden Parteien sind fett hervorgehoben:

- KPD: Revolution und Errichtung einer Räterepublik nach sowjetischem Vorbild, *Ziel:* Kommunismus/Weltrevolution
- **SPD:** Arbeiterpartei, *Ziel:* Sozialismus, Erreichen der Ziele auf parlamentarischem Weg beabsichtigt, Zusammenarbeit mit bürgerlichen Parteien
- **DDP:** linksliberal, 1918 aus der Fortschrittlichen Volkspartei hervorgegangen, Vertreterin des Bürgertums und des Mittelstands, *Ziel:* Republik
- **Zentrum/BVP:** Repräsentation der katholischen Wähler (z. B. für eine Bekenntnisschule), *Ziel:* Republik, jedoch unterschiedliche Interessen der Anhänger
- **DVP:** Interessensvertretung des national gesinnten, protestantischen Bürgertums, Förderung von Industrie und Mittelstand, *Ziel:* Monarchie, aber verantwortliche Mitarbeit in der Republik
- DNVP: völkisch-national, antidemokratisch, antisemitisch; Interessenvertretung der Großgrundbesitzer, der Bauernschaft im Allgemeinen und der konservativen Teile der Beamtenschaft und des Mittelstandes, *Ziel:* Wiederherstellung der Gesellschaftsordnung des Kaiserreichs
- NSDAP: rechtsradikal, rassisch begründeter Antisemitismus, *Ziel:* Errichtung eines Führerstaates

Die **Weimarer Republik ist entstanden, weil …**

1. es eine innenpolitische Opposition gab, die ein sofortiges Kriegsende forderte;
2. der US-Präsident eine Demokratisierung Deutschlands forderte, damit es überhaupt zu Waffenstillstandsverhandlungen mit Deutschland kommten konnte;
3. der Kaiser infolge der innenpolitischen Lage abdankte (Revolution von unten).

Belastungen der Weimarer Republik

Die Weimarer Republik hatte nur wenige Jahre Bestand, was viele Gründe hatte. In der Anfangszeit musste sie viele Probleme bewältigen.

Am 28.6.1919 fand die Unterzeichnung des **Versailler Friedensvertrags** im Spiegelsaal von Versailles statt, zuvor hatte die Nationalversammlung mit großer Mehrheit und ohne Einwände für die Annahme des Friedensvertrages gestimmt. Die **Bestimmungen des Vertrages** waren:

1. **Gebietsabtretungen**
   Deutschland musste nach den Bestimmungen des Versailler Vertrages umgerechnet 13 Prozent seiner Fläche abtreten, womit Deutschland auch ungefähr 10 Prozent seiner Bevölkerung verlor (die genauen Zahlen stehen in Klammern). Dazu gehörten:

- Elsass-Lothringen an Frankreich (1 874 000 Menschen)
- Eupen-Malmedy an Belgien (60 000 Menschen)
- Nordschleswig an Dänemark (166 000 Menschen)
- Posen und Westpreußen an Polen (2 938 000 Menschen)
- Östliches Oberschlesien an Polen (893 000 Menschen)
- Hultschiner Ländchen an die Tschechoslowakei (48 000 Menschen)
- Außerdem wurde Danzig zur „Freien Stadt" erklärt, die unter die Kontrolle des Völkerbundes gestellt wurde. Das Saargebiet wurde ebenfalls für 15 Jahre unter die Kontrolle des Völkerbundes gestellt. Mit den Gebietsabtretungen wurde Deutschland auch in wirtschaftlicher Hinsicht geschwächt, da Industriegebiete und Rohstofflager sowie landwirtschaftliche Anbaufläche verloren gingen.

2. **Abrüstung – Beschränkung der Souveränität**
   In militärischer Hinsicht musste Deutschland
   - das Heer auf 100 000 Mann und die Marine auf 15 000 Mann begrenzen,
   - die allgemeine Wehrpflicht abschaffen,
   - alle schweren Waffen (Panzer, Luftwaffe, U-Boote, Kriegsflotte) abtreten,
   - die Besetzung des linken Rheinufers und die Einrichtung einer 50 Kilometer breiten entmilitarisierten Zone rechts des Rheins hinnehmen.
3. **Reparationsleistungen**
   Damit die Alliierten Reparationszahlungen durchsetzen konnten, musste Deutschland die **alleinige Kriegsschuld (Kriegsschuldartikel 231)** anerkennen. Zunächst sollte es materielle Wiedergutmachung leisten, lange Zeit sogar in unbegrenzter Höhe. Erst im Mai 1921 wurden die Reparationsleistungen auf 132 Milliarden Goldmark festgelegt.
   Sowohl die Anerkennung der alleinigen Kriegsschuld als auch die Reparationszahlungen waren immer wieder Gegenstand heftiger Auseinandersetzungen. Der Versailler Vertrag stieß auf breite Ablehnung in der deutschen Gesellschaft und Politik. Die demokratischen Politiker wurden nun für die Fehler des deutschen Kaiserreichs verantwortlich gemacht. Man kann deshalb sagen, dass die alliierten Siegermächte durch den Versailler Vertrag – ungewollt – das antidemokratische Denken förderten und maßgeblich dazu beitrugen, dass die junge Demokratie ihr Ansehen in der deutschen Bevölkerung sofort verlor.
   Positiv – aber von der Bevölkerung und der deutschen Politik nicht beachtet – war, dass Deutschlands Einheit und damit das nationalstaatliche Gefüge erhalten blieb. Der Versailler Friedensvertrag war für Deutschland keineswegs existenzgefährdend, wie von rechtsradikalen und nationalistischen Kreisen behauptet. Im Gegenteil: Es war keineswegs ausgeschlossen, dass Deutschland eines Tages wieder in den Kreis der Großmächte würde zurückkehren können.

Völlig unterschätzt wurde bei den republikanischen Parteien die Wirkung und die Sprengkraft der **Dolchstoßlegende**, besser der „Dolchstoßlüge": Hindenburg erklärte im November 1919 vor einem Untersuchungsausschuss im Reichstag, dass der Krieg gewonnen worden wäre, wenn die Parteien den Widerstandswillen der Heimat nicht erschüttert hätten. Schließlich hätten die Streiks der Arbeiter die Rüstungsproduktion beeinträchtigt. „Flotte und Heer“ seien heimlich zersetzt, die Front sei zermürbt worden. Letztlich, so Hindenburg, sei die Armee von hinten „erdolcht“ worden. Damit verschleierte er das Versagen des kaiserlichen Regimes. Statt dafür zu sorgen, dass die deutsche Öffentlichkeit über die Schuld der Führungsschicht des kaiserlichen Deutschlands an der Niederlage und den Friedensbedingungen aufgeklärt wurde, ließen die republikanischen Parteien die Verbreitung der Dolchstoßlüge durch kaiserliche Militärs und Politiker zu. Die junge Republik wurde zum Sündenbock, ihre Akzeptanz wurde nachhaltig beschädigt.

Am 13. März 1920 kam es zu einem Rechtsputsch, angeführt von Wolfgang Kapp, ostpreußischer Generallandschaftsdirektor und DNVP-Mitglied. Daran beteiligt waren auch Ludendorff und General Walther von Lüttwitz. Ziel des **Kapp-Lüttwitz-Putsches** war die Errichtung einer Militärdiktatur zur Aushebelung des Versailler Vertrags. Da der Putsch schlecht geplant war, die Gewerkschaften zum Generalstreik aufgerufen hatten und die Behörden passiven Widerstand leisteten, brach der Putsch vier Tage später zusammen. Im Ruhrgebiet formierte sich im Kampf gegen die Putschisten aus Arbeiterwehren die linksradikale „Rote Ruhrarmee“, die nun für die Einführung des Rätesystems kämpfte. Es dauerte einen Monat, bis der Aufstand von der Reichswehr niedergeschlagen werden konnte.
Dass diese Ereignisse Spuren in der Bevölkerung hinterlassen hatten, zeigten die Reichstagswahlen von 1920. Die „staatstragende“ Weimarer Koalition (SPD, DDP, Zentrum) musste eine erdrutschartige Niederlage hinnehmen. Ihr Stimmenanteil sank von 76,1 Prozent auf 43 Prozent, die SPD zog sich aus der Regierung zurück. Die Gegner der Republik (linke und rechte Parteien) konnten ihre Stimmen hingegen mehr als verdoppeln.

Eine vorerst letzte, aber besonders harte Zerreißprobe hatte die Weimarer Republik 1923 zu bestehen. Man bezeichnet dieses Jahr deshalb als **Krisenjahr 1923**, weil die Republik durch eine Serie von Krisen erschüttert wurde, die sie aber allesamt bewältigte. In den Jahren zuvor war es immer wieder zu **politischen Morden** gekommen: Besonders die Morde an Reichsfinanzminister Matthias Erzberger (1921, Zentrum) und an Außenminister Walther Rathenau (1922, DDP) standen symbolisch für die Ablehnung der neuen, ungeliebten Republik. Erwähnenswert ist, dass nationalsozialistische Motive für politische Morde vor Gericht strafmildernd wirkten, wohingegen politische Mordtaten, die von politisch links stehenden Personen begangen wurden, vom Gericht mit aller Härte abgeurteilt wurden. Man kann somit sagen, dass die Justiz der Weimarer Republik auf dem „rechten Auge blind“ war.

Ruhrkampf und Ruhrbesetzung: Als Deutschland bis Ende 1922 seinen Reparationsverpflichtungen, nämlich der Lieferung von Kohle und Holz an die Alliierten, nicht nachkam, legte die französische Regierung dies als Verletzung des Versailler Vertrags aus. Die geringen Lieferungen an Frankreich dienten ihr als willkommener Vorwand, um das eigene Hegemonialstreben (Vormachtstreben) auf dem Kontinent durchzusetzen. Französische und belgische Truppen marschierten im Januar 1923 ins Ruhrgebiet ein, was zu einer nationalen Protestbewegung führte. Die Regierung rief die Bevölkerung am 13. Februar zum *passiven Widerstand* auf, die Beamten sollten nicht mit den Besatzern zusammenarbeiten. Die enormen Kosten des passiven Widerstands waren nicht lange tragbar, weshalb die Regierung ihn im September 1923 aufgeben musste.

Gleichzeitig mit dem Ruhrkampf erlebte die junge Republik die **Inflation**, die im Herbst 1923 ihren Höhepunkt erreichte und an deren Ende am 15. November eine **Währungsreform** mit der Einführung der sog. *Rentenmark* als Übergangswährung stand. Die angespannte Haushaltslage wurde durch den Wegfall der Produktion und der Steuereinnahmen im Ruhrgebiet sowie durch die Finanzierung und Unterstützung des passiven Widerstandes noch weiter verschärft. Um die Kosten zu decken, warf die Regierung die Notenpresse an. Dies führte dazu, dass die Preise immer stärker anstiegen und die Löhne und Gehälter mit diesen nicht mehr Schritt halten konnten. Aus der galoppierenden Inflation entwickelte sich eine **Hyperinflation**. Immer häufiger traten Naturalien als Zahlungsmittel an die Stelle des Geldes. Inflationsgewinner waren Schuldner, die sich von ihren Schulden befreien konnten, und auch der Staat, der ebenfalls seine Kriegsschulden bei den Bürgern abstreifen konnte. Allerdings hatte die Inflation einen verheerenden Einfluss auf das Vertrauen der Bürger in den Staat: Die Bezieher fester Einkommen, wie Arbeitnehmer, Händler, Beamte, Handwerker oder auch Sparer verloren ihre materielle Unabhängigkeit und Sicherheit. Sie machten den Staat für ihre Misere verantwortlich.

Eine weitere Belastungsprobe für die Republik stellte der **Hitlerputsch** dar. Adolf Hitler stürmte mit der SA (Sturmabteilung, paramilitärische Kampfeinheit der Nationalsozialisten) den Münchner Bürgerbräukeller, während der bayerische, diktatorisch regierende Generalstaatskommissar von Kahr eine Rede hielt. Hitler erklärte die bayerische und die Reichsregierung für abgesetzt und rief die „nationale Revolution" aus. Sein „Marsch auf Berlin" – der ähnlich wie der Marsch Mussolinis auf Rom verlaufen sollte – endete jedoch am 9. November an der Münchner Feldherrenhalle, wo es zu einem Feuergefecht mit der bayerischen Landespolizei kam, bei dem 13 Demonstranten und drei Polizisten starben. Hitler wurde lediglich zu fünf Jahren Festungshaft verurteilt, nach neun Monaten aber bereits entlassen. Während seiner Haft verfasste er sein Buch „Mein Kampf", in dem er die nationalsozialistische Ideologie entwickelte.

Die Weimarer Republik schien diese Krisen des Jahres 1923, die „Deutschlands ganze Zukunft bedrohten", so fasste es der britische Botschafter zusammen, überwunden zu haben. Die nun folgenden Jahre brachten Stabilität und wirtschaftliche Erholung, die mit dem Ausbruch der Weltwirtschaftskrise jäh beendet wurden. Maßgeblich zur Stabilisierung der Weimarer Republik trug u. a. der US-amerikanische **Dawes-Plan** bei. Er hatte eine Erholung der Wirtschaft zum Ziel, damit Deutschland die Reparationen zahlen konnte. Außerdem sollte es nicht mehr möglich sein, Verstöße gegen die Reparationsleistungen politisch zu sanktionieren, wie dies während der Ruhrbesetzung der Fall gewesen war.

Gründe für das Scheitern der Weimarer Republik

Eine Ursache für das Scheitern der Republik wurde bereits in ihrer Anfangsphase geschaffen: Die Demokratisierung der Gesellschaft und des Landes blieb ausschließlich auf den politischen Bereich begrenzt. Die alten Eliten des Kaiserreichs blieben an der Macht: Weder die Generalität noch das Offizierskorps wurden ausgetauscht. Sinnbildlich hierfür ist das **Ebert-Groener-Bündnis:** Die Reichswehr unterstellte sich nur formal der Republik und wurde nicht demokratisiert. Ebenso wurden nur wenige demokratiefeindlich gesinnte Beamte aus dem Dienst entlassen; die Wirtschaft und auch die Bildungseinrichtungen (Gymnasien, Universitäten), die traditionell monarchisch, national und antisemitisch gesinnt waren, wurden nicht demokratisiert. Dies führte dazu, dass die Republik keinen Rückhalt in der Gesellschaft und ihren Institutionen hatte.

Schädlich wirkte sich weiterhin das **Stinnes-Legien-Abkommen** aus (geschlossen durch Hugo Stinnes, den Vorsitzenden der Unternehmerverbände, und den Vorsitzenden der Gewerkschaften, Carl Legien), das am 15.11.1918 unterzeichnet wurde: Es beinhaltete, dass die Schwerindustrie im Rheinland bzw. in Westfalen von der Enteignung („Sozialisierung“) verschont bleiben sollte. Die Gewerkschaften wurden als Gegenleistung als gleichberechtigte Partner in der Tarifpolitik anerkannt und es wurden weitere für die Arbeiter günstige Regelungen beschlossen, wie z. B. der Achtstundentag. Infolgedessen blieb mit den industriellen Strukturen eine weitere Säule des Obrigkeitsstaats bestehen.

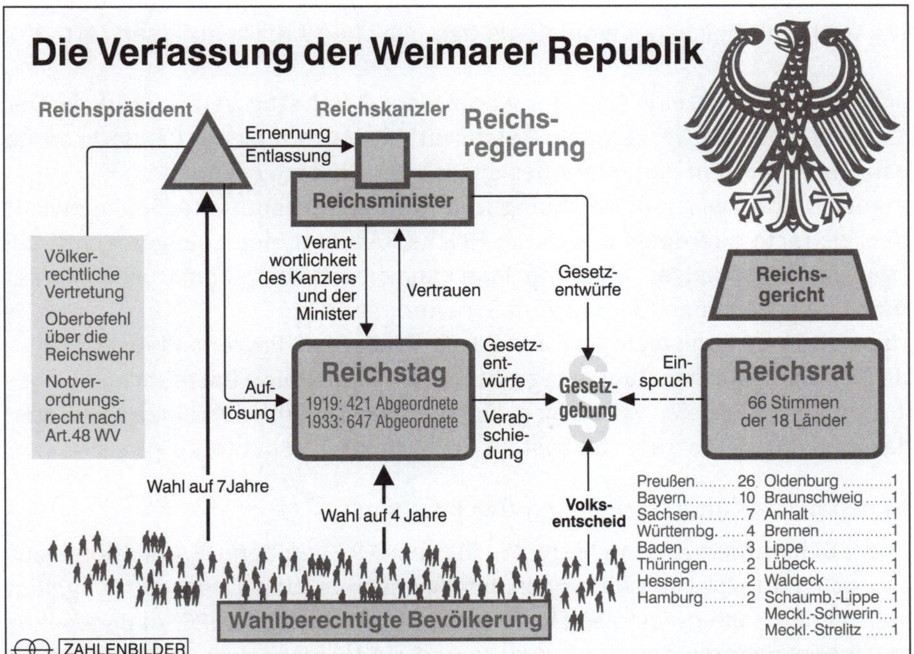

50 070 © Bergmoser + Höller Verlag AG

Man kann das Scheitern der Weimarer Republik nur verstehen, wenn man deren **Verfassung** kennt und die Probleme benennen kann, die aus ihr hervorgehen.

- Grundsätzlich ist zur Verfassung zu sagen, dass sie über *präsidiale*, *plebiszitäre* und *repräsentative* Elemente verfügte.
- Zentrale Prinzipien waren die *Volkssouveränität*, die *Gewaltenteilung* und die *Grundrechte*.
- Wahlberechtigt war das Volk, Frauen und Männer ab 20 Jahren.
- Es wählte in einer *allgemeinen, gleichen, unmittelbaren und geheimen Wahl.*
- Nach den Grundsätzen des **Verhältniswahlrechts** wurden das Parlament (der Reichstag) sowie die Länderparlamente für vier Jahre gewählt.
- Damit wird klar, dass die Weimarer Republik *ein föderaler Staat* war.
- Der Reichspräsident konnte das Volk direkt fragen, falls er mit einem Gesetz nicht einverstanden war (plebiszitäres Element).
- Das Volk wählte den Reichspräsidenten *direkt* für sieben Jahre, wodurch er eine hohe Legitimation besaß.

Der **Reichspräsident** hatte die Aufgabe, den Reichskanzler zu ernennen und zu entlassen (Art. 53). Ihm oblag ferner die völkerrechtliche Vertretung und er hatte den Oberbefehl über die Reichswehr. Er stellte fest, ob die „öffentliche Sicherheit und Ordnung erheblich gestört oder gefährdet" war, um dann mithilfe von Art. 48 (Notverordnungsrecht) zu regieren. Dabei stand ihm das Recht zu, das Militär im Innern einzusetzen und die Grundrechte einzuschränken bzw. „vorübergehend" außer Kraft zu setzen. Er konnte auch den Reichstag einmal aus dem gleichen Anlass auflösen (Art. 25).

Der Reichskanzler und seine Minister waren dem **Reichstag** verantwortlich. Der Reichstag beschloss die Gesetze, der **Reichsrat** (die Vertretung der Länder) konnte Einspruch gegen die vom Parlament beschlossenen Gesetze einlegen.
Ursprünglich sollte zwischen Reichstag und Staatsoberhaupt ein Gleichgewicht herrschen, de facto allerdings besaß der Reichspräsident eine solche Machtfülle, dass er wie ein „Ersatzkaiser" fungierte. Man kann dies auch als *Konstruktionsfehler* der Verfassung bezeichnen, der mit zum Scheitern beitrug.
Durch das reine Verhältnisrecht und das Fehlen einer Fünf-Prozent-Klausel, wie es sie heute für den Deutschen Bundestag gibt, waren **viele kleine Parteien** im Reichstag vertreten. Diese Parteien waren nicht koalitionsbereit, einige Parteien verfolgten sogar das Ziel, das demokratische System der Weimarer Republik zu zerstören.

Weltwirtschaftskrise und Bruch der großen Koalition

Als am sog. **Schwarzen Freitag**, dem 25. Oktober 1929, in den USA die Börse zusammenbrach, hatte dies Auswirkungen auf die gesamte Weltwirtschaft. Ausgelöst wurde der Börsencrash durch die schleichende Agrarkrise seit 1926, Aktienspekulationen, Überinvestitionen in der Industrie und ein Überangebot an Waren sowie die unkontrollierte Kreditvergabe der Banken. Daraufhin fielen in den USA die Preise, die Produktion ging zurück, Löhne wurden gekürzt und Arbeitnehmer wurden entlassen. Aufgrund der rigiden US-Geldpolitik zogen die Vereinigten Staaten die

Kredite vom internationalen Markt ab. Für Deutschland hatte dies einen **massiven Kapitalabfluss** zur Folge. Als Folge der Inflation von 1923 hatten die deutschen Banken nur einen geringen Eigenkapitalanteil und waren deshalb auf kurzfristige Kredite angewiesen, welche die Banken allerdings ihrerseits als langfristige Darlehen vergaben. Da die deutschen Banken nun plötzlich die kurzfristigen amerikanischen Kredite zurückzahlen mussten, kamen sie aufgrund ihrer langfristigen Vergabepraxis in Zahlungsschwierigkeiten: 1931 brach das Bankenwesen zusammen.

Die deutsche Wirtschaft, die sich schon seit 1928 in einer **Rezession** befand, wurde 1930 von der Krise erfasst: Die Produktion sank und somit auch die Einkommen. Die **Arbeitslosigkeit** stieg schon 1929 auf über drei Millionen und erreichte 1932 mit über sechs Millionen ihren Höchststand.
Das Sozialversicherungssystem, v. a. die Arbeitslosenversicherung, war mit dieser hohen Zahl an Arbeitslosen schlichtweg überfordert und benötigte eine Sanierung. Die große Koalition (SPD, Zentrum, BVP, DDP, DVP) unter Reichskanzler Müller diskutierte verschiedene Möglichkeiten. Die SPD favorisierte eine Erhöhung der Beitragssätze zur Arbeitslosenversicherung. Die bürgerlichen Parteien, allen voran die DVP, die die Interessen der Großindustrie vertrat, wollten eine Erhöhung allerdings nicht akzeptieren. Die DVP strebte einen Abbau der Versicherungsleistungen an, was mit der SPD nicht zu machen war.
Nachdem die SPD einen Kompromiss von Heinrich Brüning abgelehnt hatte, trat Reichskanzler Müller am 27.3.1930 zurück. Damit war die große Koalition gescheitert. Für die Weimarer Republik war die parlamentarische Phase vorbei. Auf sie folgten die **Präsidialregierungen**.
Reichskanzler wurde Brüning, dessen deflationistische Wirtschafts- und Finanzpolitik maßgeblich zur Verschärfung der Krise beitrug. Oberstes Ziel war die Streichung der Reparationen. Hierzu hätte er gemäß **Young-Plan** glaubhaft machen müssen, dass Deutschland trotz größter Anstrengungen die Raten nicht zahlen konnte.

Info Dawes-Plan und Young-Plan

Der **Dawes-Plan** (entwickelt von dem amerikanischen Bankier Charles Dawes), der am 1.9.1924 in Kraft trat, verringerte zunächst die Reparationszahlungen: Im Jahr 1925 sollten eine Milliarde Reichsmark (RM) gezahlt werden. Die Rate sollte dann in den folgenden Jahren weiter steigen, um schließlich 1928 die ursprünglich angesetzten 2,5 Milliarden RM zu erreichen.
Da der Dawes-Plan sich in der Weltwirtschaftskrise als nicht praktikabel erwies, wurde im August 1929 im **Young-Plan** (entwickelt von dem amerikanischen Wirtschaftsexperten Owen D. Young) die Gesamtsumme der Reparationen herabgesetzt und eine Erholungsphase für Deutschland bis 1932 festgelegt. Gemäß Young-Plan sollten die letzten Zahlungen 1988 erfolgen, was zu einer Mobilmachung gegen den Young-Plan auf der rechten Seite führte. DNVP und NSDAP starteten ein Volksbegehren mit dem Ziel, die Höhe und die Bedingungen der Reparationen rückgängig zu machen. Dieses scheiterte allerdings.

Brünings Deflationspolitik zeichnete sich aus durch
- Kürzung der Staatsausgaben,
- Kürzung der Löhne und Gehälter,
- Kürzung der Unterstützung für Arbeitslose und
- das Aufschiebung von Investitionen.

Wie gewünscht sank das Preisniveau **(Deflation)**. Aber durch diese Politik verschärfte Brüning die Krise zusätzlich, da die Binnennachfrage geschwächt wurde und die Menschen in die Arbeitslosigkeit entlassen wurden oder Einkommensverluste hinnehmen mussten.

Die Präsidialregierungen

Als Brüning zum Reichskanzler berufen wurde, hatte sein Kabinett keine parlamentarische Mehrheit mehr. Es bestand weiterhin aus den ehemaligen Regierungsparteien, mit Ausnahme der SPD, und Hindenburgs Vertrauensleuten aus der DNVP.
Die Präsidialregierungen wurden durch die verfassungswidrige Kombination des **Artikels 48 (Notverordnungsrecht)** mit dem **Artikel 25 (Auflösung des Reichstags durch den Reichspräsidenten)** der Weimarer Verfassung möglich gemacht. Das Kabinett stützte sich lediglich auf das Vertrauen des Reichspräsidenten, was als **Präsidialkabinett** bezeichnet wird. Der autoritäre Regierungsstil, der den Präsidialkabinetten zugrunde lag, widersprach eindeutig dem demokratischen Geist der Verfassung.
Wie die Präsidialkabinette funktionierten, lässt sich eindrucksvoll an einem Beispiel zeigen:
Nach dem Bruch der großen Koalition brachte Brüning im Reichstag eine Gesetzesvorlage ein, um die Arbeitslosenversicherung zu reformieren: Dazu sollten die Beiträge auf 4,5 Prozent erhöht sowie die Leistungen gekürzt werden. Außerdem sollten Beamte und Angestellte ein Notopfer erbringen. Nachdem die DVP unter der Großen Koalition eine Erhöhung der Beiträge abgelehnt hatte, stimmte sie nun dem Gesetz zu. Allerdings lehnte die Mehrheit des Reichstags die Gesetzesvorlage als sozial unausgewogen ab. Brüning setzte daraufhin das Gesetz in Form zweier Notverordnungen des Reichspräsidenten nach Art. 48 WV in Kraft, da seiner Meinung nach ein Verfassungsnotstand eingetreten und das Parlament zur konstruktiven Zusammenarbeit nicht fähig sei.

Eigentlich waren Notverordnungen nur für innere Unruhen gedacht, jedoch wurde nie definiert, was darunter zu verstehen sei. Das **Regieren mit Notverordnungen** höhlte das parlamentarische System der Weimarer Republik immer weiter aus, da Politik gegen die Mehrheiten des Parlaments gemacht werden konnte. Auf Antrag der SPD stimmte das Parlament mit großer Mehrheit der Aufhebung der Notverordnung zu, woraufhin der Reichspräsident den Reichstag mit Art. 25 WV auflöste. Die Notverordnung wurde wieder in Kraft gesetzt und das Kabinett konnte nun 60 Tage lang ohne Zustimmung des Parlaments regieren, bis zur nächsten Wahl der Nationalversammlung. Durch diese Politik wurde das Parlament als Entscheidungszentrum für demokratische Prozesse ausgeschaltet.

Als dann am 14.9.1930 Neuwahlen anstanden, verbuchte die **NSDAP** einen **Erdrutschsieg**. Sie erlangte 18,3 Prozent der Stimmen, war damit zweitstärkste Fraktion (107 Sitze) hinter der SPD. Drittstärkste Kraft wurde die KPD, die Zugewinne verbuchen konnte. Die SPD musste herbe Verluste hinnehmen. In diesen Wahlen spiegelt sich die Weltwirtschaftskrise wider, da v. a. die Mittelschichten die NSDAP wählten, denn sie fürchteten den sozialen Abstieg. Die demokratisch orientierten Parteien hatten es nun noch schwerer, eine ordentliche Parlamentsarbeit zu leisten, da sie oftmals von den antidemokratischen Parteien durch Tumulte o. Ä. gestört wurden (**Obstruktionspolitik**).
Die SPD befand sich nach den Wahlen in einem Dilemma: Entweder sie tolerierte die Politik Brünings und nahm damit in Kauf, die Interessen ihrer Wähler nicht mehr zu vertreten, oder sie riskierte eine erneute Auflösung des Parlaments mit der Gefahr weiterer Stimmenzuwächse bei den radikalen Parteien, v. a. der NSDAP. Sie entschied sich für die **Tolerierungspolitik**. Der Reichspräsident regierte zunehmend mit Notverordnungen, der Reichstag kam immer seltener zu Sitzungen zusammen. Geschickt wurde die Verfassung ausgehebelt.
Nach 20 Monaten verlor Brüning das Vertrauen des Präsidenten und wurde am 30.5.1932 entlassen: Hindenburg hatte, wenn auch nur knapp, im ersten Wahlgang die absolute Mehrheit verfehlt; gewählt wurde er von den Anhängern von SPD und Zentrum. Ihm selbst war dies ein Dorn im Auge, denn seine Anhänger wählten vornehmlich Hitler, der 30,1 Prozent der Stimmen erhalten hatte. Hindenburg wurde erst im zweiten Wahlgang gewählt.
Nun wurde von Papen zum Reichskanzler ernannt und das unter Brüning verhängte SA-Verbot aufgehoben. Im Juli 1932 fanden abermals Reichstagswahlen statt. Diesmal ging die NSDAP als stärkste Kraft aus den Wahlen hervor, und als der Reichstag der Regierung im September abermals das Vertrauen entzog, löste Hindenburg den Reichstag wieder auf. Bei den Novemberwahlen 1932 büßte die NSDAP erstmals Stimmen ein. Der Nimbus des ständigen Aufstiegs war gebrochen. Nach diesen Ergebnissen wollte von Papen ohne den Reichstag regieren, was Hindenburg ablehnte, da er vor einem offenen Verfassungsbruch zurückschreckte. Nach der Entlassung von Papens wurde von Schleicher am 4. Dezember zum Reichskanzler bestellt, musste aber am 28. Januar 1933 zurücktreten. Von Papen hatte erreicht, dass Prominente aus der Wirtschaft mit der Bitte an Hindenburg herantraten, Hitler das Kanzleramt zu übertragen. Er wollte Hitler in einer Regierung aus Rechtskonservativen zähmen. **Hindenburg ernannte Hitler** widerwillig **am 30. Januar 1933 zum Reichskanzler**. Die Weimarer Republik endete nach nur 14 Jahren.

Nicht nur die oben genannten Krisen ließen Weimar letztlich scheitern. Man darf nicht vergessen, dass führende Politiker, z. B. Hindenburg, antidemokratisch und antiparlamentarisch geprägt waren. Darüber hinaus führten auch gesellschaftliche, soziale und ideologische Faktoren zum Scheitern. Die alten Machteliten blieben unangetastet, demokratiefeindliche bzw. antirepublikanische Gruppierungen/Parteien wurden nicht verboten (NSDAP, KPD) und die staatstragenden Parteien waren nicht koalitionsfähig bzw. hatten keine parlamentarischen Mehrheiten.

Die Diktatur des Nationalsozialismus

Zentrale Daten und Begriffe

30.1.1933 Machtübertragung – 23.3.1933 Ermächtigungsgesetz – 2.9.1934 Hitler Führer und Reichskanzler – 1935 Nürnberger Gesetze – 1938 Novemberpogrom – 1.9.1939 Angriff auf Polen – 1942 Wannseekonferenz – Antisemitismus – Rassenlehre – Volksgemeinschaft – Führerprinzip – Lebensraum – „Gleichschaltung" – Konzentrationslager – Holocaust (Shoah) – Totalitarismus – Faschismus

Die Wurzeln des nationalsozialistischen Weltbildes lagen im 19. Jahrhundert. Beeinflusst wurde es maßgeblich durch den französischen Rassetheoretiker Gobineau, der die Meinung vertrat, die „weiße Rasse" sei den anderen „Rassen" überlegen; die „niederen Rassen" würden deshalb nur zur Knechtschaft taugen. Hitler legte mit seinem Buch „Mein Kampf" (1925) sein Weltbild dar, das gleichzeitig die Grundlage der nationalsozialistischen Ideologie lieferte. Seine Weltanschauung war totalitär und allumfassend.
Die Ideologie der Nationalsozialisten setzte sich aus verschiedenen Ideen bzw. Ideologien zusammen: Sie war *völkisch* (deutschnational, fremdenfeindlich), *rassistisch*, *antisemitisch* und *antimarxistisch*. Zentrale Begriffe waren *„Volksgemeinschaft"*, *„Lebensraum"* und *„Antisemitismus"*.

Die **Volksgemeinschaft** bezeichnete in der Ideologie des NS einen einheitlichen ethnischen Verband, in dem alle sozialen Gruppen und Klassen zusammengeschlossen waren. Soziale Unterschiede gab es nicht mehr, alle „Volksgenossen" waren „gleich". Die „Volksgemeinschaft" sollte in völliger Harmonie leben, und um diese nicht zu zerstören, wurden alle Parteien und Interessengruppen abgelehnt. Insofern bedeutete der Begriff **nationaler Sozialismus** die Aufhebung aller sozialen Unterschiede sowie die Vereinigung aller Individuen (sofern sie zur Volksgruppe gehörten, denn alle anderen waren ausgeschlossen!) mit der Volksgemeinschaft. Fundamental konträr hierzu stand die **sozialistische Umgestaltung** im Sinne der Arbeiterbewegung. Die Vorstellung, dass die menschlichen Rassen permanent um **„Lebensraum"** kämpfen müssten, war ein weiterer wichtiger Bestandteil der NS-Ideologie. Unausweichlich würde es deshalb zum Expansionskrieg kommen, der die Versklavung oder Vernichtung von Menschen in Kauf nehmen würde.
Ein weiterer Aspekt dieser Ideologie war der **Rassismus**, dessen Grundlage die Rassenlehre bildete, eine pseudowissenschaftliche Lehre. Sie teilte Menschen in höher- oder minderwertige Kategorien ein. Auf der einen Seite gäbe es die kulturbildenden „Arier", die zur Herrschaft über die Menschheit bestimmt seien (daher „Herrenmenschen"), auf der anderen die „Untermenschen", die zwischen den Menschen und dem Tierreich stünden. „Untermenschen" wurden in die „slawische Rasse", über die geherrscht werden sollte, und das „Judentum" als unterste Gruppe eingeteilt, die ausgelöscht werden sollte. Hierin zeigte sich die sozialdarwinistische Interpretation der Geschichte, nach der sich der Stärkere, also der „Arier", über den Schwächeren

hinwegsetzen werde. Für Hitler war die Rasse eine in sich abgeschlossene Art, deren Vermischung mit anderen Rassen einen Verstoß gegen die Natur bedeutete.
Der **Antisemit** sieht die Juden als Ursache allen Übels. Die jüdische Bevölkerung wurde im Nationalsozialismus als „Feindrasse", als „Feind der Menschheit" bezeichnet. Man unterstellte ihr, nach der Weltherrschaft zu streben. Gegenüber der germanisch-arischen Rasse betrachtete man Juden als minderwertig *(Rassen-Antisemitismus)*. Da sowohl der Kapitalismus als auch der Kommunismus Erfindungen der Juden gewesen seien, sei die Herrschaft der Arier bedroht. Der Antisemitismus der Nationalsozialisten stellt somit ein „Welterklärungsmodell" dar und entspricht im Wesentlichen Hitlers Weltbild.
Letztlich sollte die Ideologie der Nationalsozialisten sinnstiftend sein, die Führerherrschaft legitimieren und den Deutschen Orientierung geben (Pseudoreligion). Weil der Nationalsozialismus es verstand, Gefühle, Stimmungen und Ängste anzusprechen, konnte diese Ideologie zur Staatsdoktrin werden, die einfache Antworten auf eine von den meisten Menschen als kompliziert und bedrohlich empfundene Welt gab.

Gründe für den Aufstieg des Nationalsozialismus

Die nationalsozialistische Bewegung war zunächst eine auf Bayern konzentrierte Partei, die aufgrund des Personenkultes um Adolf Hitler, der mit seiner Propaganda und seinen rhetorischen Fähigkeiten Menschen beeindrucken konnte, seit 1923 steigende Mitgliederzahlen aufwies. Immer wieder sprach Hitler von der „Regierung der Novemberverbrecher" und davon, dass die Juden Schuld an Deutschlands Unglück trügen. Mit diesen Parolen spielte er sich zum „Retter" Deutschlands auf.
Nach dem gescheiterten Putschversuch 1923 – einem dilettantischen Versuch, die Macht an sich zu reißen – verlor die nationalsozialistische Bewegung infolge der Stabilisierung der Weimarer Republik in den folgenden Jahren zunächst an Bedeutung. Nachdem Hitler die Partei 1925 neu gegründet hatte, legte er drei Ziele fest, um die Macht zu ergreifen:

- Die Macht sollte auf legalem Wege ergriffen werden (Legalitätstaktik).
- Um die Macht zu erlangen, sollte die Partei zentral gesteuert werden.
- Es galt absolutes Führerprinzip, d. h., die vollständige Ausrichtung auf Hitler. In der Partei galt das militärische Prinzip von Befehl und Gehorsam.

Zu Beginn der 1930er-Jahre erfuhr die NSDAP infolge der Staats- und Wirtschaftskrise der Weimarer Republik starken Zuspruch durch die Bevölkerung, was sich in den Wahlergebnissen widerspiegelte: 1930 erreichte sie 18,3 Prozent der Stimmen. Sie war damit nach den Sozialdemokraten zweitstärkste Kraft im Parlament. Profilieren konnte sich die Partei v. a. durch die Anti-Young-Plan-Kampagne 1929.
Am 31.7.1932 erreichte die NSDAP 37,5 Prozent der Stimmen. Sie profitierte ungemein von der Wirtschaftskrise, allerdings musste sie bei den Wahlen im November einen leichten Rückgang verzeichnen.
Wie konnte aus einer anfänglichen Sammlungs- eine solche **Massenbewegung** werden? Neben der Propaganda und der Fokussierung auf die Person Hitlers wurden gezielt Verbände gegründet, deren Aufgabe es war, Werbung für die Nationalsozialisten zu machen (z. B. NS-Ärztebund, NS-Lehrerbund). Hitlers Versprechen, den Versailler

> **Tipp** zum Punktesammeln
>
> Der nationalsozialistische Begriff „Machtergreifung“ beinhaltet eine aktive Rolle („ergreifen“). Er legt die Vorstellung nahe, dass es sich um eine Art Revolution handelte. Dies war aber nicht der Fall, denn Hindenburg ernannte Hitler zum Reichskanzler. Getreu der Politik der Präsidialkabinette beauftragte er ihn mit der Bildung einer Regierung, er übertrug Hitler demnach die Macht. Da der nationalsozialistische Begriff nicht der historischen Wirklichkeit entspricht, ist es angemessener, von **„Machtübertragung“** zu sprechen.

Vertrag zu beseitigen und innerhalb kurzer Zeit Arbeit für mehr als sechs Millionen Arbeitslose zu schaffen, traf bei den Wählern auf Zustimmung, was sich bei den Juli-Wahlen 1932 niederschlug. Katholiken und die sozialdemokratische Arbeiterschaft zeigten wenig Interesse an der nationalsozialistischen Bewegung. Die Mitglieder der NSDAP kamen räumlich v. a. aus dem protestantischen Norden und Osten, gesellschaftlich vorwiegend aus dem Mittelstand (Kaufleute, Gewerbetreibende, kleine und mittlere Angestellte, Selbstständige). Er machte mehr als die Hälfte der Mitglieder aus. Existenz- und Zukunftsängste spielten bei der Wahl der NSDAP eine große Rolle, antidemokratisch gesinnte Wähler wollten zudem an der autoritären Tradition festhalten. Während des Höhepunkts der Krise wählten jedoch alle Schichten die **NSDAP: aus Protest** gegen die Situation.
Trotz rückläufiger Stimmen bei der Wahl im November 1932 ernannte Hindenburg auf Betreiben des ehemaligen Reichskanzlers von Papen Hitler am 30.1.1933 zum Reichskanzler. Von Papens Plan, Hitler in einer Koalition mit konservativen Ministern „einzurahmen“ und zu entzaubern, scheiterte. Da Hermann Göring als geschäftsführender Innenminister im wichtigsten Land Preußen über die Polizeigewalt verfügte, besaßen die Nationalsozialisten nun die entscheidenden Posten, um ihre Gegner auszuschalten.
Das Datum der Machtübertragung, Nationalsozialisten sprachen von Machtergreifung, markiert den Beginn der Zerstörung der parlamentarischen Demokratie in Deutschland.
Als Vorbedingung für die Bildung einer Koalitionsregierung forderte Hitler Neuwahlen, da er die absolute Mehrheit erhalten wollte. Am 1.2.1933 löste Hindenburg den Reichstag auf, **Neuwahlen** wurden für den 5. März angesetzt.

Nicht nur die genannten **Gründe** waren **für den Aufstieg der Nationalsozialisten** bis zur Machtübernahme ausschlaggebend, sondern auch:
- die Verharmlosung der Machtübernahme durch die Zeitgenossen,
- die Unfähigkeit der damaligen Politiker zu Kompromissen,
- das Verhaftetsein der Verantwortlichen aus Politik und Gesellschaft in ihren traditionellen, obrigkeitsstaatlich-autoritären Denkweisen,
- die Gewöhnung an den sich ständig wiederholenden Verfassungsbruch,
- das Ziel der Schwer- und Großindustrie, die SPD und die Gewerkschaften zu schwächen.

Mit der **Machtübernahme** begannen die Nationalsozialisten mit der Festigung ihrer Herrschaft. Für die Wahlen zum Reichstag am 5. März strebten sie die absolute Mehrheit an. Erreicht werden sollte dies durch die Bekämpfung der (politischen) Gegner (also KPD und SPD) mittels Terror und durch die Einschränkung der Grundrechte, insbesondere des Versammlungsrechts und der Pressefreiheit. Göring setzte **SA (Sturmabteilung)**, **SS (Schutzstaffel)** und „Stahlhelm" (der bewaffnete Arm der DNVP) als Hilfspolizei ein. Die SA als paramilitärischer Arm der NSDAP hatte durch Terror auf der Straße maßgeblich zum Aufstieg der NSDAP beigetragen. Die SS, zunächst eine Unterabteilung der SA, wurde zum Schutz von Hitler gegründet. Alle Polizisten sollten gegen „Staatsfeinde" von der Schusswaffe Gebrauch machen.

Nach dem **Brand des Reichstages am 28.2.1933**, die Nationalsozialisten sprachen von einer „kommunistischen Verschwörung", erließ Hindenburg ein weiteres Ermächtigungsgesetz, die **Verordnung zum „Schutz von Volk und Staat" (Reichstagsbrandverordnung)**, die bis 1945 alle Grundrechte außer Kraft setzte. Jetzt konnten politische Gegner ohne Grund verhaftet werden. Innerhalb kürzester Zeit wurden mehr als 20000 Kommunisten und Sozialdemokraten in „Schutzhaft" genommen, erste Konzentrationslager wurden eingerichtet. Trotz Propaganda, Terror und Einschüchterungen schafften die Nationalsozialisten es dennoch nicht, bei der Wahl die absolute Mehrheit zu erreichen. Zwar konnten sie ihre Stimmenzahl auf 43,9 Prozent steigern, doch sowohl SPD als auch Zentrum hielten ihren Stimmenanteil konstant. Erst mit der DNVP erreichte die Koalition knapp 52 Prozent der Stimmen.
Mit dem **Ermächtigungsgesetz** vom 23.3.1933, dem „Gesetz zur Behebung der Not von Volk und Staat", wurde die Gewaltenteilung abgeschafft. Für einen Zeitraum von vier Jahren sollte der Regierung das Recht eingeräumt werden, Reichsgesetze ohne Mitwirkung der Legislative (Reichstag und Reichsrat) zu erlassen. Mit diesem Gesetz wurde die Weimarer Verfassung nicht nur verändert, sondern ihres demokratischen Kerns beraubt. Sie blieb trotzdem bis 1945 offiziell in Kraft. Einzig die SPD stimmte gegen die Annahme dieses Gesetzes. Die KPD-Abgeordneten konnten nicht an der Sitzung teilnehmen, weil sie verfolgt wurden.
In den nun folgenden Monaten wurde die Gleichschaltung vollzogen. **Gleichschaltung**, ein NS-Euphemismus, bedeutet letztlich die Durchsetzung der nationalsozialistischen Diktatur bis hinab zur kommunalen, ja dörflichen Ebene. Indem die Anhängerschaft der

Info Deutsche Arbeitsfront (DAF)

Die *Deutsche Arbeitsfront* war eine Organisation der NSDAP, in der sowohl Arbeitgeber als auch Arbeitnehmer organisiert waren. Genau wie die NSDAP war sie nach dem Führerprinzip in Bezirke, Gaue, Kreise, Ortsgruppen, Betriebsgemeinschaften, Zelle und Blöcke gegliedert. Im Sinne der „Volksgemeinschaft" war sie v.a. zur Integration der Arbeiterschaft wichtig.
Die beliebte Organisation *Kraft durch Freude* (KdF), die zur DAF gehörte, führte Freizeitaktivitäten durch, wodurch die Arbeiterschaft an die Organisation gebunden werden sollte. Gleichzeitig konnten damit erstmals Arbeiter eine Reise antreten, die erschwinglich war.

Nationalsozialisten auf der Straße mobilisiert wurde und die Reichsregierung Druck auf die Länder ausübte, wurden die Länderregierungen unterworfen. Zunächst wurden die Länderregierungen durch „Reichsstatthalter" ersetzt, die Landtage aufgelöst und entsprechend des regionalen Wahlergebnisses der Reichstagswahl neu zusammengesetzt. Die Stimmen der KPD wurden nicht gewertet. 1934 wurden die Länderparlamente abgeschafft, der öffentliche Dienst wurde gleichgeschaltet: Juden und als nicht zuverlässig geltende Beamte wurden vom Dienst suspendiert bzw. entlassen. Am 2. Mai erfolgte die Zerschlagung der Gewerkschaften, an deren Stelle die DAF (Deutsche Arbeitsfront) trat.

Nachdem im Juni 1933 die SPD verboten worden war, beschlossen die bürgerlichen Parteien ihre Selbstauflösung. Ein neues Gesetz (14.7.1933) verbot von nun an die Neubildung von Parteien, die NSDAP wurde Staatspartei.

Tipp zum Punktesammeln

Das Gesetz gegen die Neubildung von Parteien fiel mit dem Jahrestag der Französischen Revolution zusammen. Durch dieses **symbolische Datum** wurde der Sieg über die „Ideen von 1789" ausgedrückt.

Ende Juni 1934 ließ Hitler Ernst Röhm und die gesamte Führung der SA ermorden, weil diese angeblich einen Staatsstreich geplant hatte. Röhm forderte eine soziale Revolution und die Umgestaltung der bürgerlich-kapitalistischen Ordnung. Tatsächlich wurde die SA aufgrund ihrer Größe und Macht zu einer Gefahr für die Reichswehr, denn die Pläne Röhms sahen eine Eingliederung der Reichswehr in die SA vor. Hitler wollte sich der Loyalität der Reichswehr versichern, aber auch die innerparteiliche Opposition ausschalten. Die SS stieg nach dem Röhm-Putsch unter Heinrich Himmler zum zentralen Terrorinstrument des NS-Regimes auf.

Als Hindenburg am 2.8.1934 starb, wurden die Ämter des Reichspräsidenten und Reichskanzlers zusammengelegt: Hitler war nun Führer und Reichskanzler. Die Reichswehr wurde auf Adolf Hitler vereidigt. Damit war die Festigung der Macht abgeschlossen.

Kennzeichen der totalitären NS-Herrschaft

Das „Dritte Reich" war ein **totalitärer Staat**, in dem ein Klima der Angst herrschte. Der Betrachter der Herrschaftsstruktur des NS-Staates könnte glauben, dass es eine feste Herrschaftsstruktur mit einer geordneten Verwaltung bzw. Regierung gegeben habe. Tatsächlich aber war der Staat wenig organisiert, was u. a. viele Kompetenzüberschneidungen belegen. Rivalisierende Ämter waren nicht selten (Polykratie = Herrschaft Vieler).
Die zentrale Rolle im Staat nahm Hitler ein, der als „Führer" alle Gewalten (Exekutive, Legislative und Judikative) in sich vereinte. Ihm war unbedingter Gehorsam zu leisten **(Führerprinzip)**. Dass man den „Führer" nicht mit einem modernen Diktator

vergleichen kann, zeigt die Ideologie der Nationalsozialisten, der zufolge Führer und Volk „eins" waren. Der Führerkult der Nationalsozialisten diente der Legitimation im Volk: Man stellte Hitler als „nationalen Retter" und „Messias" dar. Die Erfolge in der Bekämpfung der Arbeitslosigkeit und die – aus zeitgenössischer Perspektive! – vielen außenpolitischen Erfolge (Revision des Versailler Vertrages) festigten diesen Glauben. Die Nationalsozialisten bedienten sich aller möglichen Kanäle der **Propaganda** (Volksempfänger, Presse, Kino), um den Führerkult im Volk fest zu verankern und zu stärken. Joseph Goebbels, der Propagandaminister, sorgte dafür, dass Hitlers Reden im ganzen Reich übertragen wurden und dass in der Presse darüber berichtet wurde. Die Propaganda diente Goebbels zur religiösen Überhöhung des Nationalsozialismus. Symbole wie das Hakenkreuz als Heilszeichen oder Hitlers Reden, die als Offenbarung zu verstehen waren, festigten das Führerprinzip: Die Menschen wurden in ihren Werthaltungen stark beeinflusst.

Auch wenn Hitler „Dreh- und Angelpunkt des Regierungsapparates" (Ian Kershaw) war, so war das „Dritte Reich" dennoch keine Monokratie (Herrschaft eines Einzelnen). Mit dem Verbot von Parteien wurde das „Dritte Reich" zu einem **Einparteienstaat**. Die Verklammerung von Partei- und Staatsämtern bezeichnet man als Doppelstruktur bzw. als **Dualismus von Partei und Staat**. Das bedeutet, dass neue Organe bzw. Organisationen der NSDAP neben die staatlichen Organe oder Institutionen traten, die gleiche oder ähnliche Funktionen hatten. Ein gutes Beispiel hierfür ist Heinrich Himmler, der sowohl Reichsinnenminister als auch „Reichsführer SS" war.
Obgleich der NS-Staat die Weimarer Verfassung nie offiziell außer Kraft setzte und sich auch an Gesetze und Normen hielt, wenn sie dem Regime nützlich erschienen (Normenstaat), verbarg sich doch dahinter ein **Maßnahmestaat**, der alle Rechtsgrundsätze aufgab, z. B. den der *nulla poena sine lege* (keine Strafe ohne Gesetz) (Beispiel: nachträgliche Rechtfertigung des Röhm-Putsches). Außerdem wurde die Schutzhaft eingeführt, deren einziger Zweck es war, verdächtige Personen präventiv und willkürlich der Freiheit zu berauben.

Mit der Einrichtung von Sondergerichten (Schnellverfahren) und dem **Volksgerichtshof**, der für „Hochverrat" bzw. „hochverräterische Bestrebungen" zuständig war, worauf die Todesstrafe stand, waren keine ordentlichen Gerichtsverfahren mehr gewährleistet. Justiz und Richter wurden zu Helfern des Regimes und machten sich somit an den Verbrechen mitschuldig.
Da der Einzelne in der „Volksgemeinschaft" aufgehen sollte, wurden viele Organisationen geschaffen, die für alle Staatsbürger verpflichtend waren. Die Kinder, die im „nationalsozialistischen Geist" erzogen werden sollten, wurden durch die Schule und Jugendorganisationen indoktriniert. Zu den bekanntesten Organisationen zählten die „Hitler Jugend" (HJ) für Jungen und der „Bund deutscher Mädel" (BDM) für Mädchen sowie KdF („Kraft durch Freude"), eine Unterorganisation der DAF. Die nationalsozialistischen Organisationen dienten letztlich der Machtsicherung und der Überwachung des „gleichgeschalteten" Staatsbürgers.

Das folgende Schaubild gibt einen Überblick über das nationalsozialistische Herrschaftssystem und fasst das Gesagte zusammen:

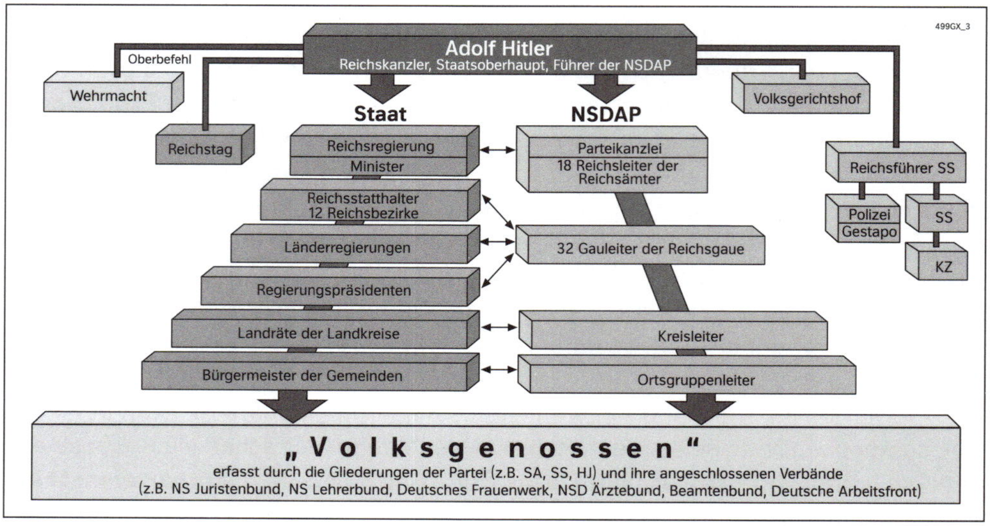

Der Zweite Weltkrieg als Folge des Nationalsozialismus

Aus der Ideologie der „Eroberung von Lebensraum" und des Rassismus bzw. des Antisemitismus ergibt sich fast zwangsläufig die Motivation, Krieg zu führen. Zunächst hängt die Außenpolitik der Nationalsozialisten unmittelbar mit der NS-Wirtschaftspolitik zusammen: Um Krieg führen zu können, benötigte man eine funktionierende **Kriegswirtschaft**, wozu erst einmal die deutsche Wirtschaft wieder in Gang kommen musste. Eine funktionierende Wirtschaft würde auch das Regime stabilisieren.

Wirtschaftspolitik: Hitler musste die Arbeitslosigkeit abbauen – das war ein Wahlversprechen. Dies gelang ihm durch Subventionen des Baugewerbes, durch Arbeitsbeschaffungsprogramme und durch Investitionen in die Infrastruktur, z. B. den Bau von Autobahnen – die Pläne für den Autobahnbau stammten jedoch aus der Weimarer Republik. Der Bau der Autobahn hatte auch eine wichtige militärische Funktion: Er sollte der Wehrmacht bei Truppenverlegungen dienen. Die Erfolge Hitlers beim Abbau der Arbeitslosigkeit lagen auch an der sich erholenden Weltwirtschaft sowie an der Wiedereinführung der **Wehrpflicht** für zwei Jahre (1935) und dem vorausgehenden sechsmonatigen **Reichsarbeitsdienst** (RAD), den jeder junge Deutsche zu absolvieren hatte. Das NS-Regime musste Unsummen an Geldern in die Rüstungsindustrie investieren, um Deutschland kriegsfähig zu machen. Deshalb wurde jede arbeits- oder wirtschaftspolitische Entscheidung dahingehend überprüft, ob sie der Kriegsfähigkeit des Deutschen Reiches zugutekam. Die **Aufrüstung** war jedoch nicht allein aus Steuereinnahmen des Staates zu finanzieren, weshalb der Reichsbankpräsident und Reichswirtschaftsminister Hjalmar Schacht den Mefo-Wechsel zur Finanzierung einführte.

Info **Mefo-Wechsel**

Der Wechsel (Wertpapier, ähnlich einem Scheck) war eine elegante Möglichkeit, die Rüstung für eine gewisse Zeit auf Kreditbasis zu finanzieren, ohne dafür die Notenpresse anwerfen zu müssen. Wenn ein Unternehmen mit der Ausführung eines Rüstungsauftrags betraut war, konnte es anstelle von Bargeld bei einer Bank einen Mefo-Wechsel einlösen, der mit einer staatlichen Bürgschaft abgesichert war. Das Unternehmen erhielt das Geld von der Bank, die bei der Rückzahlung auf den Staat vertraute. Letztlich sollten die Schulden durch die Kriegsbeute bezahlt werden.

Die **Staatsverschuldung** und damit die Inflationsgefahr stieg aber weiter an. Hjalmar Schacht initiierte deshalb einen **bilateralen Tauschhandel** zwischen Deutschland und v. a. ost- und südosteuropäischen Staaten (sie lagen im Interessensbereich der Deutschen für ihre Eroberungspolitik). Diese lieferten Rohstoffe zum Bau von Kriegsgerät und Nahrungsmittel zur Ernährung der Deutschen. Das Deutsche Reich lieferte im Gegenzug Produkte von gleichem Wert. Später wurden genau diese Länder mit jenen Waffen unter nationalsozialistische Kontrolle gebracht.

Mit der Verkündung des **Vierjahresplanes 1936** stellte Hitler unmissverständlich klar, dass in vier Jahren sowohl die deutsche Armee einsatzbereit als auch die Wirtschaft kriegsfähig sein müsse. Es erfolgte die Umstellung auf **Kriegswirtschaft**. Göring (Beauftragter des Vierjahresplans = Wirtschaftsdiktator) veranlasste eine staatliche Regulierung der Wirtschaft, sie wurde in den Dienst der Politik gestellt. Ziel war es nun, schnellstmöglich **autark** zu werden, wofür Ressourcen benötigt wurden. Das Ziel der Autarkie wurde nie erreicht, führte aber zur Eroberung weiterer Gebiete, um die Rohstoff- und Nahrungsmittelversorgung sicherzustellen. Somit zeigt sich, dass die nationalsozialistische Eroberungspolitik sowohl eine rassische als auch eine ökonomische Grundlage hatte: Erst wenn das Deutsche Reich „genügend“ Ackerfläche für die Ernährung, genügend Rohstoffe und Arbeitskräfte hätte, würde es „genügend“ Lebensraum besitzen.

Außenpolitik: Auch die NS-Außenpolitik war von Anfang an auf den Eroberungskrieg hin ausgerichtet. Nach außen hin vertrat Hitler bis 1938 die Ansicht, dass Deutschland lediglich für die **Revision des Versailler Vertrages** eintrete. Viele Staaten waren sogar der Meinung, es bestehe eine gewisse Kontinuität in der deutschen Außenpolitik: In Wahrheit jedoch war die NS-Außenpolitik durch und durch von der Ideologie des „Rassenkampfs“ und der „Eroberung von Lebensraum“ geprägt. Dafür war eine strategisch günstige Ausgangsposition für den Eroberungskrieg wichtig.

Im Folgenden soll in groben Zügen die NS-Außenpolitik bis zum Krieg dargestellt werden: Schon 1933 trat das Deutsche Reich, entgegen den Bestimmungen des Versailler Vertrages, aus dem Völkerbund aus. 1935 wurde im Saarland eine Volksabstimmung über dessen Status abgehalten (Ergebnis: Wiedereingliederung ins

Reich), die Wehrpflicht wieder eingeführt und die entmilitarisierte Zone besetzt. 1936 schlossen Deutschland und Japan den **Antikomintern-Pakt**, der sich gegen die Sowjetunion richtete. Kurze Zeit später trat auch Italien bei.
Im November 1937 stellte Hitler seine Kriegspläne erstmals vor Offizieren der Wehrmacht vor (**Hoßbach-Niederschrift**), mit denen die außenpolitischen Ziele der Nationalsozialisten deutlich wurden. Am 12.3.1938 erfolgte der **Anschluss Österreichs** an das Reich: ein massiver Verstoß gegen den Versailler Vertrag. Auf einer von Mussolini eingefädelten Konferenz (**Münchner Konferenz**) einigten sich Großbritannien, Frankreich und Italien unter Ausschluss der Tschechoslowakischen Republik (ČSSR) darüber, den Forderungen Deutschlands nach der **Einverleibung des Sudetenlandes** zuzustimmen. Hitler argumentierte dabei geschickt mit dem Selbstbestimmungsrecht der Völker. Als im März 1939 **Böhmen und Mähren** schließlich eingegliedert wurden, blieb von der Tschechoslowakei nur noch die Slowakei als Satellitenstaat bestehen. Erst jetzt wurde den Westmächten schlagartig klar, dass Hitlers Friedensbekundungen nur der Verschleierung seiner wahren Absichten gedient hatten. Großbritannien gab daraufhin eine Bestandsgarantie für Polen ab, Frankreich betonte ebenfalls seine Verbundenheit. Die sog. **Appeasement-Politik** der Westmächte war gescheitert.

Info Appeasement-Politik

Appeasement meint das Anliegen, internationale Spannungen und Konflikte durch Verhandlungen zu lösen. Hitler sah darin eine Schwäche der Briten und stellte immer weiter gehende Forderungen. Dass weder Großbritannien noch Frankreich sich Hitler in den Weg stellen konnten, lag v. a. an den wirtschaftlichen Problemen mit der Modernisierung beider Staaten, den innenpolitischen Konflikten in Frankreich und an den Unabhängigkeitsbestrebungen der britischen Kolonien, die das Empire in Gefahr brachten.

Im April kündigte Hitler den **Deutsch-polnischen Nichtangriffspakt** auf, am 23.8.1939 schlossen das Deutsche Reich und die Sowjetunion den sog. **Hitler-Stalin-Pakt**, der die Neutralität beider Staaten bei einem eventuellen Krieg festschrieb. In einem geheimen Zusatzprotokoll steckten beide Staaten ihre Interessenssphären in Osteuropa ab. Es legte „für den Fall einer territorialpolitischen Umgestaltung“ Polens folgende Grenzen zwischen der UdSSR und Deutschland fest:
- in den baltischen Staaten: Litauen,
- in Polen: die Flüsse Narew, Weichsel, San,
- im Süden: Bessarabien.

Das weitere Schicksal Polens sollte „im Wege einer freundschaftlichen Verständigung“ gelöst werden.

Am 1.9.1939 begann mit dem **Überfall auf Polen** der Zweite Weltkrieg. Deutsche Truppen marschierten in Polen ein, worauf Frankreich und Großbritannien am 3.9. dem Deutschen Reich den Krieg erklärten. Nach nur wenigen Wochen musste Polen, das den Deutschen in Artillerie, Panzern und in der Luftwaffe weit unterlegen war,

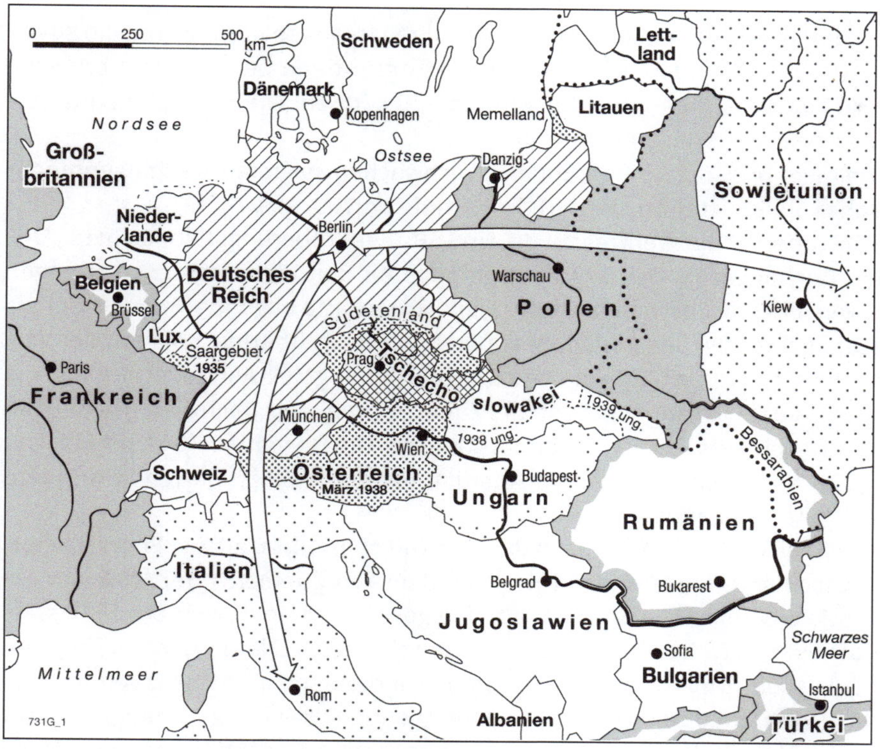

Europa 1935–1939: Hitler unterhielt Bündnisse ⟹ mit Italien und der UdSSR,
Österreich 1938 eingegliedert [gepunktet], Gebietsabtretung (Sudetenland) der ČSSR [kreuzschraffiert]

kapitulieren. Hitlers **Blitzkrieg-Strategie** ging auf, Polen wurde unterworfen und zwischen dem Deutschen Reich und der UdSSR – sie war am 17.9. in Polen einmarschiert – aufgeteilt. Erklärtes Ziel war zunächst, die polnische Intelligenz sowie die jüdische Bevölkerung, den Klerus und den Adel zu „beseitigen", mithin zu ermorden. Die übrige Bevölkerung sollte entweder versklavt, vernichtet oder schließlich im Sinne der Ideologie „germanisiert" werden. Beteiligt an der Ermordung und Deportation waren nicht nur Himmlers SS-Schergen, sondern auch die Wehrmacht. Das Völkerrecht wurde in Polen, wo der NS-Ideologie nach „Untermenschen" lebten, nicht respektiert. Obwohl Frankreich und Großbritannien dem Deutschen Reich den Krieg erklärt hatten, kam es bis zum 10.5.1940 zu keinen Kampfhandlungen (frz.: *drôle de guerre* = Sitzkrieg). Frankreich verschanzte sich hinter der Maginot-Linie. Weil die Franzosen die Neutralität der Benelux-Staaten wahren wollten, griffen sie Deutschland nicht an. Bevor es zu Kampfhandlungen mit Frankreich kam, besetzte Hitler Ende 1939 **Dänemark und Norwegen**.

Am 10.5.1940 durchbrachen schließlich deutsche Panzer die Ardennen und überzogen die **Benelux-Staaten** und **Frankreich** mit einem Blitzkrieg. Frankreich unterlag und unterzeichnete am 22.6.1940 ein Waffenstillstandsabkommen mit Deutschland. Frankreich wurde in zwei Teile aufgeteilt, die besetzte Zone und die freie Zone mit der Hauptstadt Vichy, regiert von Maréchal Pétain. Deutschland annektierte das Elsass, Lothringen und Luxemburg.

In Deutschland war Hitler nach dem Sieg über Frankreich so populär wie nie zuvor. Im August 1940 begann die **Luftschlacht um England** mit dem Ziel, die britische Luftwaffe zu zerstören, um in England landen zu können. Die deutsche Luftwaffe musste ihre erste Niederlage einstecken.
Um im Mittelmeer britische Einflusszonen zu schwächen, weiteten die **Achsenmächte (Deutsches Reich, Italien, Japan)** die Kämpfe dorthin aus.
Am 22.6.1941 überfiel die Wehrmacht die **UdSSR**. Der Eroberungsfeldzug hieß **„Unternehmen Barbarossa“**. Der Begriff steht auch für den Vernichtungskrieg gegen Juden, Slawen und Bolschewisten. Hitlers Hauptkrieg hatte begonnen, der wieder als Blitzkrieg und Präventivkrieg geplant war und bis zum Spätherbst 1941 mit der Vernichtung der Roten Armee bei Dvina und Dnepr (Archangelsk-Astrachahn-Linie: die „Lebensraumgrenze“) beendet sein sollte. Zunächst sah alles nach einem schnellen Sieg der Wehrmacht aus. Doch der Vormarsch wurde im Dezember 1941 vor Moskau gestoppt, u. a. wegen unzureichender Ausrüstung, durch einen harten Winter und infolge der Weite des Landes.
Am 11. Dezember 1941, vier Tage nach dem **japanischen Überfall auf Pearl Harbor**, erklärte Deutschland den USA den Krieg. Mit dem **Kriegseintritt der USA** war die entscheidende Wendung im Zweiten Weltkrieg gekommen. Im November 1942 startete die Rote Armee in **Stalingrad** eine Gegenoffensive. Die deutschen Truppen waren eingekesselt: Im Februar 1943 kapitulierte die Sechste Armee, von den ursprünglich 110000 Soldaten der Wehrmacht blieben 6000 übrig. Stalingrad steht sinnbildlich für die sinnlose und menschenverachtende Kriegsführung und für die Wende des Ostfeldzuges.
Von nun an war die Rote Armee auf dem Vormarsch und drängte die Wehrmacht immer weiter zurück. Die Westmächte landeten am 8.11.1942 in **Nordafrika** und eroberten am 10.7.1942 Sizilien. Seit 1942 hatten die Nationalsozialisten den **totalen Krieg** ausgerufen, bei dem Kinder und Jugendliche sowie alte Menschen eingesetzt wurden *(Volkssturm)*.
Seit 1943 bombardierten die Alliierten großflächig deutsche Städte, aber erst mit der **Landung der Alliierten in der Normandie** am 6.6.1944 begann die Befreiung Europas. Am **8./9.5.1945 kapitulierte** das NS-Regime bedingungslos und unterzeichnete den **Waffenstillstandsvertrag**; Hitler hatte zu diesem Zeitpunkt bereits Selbstmord begangen (30.4.1945).

Die Besatzungspolitik im Osten war geprägt von der Rassenideologie der Nationalsozialisten: Unterwerfung der Bevölkerung und Ausbeutung der eroberten Gebiete. Der Krieg war kein „normaler Krieg“, sondern ein **Vernichtungskrieg**. Die Deutschen begingen Kriegsverbrechen: SS, Wehrmacht und Einsatzgruppen gingen z. B. mit aller Härte gegen die als „Untermenschen“ betrachteten sowjetischen Soldaten und Freischärler (Partisanen) vor. Die Zivilbevölkerung wurde entweder vertrieben, ermordet oder zu Zwangsarbeit (in Deutschland) verurteilt. Der Zweite Weltkrieg forderte 55 Millionen Menschenleben.

„Totalitarismus“ und „Faschismus“ – Systeme im Vergleich

Die Geschichtsforschung bezeichnet den Nationalsozialismus sowohl als *faschistisch* als auch als *totalitär*. Um die Frage beantworten zu können, ob der deutsche Nationalsozialismus mit anderen faschistischen Staaten – hier soll Italien, das weltweit erste faschistische Land, als Beispiel dienen – vergleichbar ist, muss man zunächst beide Begriffe definieren.

Der **Faschismus** ist eine totalitäre Form der Herrschaft: Ziel und Merkmal des Faschismus ist die Militarisierung der Gesellschaft durch Befehl und Gehorsam. Ihm liegt ein autoritäres Herrschafts- und Gesellschaftsverständnis zugrunde, das die eigene Nation überhöht. Der Faschismus tritt demokratische Regierungsformen, Grund- und Menschenrechte sowie liberale und demokratische Menschenbilder mit Füßen. Ein weiteres wesentliches Merkmal des Faschismus ist der Führerkult.

Der Begriff **Totalitarismus** wird sowohl für die stalinistische Sowjetunion als auch für das nationalsozialistische Deutschland oder für Nordkorea verwendet. Er ist ein Oberbegriff, der auch das Konzept des „Faschismus“ beinhaltet und der durch formale Kriterien definiert ist:

- Das Leben der Menschen ist durch eine sinnstiftende Ideologie vereinheitlicht.
- Der Staat kontrolliert alle Bereiche des Lebens.
- Der Staat wird von einer Person, einem „Führer“ gelenkt, hinter dem eine Massenpartei steht.
- Alle Mittel und Wege der Kommunikation werden kontrolliert.
- Es gibt eine Geheimpolizei.
- Die Wirtschaft wird gelenkt und kontrolliert.

Die *Fasci di Combattimento*, die **faschistischen Kampfbünde Italiens** unter Führung von **Benito Mussolini**, waren eine extrem nationalistisch, antiliberal, antimarxistisch und antibürgerlich gesinnte Organisation. Wie Deutschland war Italien von einer politischen und sozialen Krise erschüttert und fühlte sich um den Sieg im Ersten Weltkrieg betrogen. Auch in Italien war die Lage im Inneren sehr angespannt. Davon profitierte Mussolini und begann im September 1922 mit seinen „Schwarzhemden“ seinen „Marsch auf Rom“. Im Anschluss daran wurde er durch den König zum Ministerpräsidenten gemacht. Anders als im Nationalsozialismus schaffte es der „Duce“ jedoch nicht, die Institutionen vollkommen gleichzuschalten, vielmehr unterstützten sie ihn nur auf Zeit und er musste Kompromisse eingehen. Ähnlich wie der Nationalsozialismus war der italienische Faschismus eine **terroristische Diktatur**.
Außenpolitisches Ziel Mussolinis war es, Italien zu einem Großreich am Mittelmeer auszubauen, als Vorbild galt dabei das antike *Imperium Romanum*.
Auch wenn die Grundstrukturen vergleichbar sind, so liegt der größte und bedeutendste Unterschied doch in dem von den Nationalsozialisten organisierten und begangenen Völkermord. Der **Holocaust** ist letztlich ein Alleinstellungsmerkmal des deutschen Nationalsozialismus.

Terror und Völkermord an Juden, Sinti und Roma

Mit der Ausschaltung der SA begann der Aufstieg der SS. Sie verkörperte die Ideologie der Nationalsozialisten und sicherte die Macht der NSDAP ab, indem sie wichtige Ämter bei der Polizei und der Gestapo besetzte und damit staatliche Aufgaben übernahm. Weil Himmler sowohl Reichsführer SS als auch Chef der Polizei war, konnte er den Terror gegen Gegner des Regimes organisieren. Die SS war darüber hinaus mit ihren Unterorganisationen (Waffen-SS und den Wachmannschaften der KZ, Totenkopfverbände genannt) für die begangenen **Massenmorde** und den **Holocaust** verantwortlich. Sie führte und verwaltete zentral die Konzentrationslager (KZ).

Info Konzentrationslager vs. Vernichtungslager

In **Konzentrationslagern**, einem der Terrorinstrumente, wurden politische Gegner, Juden, „Asoziale“, Homosexuelle oder Kriminelle ohne rechtliche Grundlage ihrer Freiheit beraubt und umgebracht. Oftmals starben die Häftlinge auch an Krankheiten oder Unterernährung („Vernichtung durch Arbeit“). Die **Vernichtungslager** in Polen (z. B. Auschwitz) und der Sowjetunion dienten v. a. der Ermordung und Vernichtung von Juden durch Gas, Massenerschießungen oder „durch Arbeit“. Vernichtungslager wurden ausschließlich für die Ermordung der Deportierten errichtet.

Nach der Verkündung des Vierjahresplanes wurden KZ-Häftlinge gezwungen, für die SS, die auch ein riesiges Wirtschaftsunternehmen darstellte, schwer zu arbeiten. Sie „verlieh“ diese auch gegen Bezahlung an große Unternehmen **(Zwangsarbeit)**. Im Zusammenspiel von SD (Sicherheitsdienst) und Gestapo konnte das nationalsozialistische Terrorsystem die (politischen) Gegner ausschalten. Aufgabe des SD war es, Informationen über Gegner zu sammeln, die Gestapo nahm diese Gegner dann in Schutzhaft. Die meisten Informationen bekam die Gestapo durch Denunziationen aus der Bevölkerung. Nachdem Gestapo, SD, Kriminalpolizei und Polizei unter der Dachorganisation des RSHA (Reichssicherheitshauptamt) vereinigt worden waren, trug dieses Amt maßgeblich zu Terror, Massenmord und zur sog. **Endlösung der Judenfrage** bei.

Schon mit der Ernennung Hitlers zum Reichskanzler begann die **Judenverfolgung**. Gemäß der NS-Ideologie sollte das „großdeutsche Reich“ so schnell wie möglich „judenfrei“ sein. Die Judenverfolgung muss daher im Rahmen der NS-Rassenpolitik betrachtet werden, die die Vernichtung der Juden vorsah. In verschiedenen Stufen wurden Gesetze erlassen, um jüdische Mitbürger zu diskriminieren. Die Folge aller dieser Gesetze war u. a. die Verarmung der jüdischen Bevölkerung infolge von Arbeitslosigkeit.

Die wichtigsten **Maßnahmen zur Diskriminierung der jüdischen Bevölkerung** waren:

- **7.4.1933:** Gesetz zur Wiederherstellung des Berufsbeamtentums. Nahezu alle jüdischen Beamten wurden aus dem Dienst entlassen. Immer wieder kam es zwischen 1933 und 1935 zu Boykottaufrufen von jüdischen Geschäften und Einrichtungen.
- **21.5.1935:** Ausschluss vom Wehrdienst.
- **15.9.1935: Nürnberger Gesetze.** Die Nürnberger Rassegesetze definierten, wer Jude war. Damit einhergehend wurden Juden zu Bürgern zweiter Klasse degradiert, ihnen wurden alle politischen Bürgerrechte genommen. Verboten wurden sog. „Mischehen" („Blutschutzgesetz"; „Rassenschande" wurde mit Zuchthaus bestraft). Mit den Nürnberger Rassegesetzen war die Emanzipation der Juden, die seit dem 19. Jahrhundert eingesetzt hatte, rückgängig gemacht worden. Neuen Diskriminierungsmaßnahmen waren Tür und Tor geöffnet.
- In den folgenden Jahren ergingen immer wieder **Berufsverbote** für Juden.
- **Juli/August 1938:** „Kennkarten" für Juden; jüdische Frauen mussten den Namen „Sara", Männer den Namen „Israel" tragen.
- **5.10.1938:** In den Reisepass musste ein rotes „J" gestempelt werden.
- **November 1938:** Ausschluss jüdischer Kinder von staatlichen Schulen.
- **9./10.11.1938:** Über Deutschland rollte eine Welle von **Pogromen** (Reichspogromnacht, verharmlosend im Jargon der Nationalsozialisten: „Reichskristallnacht"), bei denen die SA jüdische Geschäfte zerstörte, Synagogen in Brand steckte und jüdische Bürger misshandelte. In dieser Nacht wurden mehr als 100 Synagogen abgebrannt und zwischen 90 und 100 Juden ermordet. Das Regime rechtfertigte diese Pogrome mit dem Attentat auf den deutschen Legationssekretär in Paris durch den jüdischen Deutschpolen Herzel Grynszpan. In den folgenden Tagen wurden mehr als 30 000 jüdische Männer verhaftet und in die KZs Dachau, Buchenwald und Sachsenhausen verschleppt. Die Mehrheit der Deutschen verharrte schweigend und zeigte wenig Mitgefühl. Allerdings ließ sich die Allgemeinheit trotz der Beeinflussung durch die Propaganda nicht zu Gewalt an Juden aufhetzen.
- Im Anschluss an die Reichspogromnacht mussten die Juden für den durch die SA und NSDAP entstandenen Schaden eine „Sühneleistung" von mehr als einer Milliarde Reichsmark erbringen, eine wirtschaftliche Ausplünderung.
- **Ab 1939** wurde Juden der Besuch von Kinos, Schwimmbädern und Theatern untersagt. Sie hatten keinen gesetzlichen Schutz mehr. Es wurden „Judenhäuser" eingerichtet, um die Deportation zu vereinfachen.
- **1.1.1939:** „Arisierung" jüdischer Betriebe. Das bedeutete den vollständigen Ruin.
- **1.9.1939:** Ausgangssperre ab 21 Uhr im Sommer, im Winter ab 20 Uhr.
- **Juli 1940:** Juden durften in Berlin nur von 16–17 Uhr Lebensmittel einkaufen.
- **1940:** Erste Deportationen in Ghettos im Osten.
- **Februar 1941:** Befehl des Arbeitseinsatzes für alle „arbeitsfähigen" Juden.
- **1.9.1941:** Juden mussten einen gelben Stern auf der Kleidung tragen *(Judenstern)*, um sie öffentlich zu demütigen.
- **Herbst 1941:** Beginn der systematischen Deportation von Juden.
- **Juni 1942:** In Auschwitz beginnen die ersten Massenvergasungen.

Das beispiellose Verbrechen des **Völkermords an den europäischen Juden** steht in enger Verbindung zum Zweiten Weltkrieg. Mit der Kriegsführung gegen Polen und die UdSSR fielen viele Millionen Juden in den deutschen Machtbereich. Auf der **Wannseekonferenz 1942** (20. Januar), zu der Heydrich (Leiter des RSHA) geladen hatte, wurde beschlossen, die Tötung von Juden effizienter zu gestalten, da die Massenerschießungen als nicht effektiv genug eingestuft wurden. Somit wurden hier die Voraussetzungen für die sog. „Endlösung der Judenfrage" beschlossen, u. a. die Einrichtung von Massenvernichtungslagern. Diese ergänzten die Konzentrationslager. Vernichtungslager gab es in Sobibor, Belzec, Chelmno, Maidanek, Treblinka und Auschwitz. Auschwitz II-Birkenau erhielt als Erstes dieser Lager vier große Gaskammern, in denen allein 1,4 Millionen Menschen ermordet wurden. Insgesamt wurden durch die Nationalsozialisten circa sechs Millionen Juden ermordet. Die Begriffe **Holocaust** (gr. *holocaustum* – „ganz verbrannt") bzw. **Shoah** (hebr. „Katastrophe") bezeichnen diesen in der Menschheitsgeschichte mit nichts gleichzusetzenden, industriell zu nennenden **Genozid (Völkermord)**.

Neben Juden wurden in den Vernichtungslagern auch zwischen 200 000 und 500 000 Sinti und Roma ermordet. Bis zum Ende des Krieges wurden zudem über 100 000 behinderte und kranke Menschen, die als „lebensunwert" abgestempelt wurden, im Rahmen des sog. **Euthanasie-Programms** ermordet.

Akzeptanz der NS-Diktatur: Problematik des Widerstands in totalitären Systemen

Auffallend ist, dass es während der zwölf Jahre nationalsozialistischer Herrschaft nur vereinzelt Widerstand gab. Einerseits duldete der totalitäre Anspruch der Nationalsozialisten keine Abweichung. Andererseits standen sicherlich nicht alle Deutschen hinter dem NS-Regime, doch hatte sich eine große Zahl mit dem Regime arrangiert: Wirtschaftserfolge „auf Pump" und das nationale Auftreten der Regierung Hitler verschafften ihm Ansehen und auch Zustimmung. Die Verfolgungs- und Rassepolitik war den Deutschen eher gleichgültig, wenn sie sie nicht sogar unterstützten. Außerdem war der Nationalsozialismus in der deutschen Bevölkerung mindestens bis 1943 sehr populär. Man kann annehmen, dass Widerstand nicht unterstützt worden wäre. Dass es so gut wie keinen Widerstand gegen das verbrecherische Regime gab, lässt sich auch mit der Ausschaltung der politischen Gegner, v. a. der Kommunisten, seit 1933 erklären. Es war prinzipiell schwierig, seine Ablehnung bzw. seine ablehnende Haltung zu zeigen, da dies KZ-Haft o. Ä. nach sich gezogen hätte.
Der Akt des **Widerstands** lässt sich in verschiedene Formen aufteilen: unangepasstes Verhalten (Nonkonformität), Verweigerung, Protest und (offener) Widerstand.
Unangepasstes Verhalten und **offenen Widerstand** gab es in vielfältiger Weise:
- Ein Beispiel hierfür sind die **Edelweißpiraten**, die sich von der HJ abzugrenzen versuchten, indem sie z. B. einen eigenen Kleidungsstil pflegten (Halstücher, Wanderschuhe) und als Erkennungsmerkmal das Edelweiß trugen.
- Einzelne Menschen verweigerten z. B. den Hitlergruß oder nahmen bewusst nicht an Feiern oder Kundgebungen des Regimes teil. Andere wanderten aus: Thomas Mann, Stefan Zweig etc.

- Die Studentengruppe um Hans und Sophie Scholl (**Weiße Rose**) leistete mit Flugblättern Widerstand gegen das Herrschaftssystem. Sie forderte die Menschen auf, nicht am Vernichtungskrieg teilzunehmen.
- **Georg Elser**, ein Schreiner aus Heidenheim, verübte am 8.11.1939 im Bürgerbräukeller in München ein Bombenattentat auf Hitler, dem dieser jedoch unverletzt entkam.
- Der katholische Bischof von Münster, von Galen, prangerte öffentlich das Euthanasieprogramm an (ohne sich jedoch gegen die Judenverfolgung auszusprechen). Die **Bekennende Kirche** (darunter Bonhoeffer) distanzierte sich vom Nationalsozialismus. Der Widerstand der Kirchen blieb alles in allem jedoch eher verhalten.
- Um den **Kreisauer Kreis** bildete sich der bürgerliche Widerstand, der sich mit der Neuordnung Deutschlands nach der Niederlage beschäftigte.
- Der sog. **Goerdeler-Kreis** um Carl Goerdeler bestand aus bürgerlichen Politikern, Sozialdemokraten, Gewerkschaftern und Mitgliedern der „Bekennenden Kirche". Ziel war es, einen Staatsstreich durchzuführen.
- Der militärische Widerstand um **Claus Graf Schenk von Stauffenberg** verübte am **20.7.1944** ein **Attentat auf Hitler**, das dieser leicht verletzt überlebte. Stauffenberg, zunächst Anhänger des Nationalsozialismus, wandte sich aufgrund seiner humanistischen Überzeugung von Hitler ab. In engem Kontakt mit der Gruppe um Goerdeler wurde das Attentat geplant. Stauffenberg und die anderen am Anschlag beteiligten Personen wurden standrechtlich erschossen.

Diskussion der „Kollektivschuld"

„Schuld oder Unschuld eines ganzen Volkes gibt es nicht, Schuld ist, wie Unschuld, nicht kollektiv, sondern persönlich ... Aber die Vorfahren haben ihnen [den Deutschen] eine schwere Erblast hinterlassen ... Die Jungen [die jungen Leute] sind nicht verantwortlich für das, was damals geschah. Aber sie sind verantwortlich für das, was in der Geschichte daraus wird." (Carl Friedrich von Weizsäcker)
Auch wenn die heutigen Generationen keine Schuld an den nationalsozialistischen Verbrechen trifft, so sollte sich doch jeder Deutsche damit auseinandersetzen. Diese Auffassung war nicht immer selbstverständlich: In den Jahren nach dem Krieg und in der 1950er-Jahren verdrängte man die grausamen Verbrechen und schwieg im öffentlichen wie im privaten Leben. Erst der **Eichmann-Prozess 1961 in Israel** und die **Frankfurter Auschwitz-Prozesse** führten dazu, dass die verdrängten Verbrechen in der Politik und in der Gesellschaft thematisiert wurden.

Der Holocaust ist sicherlich nicht nur auf die rassistisch-antisemitische Ideologie und das Herrschaftssystem zurückzuführen. Verantwortlich waren auch Beamte des NS-Staates und seine Funktionäre, die sich gern bereitwillig der „Endlösung der Judenfrage" widmeten und sozusagen „von unten" zum Holocaust beitrugen. Dies gilt auch für die Deutschen, die sich nicht widersetzten, die es aus eigener Kraft nicht schafften, sich vom Nationalsozialismus zu befreien, die in relativer Gleichgültigkeit oder sogar in Zustimmung mit dem NS-Regime und den verübten Verbrechen an den Juden lebten.

Menschenverluste

Die Tabellen geben eine knappe Übersicht über die Zahl der Toten infolge des Zweiten Weltkriegs und der NS-Verbrechen. Insgesamt fanden Schätzungen zufolge ca. 55 Millionen Menschen den Tod.[1]

Land	Insgesamt	davon Zivilisten
Sowjetunion (Schätzungen variieren)	20 500 000 – 26 300 000	ca. 7 000 000
Deutschland	5 250 000 – 7 300 000	mind. 500 000
Polen	4 520 000	4 200 000
USA	259 000	
Großbritannien	386 000	62 000
Frankreich	810 000	ca. 500 000
Jugoslawien	1 700 000	1 300 000
Japan	1 800 000	600 000

Opfer der nationalsozialistischen Kriegsverbrechen		
Juden	aufgeschlüsselt nach Ländern (Auswahl):	insgesamt zwischen 5 700 000 und 6 300 000
	Polen	mind. 2 350 000
	Sowjetunion	mind. 700 000
	Tschechoslowakei	mind. 233 000
	Rumänien	mind. 200 000
	Ungarn	mind. 180 000
	Deutschland	mind. 160 000
	Niederlande	mind. 104 000
	Frankreich	mind. 60 000
Sowjetische Kriegsgefangene		zwischen 3 000 000 und 3 300 000
Roma und Sinti		ca. 220 000
Sonstige Opfer (Deportierte, Zwangsarbeiter, Homosexuelle)		ca. 3 340 000

1 Zit. nach: Der Große Ploetz. Vandenhoek & Ruprecht, Göttingen 2010, S. 775, 802

Deutschland nach 1945 im internationalen und europäischen Kontext

Besatzungszeit und Teilung Deutschlands im Rahmen des Ost-West-Konflikts

Zentrale Daten und Begriffe

8.5.1945: bedingungslose Kapitulation – 1945: Potsdamer Konferenz – 1946: Zwangsvereinigung von SPD und KPD zur SED – 1947: Marshall-Plan – Bi-Zone – 1948: Währungsreform – Berlin-Blockade – 23.5.1949: Verkündung des Grundgesetzes – 7.10.1949: Gründung der DDR – „Stunde Null" – Entnazifizierung – Re-education – Sowjetisierung – Deutsche Frage

Die **bedingungslose Kapitulation** *(unconditional surrender)* der Deutschen Wehrmacht am 8./9. Mai 1945 beendete die Kampfhandlungen in Europa und die nationalsozialistische Herrschaft in Deutschland. Am 5.6. erklärten die Regierungen der alliierten Siegermächte USA, UdSSR, Großbritannien und Frankreich die Übernahme der obersten Regierungsgewalt in Deutschland.

Die Situation nach dem Zweiten Weltkrieg

Durch die Errichtung eines **Alliierten Kontrollrats**, die Aufteilung in **vier Besatzungszonen** und die gemeinsame Besetzung Berlins verlor Deutschland jede Entscheidungs- und Handlungsgewalt. Im **Potsdamer Abkommen** vom 2.8.1945 wurden die Ziele der alliierten Besatzungspolitik festgelegt:
- Demilitarisierung,
- Denazifizierung,
- Dezentralisierung,
- Demokratisierung.

Nach der Zerschlagung der deutschen Wehrmacht und aller nationalsozialistischen Organisationen richtete sich das Ziel der **Demilitarisierung** auf die Vernichtung der Kriegsmittel. Im Frühjahr 1946 erfolgte ein erster Industrieplan für Deutschland, der auf der Grundlage der Potsdamer Beschlüsse die Waffen- und Munitionsproduktion sowie andere Produktionszweige (darunter Seeschiffe, schwere Werkzeugmaschinen, Treibstoffe und zahlreiche Chemikalien) vollständig verbot.
Das Ziel der **Denazifizierung** (auch: Entnazifizierung) der deutschen Gesellschaft wurde im Dezember 1945 durch einen Befehl des Kontrollrats noch einmal ausdrücklich bekräftigt. Die Entscheidung über die Bestrafung der Hauptkriegsverbrecher wurde durch ein Abkommen der Vier Mächte unverzüglich geregelt: Der erste **Nürnberger Prozess** gegen die Hauptkriegsverbrecher begann schon im November 1945, bis 1949 folgten zwölf weitere Prozesse gegen Diplomaten, Juristen, Militärs, Industrielle und andere Repräsentanten des NS-Regimes. Bei der Entnazifizierung der gesamten deutschen Bevölkerung jedoch gingen die Besatzungsmächte unterschiedlich vor.

In der US-amerikanischen Besatzungszone entschieden ab 1946 örtliche Spruchkammern auf der Grundlage von Fragebögen, die jeder Deutsche über 18 Jahre auszufüllen hatte, ob eine Person als *Hauptschuldiger*, *Belasteter*, *Minderbelasteter*, *Mitläufer* oder *Entlasteter* einzustufen war. 1947 wurde dieses Verfahren von den beiden anderen westlichen Besatzungsmächten übernommen. In der Sowjetischen Bewsatzungszone (SBZ) wurden in der unmittelbaren Nachkriegszeit nicht nur rigorose Säuberungsmaßnahmen durchgeführt, im Zuge der Entnazifizierung, die hier schon 1948 als abgeschlossen galt, wurden auch umfangreiche Enteignungsmaßnahmen vorgenommen.

Die **Demokratisierung** der deutschen Bevölkerung sollte durch die Gründung demokratischer Parteien und die Zulassung von Wahlen erreicht werden. Während sich in der SBZ mit der neu gegründeten KPD die erste Partei schon am 11.6.1945 an die Öffentlichkeit wandte, folgten die Westmächte mit ihrer Erlaubnis zu Parteigründungen erst später einem Beschluss der **Potsdamer Konferenz**, in ganz Deutschland demokratische Parteien zuzulassen.

Auch die **Dezentralisierung** Deutschlands wurde rasch vorangetrieben. In der SBZ wurden auf Befehl der Sowjetischen Militäradministration (SMAD) schon im Juli 1945 die Länder Brandenburg, Mecklenburg-Vorpommern, Sachsen, Sachsen-Anhalt und Thüringen gebildet. Im September 1945 folgte durch Proklamation der US-Militärregierung die Bildung der Länder Bayern, Hessen und Württemberg-Baden.

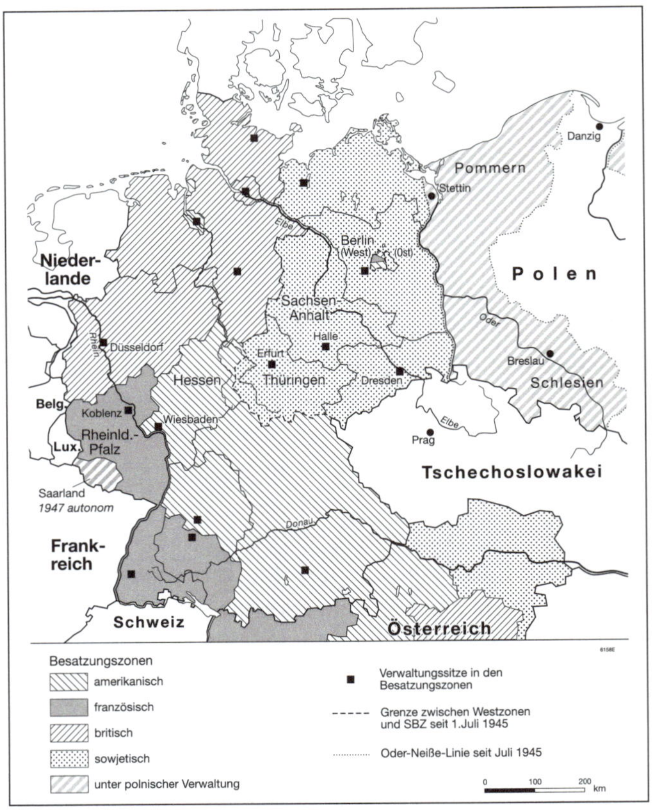

Geografische Neuordnung

Das Potsdamer Abkommen regelte nicht nur die politische Neuordnung Deutschlands, sondern auch die geografische. Der Beschluss, das nördliche Ostpreußen unter sowjetische Verwaltung zu stellen, die übrigen Gebiete östlich der Oder-Neiße-Linie der polnischen Verwaltung zu übergeben und die deutschen Bevölkerungsgruppen aus den ehemaligen deutschen Reichs- und Siedlungsgebieten in Ost-, Mittelost- und Südosteuropa nach Deutschland zu überführen, führte zu einer Wanderungsbewegung ungeheuren Ausmaßes. Nachdem schon in den letzten Kriegsmonaten hunderttausende Deutsche auf der **Flucht** vor der Roten Armee in den Westen geströmt waren, folgte nun die **Vertreibung** deutscher Bevölkerungsgruppen aus den ehemaligen Ostgebieten. Durch die Versorgung und Eingliederung von insgesamt etwa zwölf Millionen Flüchtlingen und Vertriebenen, die nicht nur ihre Heimat, sondern auch ihr Hab und Gut verloren hatten, verschärfte sich die Lage in der unmittelbaren Nachkriegszeit zusätzlich.

Info **Umsiedelungen der deutschen Bevölkerung nach 1945**

Die bereits in den letzten Kriegsmonaten einsetzende Flucht und Vertreibung der deutschen Bevölkerung aus den besetzten und ehemaligen deutschen Reichs- und Siedlungsgebieten lässt sich in vier Phasen einteilen:

- Die erste Phase beginnt im Herbst 1944: **Evakuierung** der deutschen Minderheiten aus ihren Siedlungsgebieten in den südosteuropäischen Ländern.
- Die zweite Phase setzt im Januar 1945 ein: meist überstürzte **Flucht** vieler Deutscher aus Ostpreußen, Schlesien und Pommern vor der Roten Armee.
- Die dritte Phase im Frühjahr und Sommer 1945 wird durch die „wilden", d. h. unkontrollierten und von gewaltsamen Übergriffen begleiteten **Vertreibungen** der Menschen gekennzeichnet, die ihre Heimat in Ostpreußen, Pommern, Schlesien und dem Sudetenland nicht verlassen hatten.
- Die vierte Phase umfasst die in Folge der **Potsdamer Beschlüsse** eingeleitete und v. a. 1946 stattfindende geordnete Überführung deutscher Bevölkerungsteile nach Deutschland.

Die in Trecks, meist zu Fuß und ohne Besitz in die verbliebenen deutschen Gebiete einströmenden Flüchtlinge und Vertriebenen trafen auf Menschen, die häufig selbst kaum das Nötigste zum Leben besaßen. Besonders in den zerbombten Städten mangelte es an Trinkwasser, Lebensmitteln, Medikamenten und Kleidung. Der Verlust ehemaliger deutscher Reichsgebiete bedeutete auch den Verlust großer landwirtschaftlicher Flächen. Das Absinken der landwirtschaftlichen Produktion, aber auch zerstörte Verkehrs- und Transportwege, die Entnahme von Reparationen und die Demontage von Produktionsstätten führten zu einer **katastrophalen Versorgungslage**. Da Lebensmittel streng rationiert waren, versorgten sich die Menschen auf dem Schwarzmarkt oder durch sog. „Hamstern" (Diebstähle, z. B. auf dem Land).

Katastrophal war nicht allein die Versorgung mit Nahrungsmitteln, auch die Wohnbedingungen erschwerten den Alltag in den Besatzungszonen. Millionen von Flüchtlingen und Vertriebenen, Ausgebombten, Kriegsheimkehrern und ehemaligen KZ-Häftlingen waren auf der Suche nach Unterkunft, und wer über unzerstörte Räume verfügte, konnte sicher sein, dass er sie bald mit Fremden teilen musste. Da viele Männer im Krieg gefallen oder in Gefangenschaft geraten waren, lag die Hauptlast des täglichen Existenzkampfes bei den Frauen. Die für die Aufräumarbeiten eingesetzten „Trümmerfrauen" beseitigten in den zerbombten Städte die Kriegstrümmer und sicherten zugleich das Material für den Wiederaufbau. Eine reguläre Arbeitsstelle besaßen unmittelbar nach Kriegsende nur wenige Menschen.

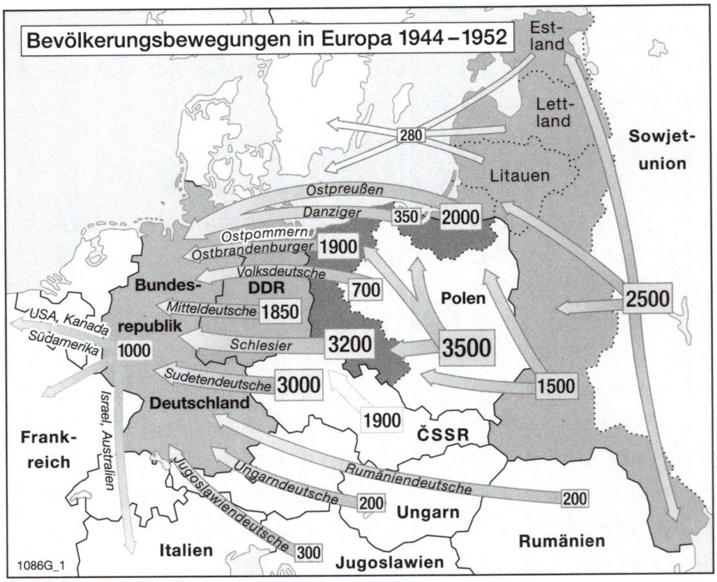

Zahlen in Tausend

Debatte Gab es eine „Stunde Null"?

Die Bezeichnung „Stunde Null" für den Neubeginn in Deutschland nach 1945 spiegelt sowohl die Vorstellung einer totalen Niederlage als auch die Hoffnung auf einen unbelasteten Neuanfang wider. Sie ist jedoch in der Forschung mittlerweile umstritten:

- Erstens führe die Bezeichnung zu einer *nationalgeschichtlichen Verengung*, die das Ausmaß der Zerstörung in anderen Ländern außer Acht lasse,
- zweitens ignoriere sie die *personellen Kontinuitäten* und
- drittens sei ein unbelasteter Neuanfang angesichts der *nationalsozialistischen Verbrechen* ohnehin nicht möglich gewesen.

Politische Neuordnung

Von entscheidender Bedeutung für eine **politische Neuordnung** war die Zulassung demokratischer Parteien.
Nachdem in der **Sowjetischen Besatzungszone** (SBZ) schon am 9.6.1945 durch Befehl der Sowjetischen Militäradministration (SMAD) politische Parteien erlaubt worden waren, gründeten sich innerhalb weniger Wochen die KPD (11.6.), die SPD (15.6.), die CDU (26.6.) und die LDP (5.7.). Am 14.7.1945 schlossen sich auf Druck der SMAD alle Parteien zu einem antifaschistischen Block zusammen. Damit blieb das Mehrparteiensystem zwar formal erhalten, da jedoch das Blocksystem nicht von parlamentarischen Mehrheiten, sondern von der Einstimmigkeit aller Entscheidungen ausgeht und die KPD mithilfe der Besatzungsmacht innerhalb des Blocks sehr schnell eine Vormachtstellung aufbauen konnte, spielten die anderen Parteien eine untergeordnete Rolle. Mit der auf Druck der sowjetischen Besatzungsmacht und trotz Widerstands aus der SPD erfolgten **Zwangszusammenlegung von KPD und SPD** zur **Sozialistischen Einheitspartei Deutschlands** (SED) am 22.4.1946 wurde schließlich eine **Einparteienherrschaft** eingeleitet.
Im Gegensatz zur sowjetischen Besatzungsmacht, die Parteigründungen massiv vorantrieb, verboten die Westmächte in ihren Zonen in den ersten Monaten nach der Kapitulation jede Parteigründung. Erst nachdem auf der Potsdamer Konferenz die Zulassung demokratischer Parteien, öffentlicher Diskussionen und Versammlungen beschlossen worden war, erlaubten zunächst die Amerikaner, dann auch die Engländer und Franzosen die Gründung von Parteien. Vor dem Hintergrund, in Deutschland eine **parlamentarische Demokratie westlichen Musters** zu errichten, fanden **in der amerikanischen Besatzungszone** schon im Januar 1946 Gemeindewahlen statt. Bereits im Frühjahr 1946 wurden in den Ländern der amerikanischen Besatzungszone Verfassungsausschüsse gebildet, deren Ergebnisse von gewählten Landesversammlungen übernommen und Ende 1946 der Bevölkerung zur Abstimmung vorgelegt wurden. Ein im Oktober 1945 gegründeter Länderrat koordinierte die Zusammenarbeit der Länder in der US-Zone. Damit hatten die Amerikaner den Grundstein für eine föderalistische Ordnung Deutschlands gelegt und gleichzeitig eine Entscheidung getroffen, der sich die beiden anderen westlichen Besatzungsmächte schon aufgrund der wirtschaftlichen Stärke der USA anschlossen.

Wirtschaftliche Neuordnung

Obwohl Deutschland in den Potsdamer Beschlüssen zu einer Wirtschaftseinheit erklärt worden war, verliefen die Entwicklungen auch in diesem Bereich unterschiedlich. Mit der *entschädigungslosen Enteignung* aller landwirtschaftlichen Betriebe mit mehr als 100 Hektar **(Bodenreform)** wurde in der SBZ im September 1945 eine neue Wirtschaftsordnung eingeleitet. Zugleich wurde durch die Umwandlung großer Industrie-, Handels- und Bergbauunternehmen in *Volkseigene Betriebe* (VEB) die **Planwirtschaft** vorbereitet.
Die Befürchtung der amerikanischen Regierung, die wirtschaftspolitischen Maßnahmen der sowjetischen Besatzungsmacht und die wirtschaftliche Not in Europa würden nicht nur die eigene Wirtschaft schwächen, sondern auch den Kommunismus stärken,

mündete 1947 in den Vorschlag des US-Außenministers George C. Marshall, für den Wiederaufbau Europas, einschließlich Deutschlands, die nötige Wirtschaftshilfe zu leisten (**Marshall-Plan**). Da die Sowjetunion das Hilfs- und Wiederaufbauprogramm für ihre Besatzungszone und Einflusssphäre mit der Begründung scharf zurückwies, die USA wolle einen Block europäischer Staaten mit Krediten in ihre Abhängigkeit bringen, blieb der Marshall-Plan *(European Recovery Program)* auf Westeuropa und die drei westlichen Besatzungszonen begrenzt. Eine wesentliche Voraussetzung für die Durchführung des Hilfsprogramms war die Normalisierung der Währungsverhältnisse in den Westzonen. Am 18.6.1948 beschlossen die Westalliierten das „Erste Gesetz zur Neuordnung des Geldwesens in den Westzonen Deutschlands." Mit der Durchführung der **Währungsreform in den Westzonen** am 20.6.1948 und wenige Tage später auch in der SBZ war die in den Potsdamer Beschlüssen proklamierte Wirtschaftseinheit Deutschlands vollends zerbrochen.

Kulturelle Neuordnung

Insbesondere die amerikanische und die sowjetische Besatzungsmacht maßen dem kulturellen Sektor eine zentrale Bedeutung bei. Mit dem Ziel, die **ideologische Umerziehung** der deutschen Bevölkerung *(reeducation)* voranzutreiben, kam es bereits 1945 zu einer allmählichen Wiederbelebung des Kulturbetriebes.

Medien: Wurde noch wenige Tage nach der bedingungslosen Kapitulation ein Verbot von Druckerzeugnissen, Rundfunkstationen, Film und Theater verkündet, bildeten sich schon im Laufe eines Jahres zentrale Kulturinstitutionen wie der *Rundfunk im Amerikanischen Sektor* (RIAS) im November 1945 und die *Deutsche Film-AG* (DEFA) in Potsdam-Babelsberg im Mai 1946. Zugleich konnte sich unter Kontrolle der Besatzungsmächte mit der Lizenz-Presse eine neue Presselandschaft herausbilden.
Bildungswesen: Ein weiterer Schritt zur gesellschaftlichen Neuordnung war die Umgestaltung des Bildungswesens in der SBZ 1945/46. Ein einheitliches Schulwesen und das Verbot privater Schulen sollten den Angehörigen der unteren Schichten alle Bildungschancen einräumen. Darüber hinaus wurde mit der *Freien Deutschen Jugend* (FDJ) am 7.3.1946 eine Jugendorganisation geschaffen, die neben der Schule als Fundament einer sozialistischen Gesinnungsbildung dienen sollte.

Tipp zum Punktesammeln

Bewertung der Neuordnung: Insgesamt betrachtet war die politische, wirtschaftliche und gesellschaftliche Neuordnung Deutschlands von dem Bemühen der Besatzungsmächte gekennzeichnet, in den von ihnen besetzten Zonen ihren **Einfluss zu sichern**. Dabei bildeten die unterschiedlichen wirtschafts- und gesellschaftspolitischen Ein- und Vorstellungen der Alliierten die Voraussetzung dafür, dass sich die westlichen Besatzungszonen und die SBZ schon 1945 auseinanderentwickelten.

Der Einfluss des Ost-West-Konflikts

Die zunehmende Konfrontation zwischen den westlichen Besatzungsmächten und der Sowjetunion, die 1949 zur Gründung zweier deutscher Staaten führte, war bereits 1945 sichtbar.
Mit der im September 1945 durchgeführten Bodenreform, der Konfiszierung von Betrieben, deren Besitzer geflüchtet, Kriegsverbrecher oder Nationalsozialisten waren, sowie der Umwandlung von Großbetrieben in Sowjetische Aktiengesellschaften hatte die sowjetische Besatzungsmacht in den Ländern der SBZ eine Entwicklung eingeleitet, die sich von den wirtschafts- und gesellschaftspolitischen Vorstellungen der Westalliierten fundamental unterschied. Schon Anfang des Jahres 1946 sprach der britische Politiker Winston Churchill von einem **Eisernen Vorhang** in Europa. Nachdem der Alliierte Kontrollrat im Juni 1946 die Demarkationslinie zwischen der SBZ und den Westzonen auf Antrag der Sowjetunion abgesperrt hatte, wurden die Spannungen unübersehbar. Dies und die Ausweitung der sowjetischen Machtsphäre auf Ost- und Südosteuropa führten 1946 zu einem Kurswechsel in der Europa- und Deutschlandpolitik der Amerikaner und der Briten.
Als der amerikanische Außenminister Byrnes am 6.9.1946 in einer Rede für die Stärkung der deutschen Wirtschaft eintrat, trat das Ziel, den Einfluss der Sowjetunion in Deutschland einzudämmen, deutlich hervor. Vor dem Hintergrund ihrer neuen Europa- und Deutschlandpolitik leiteten Amerikaner und Briten im Laufe des Jahres den Zusammenschluss ihrer Besatzungszonen ein. Die Fusion der britischen und amerikanischen Besatzungszonen zur **Bi-Zone** am 1.1.1947 (der sich Frankreich im Zuge der Währungsreform anschloss) vertiefte nicht nur die Spaltung zwischen den Westalliierten und der sowjetischen Besatzungsmacht, sie war auch ein entscheidender Schritt zu einem westdeutschen Staat.

Im Frühjahr 1947 traten die Auseinandersetzungen zwischen den Alliierten Siegermächten in eine neue Phase ein. Während die Sowjetunion auf der **4. Außenministerkonferenz in Moskau** die Auflösung der Bi-Zone, die Beibehaltung der Oder-Neiße-Grenze, die Erfüllung ihrer Reparationsforderungen und eine Beteiligung an der Kontrolle des Ruhrgebiets verlangte, forderten Amerikaner und Briten die Korrektur der Oder-Neiße-Grenze und eine föderative Ordnung Deutschlands. Noch während der Konferenz verkündete der amerikanische Präsident Harry Truman in einer Rede vor dem amerikanischen Kongress die Hilfe und Unterstützung aller „freien" Völker im Kampf gegen den Kommunismus.
Sowohl die **Truman-Doktrin** als auch das von dem amerikanischen Außenminister Marshall initiierte Hilfs- und Wiederaufbauprogramm (**Marshall-Plan**) dienten ausdrücklich der Eindämmung des Kommunismus und der sowjetischen Machtausbreitung ***(containment policy)***. Auf der am 12.7. in Paris zusammentretenden Konferenz der europäischen Länder lehnte der sowjetische Außenminister Molotow die Beteiligung der Sowjetunion an diesem im Juni 1947 verkündeten Hilfs- und Aufbauprogramm ab. Nachdem die osteuropäischen Länder unter Druck der Sowjetunion die amerikanische Wirtschaftshilfe ebenfalls abgelehnt hatten, beschränkte sich das Hilfs- und Wiederaufbauprogramm auf die Länder Westeuropas. Da die Durchführung

des Marshall-Plans in den drei Westzonen eine Normalisierung der Währungsverhältnisse erforderte, beschlossen die Westalliierten eine **Währungsreform**.

Zu einer ernsten Krise kam es, als die sowjetische Besatzungsmacht im Sommer 1948 auf die auch in den Westzonen und Westsektoren Berlins durchgeführte Währungsreform mit der Absperrung aller Zufahrtswege reagierte (**Berlin-Blockade**). Fast ein Jahr lang wurde die Berliner Bevölkerung über eine Luftbrücke von westalliierten Flugzeugen, sog. „Rosinenbombern", mit Kohle und Nahrungsmitteln versorgt. Die Auseinandersetzungen zwischen den USA und der Sowjetunion waren in die **Phase des Kalten Krieges** eingetreten.

Info Der Morgenthau-Plan

Der 1944 von dem US-amerikanischen Finanzminister Henry Morgenthau entwickelte Plan schlug vor, Deutschland nach einem verlorenen Krieg in einen „Norddeutschen Staat" und einen „Süddeutschen Staat" zu zerstückeln und eine komplette Deindustrialisierung durchzusetzen, die auf die **Umwandlung Deutschlands in ein Agrarland** abzielte (**Reduktion**). Mit Beginn des Kalten Krieges wurde der Morgenthau-Plan verworfen.

Die **westlichen Alliierten** arbeiteten nach der Errichtung der Bi- (und später Tri-) Zone zielgerichtet auf die Gründung eines westdeutschen Staates hin. Die ohne Teilnahme der Sowjetunion stattfindende **Sechs-Mächte-Konferenz in London** schloss im Juni 1948 mit der Empfehlung, den Ministerpräsidenten der westdeutschen Länder die Vollmacht zu geben, eine *verfassungsgebende Versammlung* einzuberufen. Auf dieser Grundlage übergaben die drei westlichen Militärgouverneure den Ministerpräsidenten der Westzone am 1.7.1948 die „Frankfurter Dokumente", die neben dem Staatsgründungsauftrag auch ein Besatzungsstatut ankündigten. Am 8.5.1949 wurde das **Grundgesetz** beschlossen, am 10.5. wurde die Stadt **Bonn** zum vorläufigen Regierungssitz der **Bundesrepublik Deutschland (BRD)** bestimmt und am 23.5. trat das Grundgesetz in Kraft.

Die **sowjetische Besatzungsmacht** reagierte auf die Empfehlungen der Sechs-Mächte-Konferenz mit dem Austritt aus dem Alliierten Kontrollrat. Auf einem Kongress der SED wurde 1948 die **Bildung eines Deutschen Volksrates** beschlossen, der den Entwurf einer gesamtdeutschen Verfassung erarbeiten sollte. Nachdem im Mai 1949 der Verfassungsentwurf bestätigt worden war, erfolgte am 7. Oktober 1949 die Proklamation der **Deutschen Demokratischen Republik (DDR)** durch den Deutschen Volksrat.
Noch am gleichen Tag veröffentlichte die Bundesregierung eine Erklärung, in der die „Sowjetzonenregierung" als unrechtmäßig bezeichnet wurde.

BRD und DDR: politische, wirtschaftliche und gesellschaftliche Entwicklungen in den 1950er-Jahren

Zentrale Daten und Begriffe

1949–1963: Ära Adenauer – Westintegration – Soziale Marktwirtschaft – „Restauration“ – 1949–1971: Ära Ulbricht – 17.6.1953: Volksaufstand in der DDR – 1955: Aufnahme der BRD in die NATO – Souveränität – 1955: Aufnahme der DDR in den Warschauer Pakt – 13.8.1961: Bau der Mauer – Außerparlamentarische Opposition – Notstandsgesetze – 1969–1982: Sozialliberale Koalition – 1972: Grundlagenvertrag – 1982–1998: Christlich-liberale Koalition – Neue Ostpolitik – 1971–1989: Ära Honecker – Innere Reformen – Ministerium für Staatssicherheit (Stasi) – Nischengesellschaft – real existierender Sozialismus – Wende

Die Bundesrepublik Deutschland (BRD): Westbindung und NATO

Nach der Verabschiedung des Grundgesetzes im Mai 1949 konnte die Bundesrepublik Deutschland mit dem Aufbau einer eigenständigen Politik beginnen. Am 12.9.1949 wählte die Bundesversammlung **Theodor Heuss** zum Bundespräsidenten, wenige Tage später erfolgte die Wahl des CDU-Vorsitzenden Konrad Adenauer zum ersten Bundeskanzler. Die – auch gegen den entschiedenen Widerstand der SPD betriebene – Westorientierung der Bundesregierung in der **Ära Adenauer** diente nicht nur der Abwehr sowjetischer Einflüsse auf Westdeutschland, sondern auch als ein Mittel, für die Bundesrepublik *Souveränität*, *Handlungsfähigkeit* und *militärische Sicherheit* zu erreichen. Die Beitritte zum Europarat 1951 und zur Montanunion 1952, das Wiedergutmachungsabkommen mit Israel 1952 und die Aufnahme in die Westeuropäische Union 1954 waren wichtige Schritte einer solchen Politik der **Westbindung**, die schließlich auch zur **Wiederbewaffnung** Deutschlands führte.
Durch die Aufnahme in das **Nordatlantische Verteidigungsbündnis (NATO)** erlosch 1955 das Besatzungsstatut und die Bundesrepublik erlangte **Souveränität**. Zugleich wurde die Bundesregierung von den Bündnispartnern als einzige berechtigte Vertretung des deutschen Volkes anerkannt. Der von der Adenauer-Regierung wiederholt geäußerte Alleinvertretungsanspruch wurde in Folge der **Hallstein-Doktrin**, die die Aufnahme diplomatischer Beziehungen zur DDR als unfreundlichen Akt gegen die Bundesrepublik bewertete, zum politischen Grundsatz erhoben.

Die Deutsche Demokratische Republik (DDR): Ostbindung und Warschauer Pakt

Während sich die Bundesrepublik schrittweise in die westlichen Bündnissysteme integrierte, führte die DDR-Regierung eine Politik der **Ostbindung**. Wichtige Schritte der Integration in den Ostblock waren die *Anerkennung der Oder-Neiße-Grenze* durch die DDR, der Eintritt in den Rat für gegenseitige Wirtschaftshilfe (COMECON) 1950 sowie der Beitritt zum **Warschauer Pakt** 1955.

Info Die Stalin-Note und die Deutsche Frage

Den militärischen Eingliederungen in die NATO und in den Warschauer Pakt, die schlussendlich die Fakten besiegelten, waren zu Beginn der 1950er-Jahre langwierige Verhandlungen über die sog. **Deutsche Frage**, also die Frage nach einer möglichen Vereinigung beider deutscher Staaten, vorausgegangen.
1952 schlug Stalin den Westmächten in vier Deutschland-Noten vor, die Einheit wiederherzustellen (**Stalin-Note**). Der Vorschlag wurde von den Zeitgenossen unterschiedlich bewertet: Bundeskanzler Adenauer (CDU) befürchtete, dass eine schrittweise kommunistische Unterwanderung drohe. Kurt Schumacher (SPD) vertrat den Standpunkt, dass man zumindest versuchen müsse, die Einheit Deutschlands wiederherzustellen.
Im Gegensatz zur SPD wollte Adenauer keine sofortige Wiedervereinigung. Sie war für ihn nur aus einer „Position der Stärke" heraus denkbar, die durch die politische, wirtschaftliche und militärische Einbindung der Bundesrepublik in die westliche Staatengemeinschaft (z.B. europäische Einigung und Mitgliedschaft in der NATO) ermöglicht werden sollte. Deren wirtschaftliche, aber auch militärische Überlegenheit sollte eine spätere Wiedervereinigung in Frieden und Freiheit ermöglichen.

1955 erfolgte die **Abriegelung der innerdeutschen Zonengrenze** durch das SED-Regime. Von nun an war **Berlin** die letzte Lücke im „Eisernen Vorhang", welche tausende Menschen nutzten, um von der DDR in die Bundesrepublik zu gelangen. Nachdem die 2. Parteikonferenz der SED im Juli 1952 den planmäßigen Aufbau des Sozialismus angekündigt hatte, verschlechterten sich die Lebens- und Arbeitsbedingungen in der DDR. Die von nun an massiv vorangetriebene Kollektivierung der Landwirtschaft, die Verstaatlichung weiterer Betriebe sowie die Ereignisse um den Volksaufstand am 17.6.1953 führten dazu, dass die Abwanderungsbewegung in die BRD 1953 ihren Höchststand erreichte.
Aus Protestaktionen und Kundgebungen der Arbeiterschaft gegen die Erhöhung der Arbeitsnormen hatte sich am **17. Juni 1953** ein **Aufstand gegen das SED-Regime** entwickelt, der nur durch das militärische Eingreifen sowjetischer Truppen niedergeschlagen werden konnte. Die daraufhin ansteigende Abwanderung führte in der DDR zu einem zunehmenden Arbeitskräftemangel. Da v.a. junge und gut ausgebildete Menschen das Land verließen, verschlechterte sich die Wirtschafts- und Versorgungslage rapide. Neben den wirtschaftlichen Schwierigkeiten führte die sich vor den Augen der Weltöffentlichkeit abspielende Abwanderung auch zu einem starken Ansehensverlust der DDR. Obwohl die DDR-Führung auf die massenhafte Abwanderung zunehmend restriktiv reagierte, riss der Flüchtlingsstrom nicht mehr ab.
Um die existenzgefährdende Abwanderung zu stoppen, forderte Walter Ulbricht im Oktober 1958 für die DDR die Hoheitsrechte über Gesamt-Berlin ein. Als der sowjetische Staatschef Nikita Chruschtschow die Westalliierten einen Monat später zum Abzug ihrer Truppen aufforderte, um Berlin in eine „freie Stadt" umzuwandeln (**Chruschtschow-Ultimatum**), kam es zehn Jahre nach der Blockade Berlins erneut zu einer **Berlin-Krise**.

Die Westalliierten reagierten auf die Abzugsforderung mit entschiedener Ablehnung. Auf einem Gipfeltreffen mit dem amerikanischen Präsidenten John F. Kennedy am 3. und 4.6.1961 wiederholte Chruschtschow seine Berlinpläne. Kennedy beantwortete seine Forderungen in einer Rundfunk- und Fernsehansprache am 25.7.1961 mit drei unantastbaren Grundsätzen *(„Three Essentials“)*: dem Anwesenheitsrecht westalliierter Truppen in West-Berlin, dem Freiheitsrecht der West-Berliner Bevölkerung und dem Zugangsrecht der drei Westmächte zu Berlin. Kurz darauf stimmten die Länder des Warschauer Paktes der Grenzabriegelung nach West-Berlin zu. Am 13.8. begannen sowjetische und DDR-Verbände mit der Errichtung einer Grenze zu den Westsektoren Berlins, die in den folgenden Wochen durch eine Mauer gesichert wurde.

Wirtschaft und Gesellschaft der 1950er- und 1960er-Jahre

Mit dem **Mauerbau** 1961 in Berlin konnte die Abwanderungsbewegung aus der DDR eingedämmt werden, sodass sich das Land in den nächsten Jahren wirtschaftlich erholte. Doch obwohl die Versorgung der Bevölkerung verbessert werden konnte, blieb der Lebensstandard hinter dem im Westen zurück. Während die nach sowjetischem Muster gelenkte Wirtschaft in der DDR die Konsummöglichkeiten der Bevölkerung einschränkte, erlebte die bundesdeutsche Wirtschaft seit den 1950er-Jahren einen rasanten Anstieg (**„Wirtschaftswunder“**) und die Menschen fielen in einen regelrechten „Konsumrausch“.

Debatte Das „Wirtschaftswunder“

Der bereits im zeitgenössischen Gebrauch verwendete Begriff „Wirtschaftswunder“ ist in mehrfacher Hinsicht umstritten. Schon der als „Vater des Wirtschaftswunders” bezeichnete Bundeswirtschaftsminister **Ludwig Erhard** lehnte den Begriff ab, weil er davon ablenkte, dass das rasante Wirtschaftswachstum in der Bundesrepublik Deutschland und damit verbunden der steigende materielle Wohlstand in den 1950er- und 1960er-Jahren nicht auf ein „Wunder“, sondern auf ein **Wirtschaftsprogramm** zurückzuführen war. Hinzu kommt, dass der wirtschaftliche Aufstieg seit den 1950er-Jahren kein Alleinstellungsmerkmal der Bundesrepublik, sondern in vielen Ländern Westeuropas anzutreffen war.

Die Kredite aus dem Marshall-Plan ermöglichten der Industrie im Westen große Investitionen, neue Produktionsanlagen sicherten die Qualität und Quantität der Waren und das Nachholbedürfnis der Bevölkerung sorgte für eine hohe Nachfrage. Die Bundesregierung investierte die staatlichen Einnahmen in den Aufbau eines Sozialstaats. Die gesetzlich geregelte Versorgung und Entschädigung von Menschen, die durch Krieg, Vertreibung oder Enteignung geschädigt worden waren oder ihr Vermögen verloren hatten, die Einführung von *Kindergeld*, *Arbeitszeitverkürzung*, eine *Rentenreform* und das Gesetz über Lohnfortzahlung im Krankheitsfall gewährleisteten nicht nur die Grundversorgung, sie sorgten auch für steigenden Wohlstand und gesellschaftspolitische Stabilität. Für diese Art der wirtschaftspolitischen Regulierung übernahm Wirtschaftsminister Ludwig Erhard den Begriff der **Sozialen Marktwirtschaft**.

Während sich infolge des „Wirtschaftswunders“ das Konsum- und Freizeitverhalten der bundesdeutschen Bevölkerung in den 1950er-Jahren entscheidend veränderte, blieben die traditionellen gesellschaftlichen Strukturen bestehen. Hatten in den Kriegs- und in den ersten Nachkriegsjahren hauptsächlich die Frauen für den Lebensunterhalt der Familien gesorgt, wurden sie nun von den heimkehrenden Männern häufig wieder in die traditionelle Hausfrauenrolle gedrängt. Die vorwiegend materialistische Ausrichtung der bundesdeutschen Bevölkerung, starre und einengende Rollenbilder, aber auch die fehlende gesellschaftliche Auseinandersetzung mit der nationalsozialistischen Vergangenheit sowie der Umstand, dass viele ehemalige Nationalsozialisten ihre Karrieren in der Bundesrepublik fortsetzen konnten, stießen bei der Nachkriegsgeneration auf zunehmenden Protest. Sie interpretierte die gesellschaftlichen Verhältnisse in der Bundesrepublik als **Restauration** derjenigen Verhältnisse, die zum Nationalsozialismus geführt hatten.

Neuausrichtung der Ost- und Deutschlandpolitik

Seit Anfang der 1960er-Jahre zeichnete sich in der Bundesrepublik ein gesellschaftlicher und politischer Wandel ab. 1962 sorgte ein Medienskandal für eine ernste Regierungskrise. Als die Bundesanwaltschaft wegen eines kritischen Berichts über ein NATO-Manöver die Redaktionsräume des Nachrichtenmagazins „Der Spiegel“ besetzte und mehrere Mitarbeiter verhaften ließ, traten die Minister der FDP aus der Regierung aus. Die Erneuerung der Koalition aus CDU/CSU und FDP kam erst zustande, nachdem Bundeskanzler Adenauer seinen baldigen Rücktritt zugesagt hatte. Nach der Wahl Ludwig Erhards zum Bundeskanzler im Herbst 1963 wurde die Innen-, Ost- und Deutschlandpolitik der Adenauer-Ära weitgehend fortgeführt. Zwar bedeutete die Errichtung von Handelsvertretungen in sozialistischen Ländern de facto eine Aufweichung der Hallstein-Doktrin, auch ermöglichten Verhandlungen über eine Passierscheinregelung seit 1963 wieder einen „inneren Berlinverkehr“, eine Umorientierung in der Deutschlandfrage lehnte Erhard jedoch ab.
Dafür aber wurde die Ost- und Deutschlandpolitik in den 1960er-Jahren zunehmend Gegenstand außerparlamentarischer Diskussionen. Nachdem die Evangelische Kirche in Deutschland (EKD) 1965 in einer Denkschrift empfohlen hatte, auf die ehemaligen deutschen Ostgebiete zu verzichten, mehrten sich Stimmen, die eine **Neuausrichtung der Ost- und Deutschlandpolitik** forderten.
Auch in anderen Bereichen wurden zunehmend Stimmen laut, die auf eine gesellschaftliche Veränderung drängten. 1964 löste der Pädagoge Georg Picht mit seiner These von einem zukünftigen Bildungsnotstand in der Bundesrepublik eine breite Debatte über eine **Reform des Bildungswesens** aus, aus der in den folgenden Jahren u. a. das *Bundesausbildungsförderungsgesetz (BAföG) für Schüler und Studenten*, die *Reformierung der Berufsausbildung* sowie zahlreiche *Hochschulgründungen* hervorgingen. Ebenso formierte sich seit den 1960er-Jahren eine neue **Frauenbewegung**, die als starke soziale Bewegung die Gleichberechtigung von Frauen einforderte und vorantrieb. Und schließlich schärften die von großem medialen Interesse begleiteten Prozesse gegen den Nazi-Funktionär Adolf Eichmann in Jerusalem im Jahr 1961 (**Eichmann-Prozess**) und gegen Mitglieder der Lagermannschaft des Vernichtungslagers

Auschwitz ab 1963 in Frankfurt am Main (**Auschwitz-Prozesse**) in der nachwachsenden Generation das Bewusstsein dafür, dass die nationalsozialistische Vergangenheit der Deutschen von den älteren Generationen weitgehend verdrängt worden war.
Die Bildung einer **Großen Koalition** unter Bundeskanzler Kurt Georg Kiesinger (CDU) 1966 führte zu einem starken Anwachsen der außerparlamentarischen Protestbewegung. Angesichts der schwachen parlamentarischen Opposition galt der außerparlamentarische Protest bei vielen Bürgern – v.a. Angehörigen des Bildungsbürgertums – als unverzichtbar, um die Regierung zu kontrollieren. Als **Außerparlamentarische Opposition (APO)** engagierten sie sich für folgende innen- und außenpolitische Themen:

- Demokratisierung der Universitäten und Erweiterung des Bildungsangebots,
- Aufarbeitung der nationalsozialistischen Vergangenheit,
- Protest gegen die Notstandsgesetzgebung,
- Protest gegen den Vietnamkrieg.

Der Sozialistische Deutsche Studentenbund (SDS), aber auch Schüler, Künstler und Intellektuelle bildeten den Kern der APO. Mit ihrer Formel „Unter den Talaren – Muff von tausend Jahren“ zielten sie nicht nur auf eine Demokratisierung der Hochschulen, sondern – in Anspielung auf das „Tausendjährige Reich“ und seine personellen Kontinuitäten (ehemalige Nazis waren weiterhin in vielen öffentlichen Funktionen beschäftigt) – auch auf die mangelnde Auseinandersetzung mit dem Nationalsozialismus. Vor diesem Hintergrund diente die von der Großen Koalition in Angriff genommene **Notstandsgesetzgebung** aus Sicht der protestierenden Studenten nicht der inneren und äußeren Sicherheit, sondern v.a. dem Aufbau autoritärer und totalitärer Strukturen.
Im April 1968 erreichten die Proteste ihren Höhepunkt. Nachdem der Vorsitzende des SDS, Rudi Dutschke, durch ein Attentat schwer verletzt worden war, kam es in vielen Teilen der Bundesrepublik zu Demonstrationen und teilweise blutigen Auseinander-

Info Die Notstandsgesetze

Am 30.5.1968 verabschiedete der Bundestag die Notstandsverfassung, die als 17. Gesetz zur Ergänzung des Grundgesetzes am 28.6.1968 in Kraft trat.
Bei den sog. Notstandsgesetzen handelt es sich um Vorsorgegesetze, die den Staatsorganen im Falle innerer oder äußerer Notlagen (Krieg, innere Unruhen, Naturkatastrophen) Abwehrmaßnahmen (Einschränkung des Brief-, Post- und Fernmeldegeheimnisses sowie Einsatz der Bundeswehr und des Bundesgrenzschutzes) zur Verfügung stellen und die Weisungsbefugnisse des Bundes gegenüber den Bundesländern in Ausnahmesituationen ausweiten. In vielen europäischen Ländern, z.B. Schweden, Norwegen und Frankreich, galten entsprechende Vorsorgegesetze als Selbstverständlichkeit.
Die bundesweiten Proteste gegen die Notstandsgesetze waren nicht zuletzt historisch begründet: Die auf der Grundlage der Weimarer Verfassung erlassene sog. Reichstagsbrandverordnung vom Februar 1933 hatte wesentliche Grundrechte außer Kraft gesetzt und eine wichtige Voraussetzung für die Etablierung der nationalsozialistischen Diktatur gebildet.

setzungen mit der Polizei. Die **Osterunruhen** im Frühjahr 1968 bildeten nicht nur den Höhepunkt der Auseinandersetzungen, sie markierten auch einen Wendepunkt. Die Verabschiedung der Notstandsgesetze im Mai 1968, die Niederschlagung des *Prager Frühlings* in der Tschechoslowakei und die Fortführung des *Vietnamkriegs* riefen innerhalb der APO Resignation hervor und beschleunigten ihren Zerfall.

BRD und DDR in den 1970er- und 1980er-Jahren

BRD: Neue Ostpolitik unter Willy Brandt

Ein großer Teil der außerparlamentarischen Opposition integrierte sich in die Politik der 1969 gebildeten **sozial-liberalen Koalition**. Am 28.10.1969 kündigte Bundeskanzler Willy Brandt in seiner Regierungserklärung ein umfangreiches Reformprogramm an, welches unter dem Motto „Mehr Demokratie wagen" auf den Abbau traditioneller Strukturen und den Aufbau demokratischer Mitbestimmungselemente setzte. 1970 erfolgte z. B. nach einer Grundgesetzänderung die Herabsetzung des aktiven Wahlalters von 21 auf 18 und des passiven Wahlalters von 25 auf 21 Jahre (auf Bundesebene). Darüber hinaus wurde das Demonstrationsrecht von der sozial-liberalen Koalition liberalisiert, sodass in der Folge Bürgerinitiativen als Form des politischen Engagements an Bedeutung gewannen (z. B. Frauenbewegung, Friedensbewegung, Dritte-Welt-Bewegung, Ökologiebewegung). Weitere Reformen betrafen das Strafrecht (Schwerpunkt auf Resozialisierung) und das Ehe- und Familienrecht (Gleichberechtigung der Ehepartner; Gleichstellung der Frauen). Das Recht auf sexuelle Selbstbestimmung wurde gestärkt, insbesondere durch die weitere Entkriminalisierung von Homosexualität und die breite Diskussion über das Abtreibungsrecht (Reform des § 218).
Neben der Stärkung der Arbeitnehmerrechte (Betriebsverfassungsgesetz, Mitbestimmungsgesetz) wurden umfangreiche Reformen im Bildungswesen angestoßen. Mit einer Ausweitung des Hochschulbaus und dem Bundesausbildungsförderungsgesetz (BAFöG) sollten die Bildungs- und Berufschancen für Kinder aus einkommensschwachen Familien verbessert werden (Erhöhung der Chancengleichheit und Durchlässigkeit im Bildungssystem).

Einen entscheidenden Schritt bildete seine Erklärung, gleichberechtigte Verhandlungen mit der DDR führen zu wollen. Hatte schon die Große Koalition eine Entschärfung der deutsch-deutschen Beziehungen angestrebt, so zielte die **Neue Ostpolitik** der **Ära Brandt** auf eine Verbesserung des Verhältnisses zu den Ostblockstaaten durch die Aufnahme kultureller und wirtschaftlicher Kontakte (Wandel durch Annäherung). Verfassungsrechtlich gab es in der Einleitung zum Grundgesetz (bis zur Wiedervereinigung 1990) ein **Wiedervereinigungsgebot**, wonach alle politischen Organe der BRD die Einheit Deutschlands mit allen Kräften anzustreben und alle Maßnahmen auf dieses Ziel auszurichten hatten.

Eine Konkretisierung fanden diese Zielvorstellungen in folgenden Verträgen:

- **Moskauer Vertrag** (1970): Die UdSSR und die BRD verpflichteten sich, keine Gebietsansprüche zu erheben, alle Grenzen anzuerkennen und alle Konflikte friedlich zu lösen (Gewaltverzicht). Bevor der Vertrag unterzeichnet wurde, übergab Egon Bahr dem sowjetischen Außenminister den „Brief zur deutschen Einheit", in dem festgestellt wird, „daß dieser Vertrag nicht im Widerspruch zu dem politischen Ziel der Bundesrepublik Deutschland steht, auf einen Zustand des Friedens in Europa hinzuwirken, in dem das deutsche Volk in freier Selbstbestimmung seine Einheit wiedererlangt". Es sollte deutlich gemacht werden, dass der Vertrag nicht im Widerspruch zum Wiedervereinigungsgebot stand.
- **Warschauer Vertrag** (1970): Die Bundesrepublik Deutschland und die Volksrepublik Polen verpflichteten sich dazu, keine Gebietsansprüche zu erheben, sie bekannten sich zur Unverletzlichkeit der Grenzen und zu Gewaltfreiheit. Angesichts der geografischen Verschiebungen nach 1945 war dies für Polen ein sehr wichtiger Vertrag, denn man fürchtete *Revisionismus* (das Streben nach Veränderung eines völkerrechtlichen Zustands).
- **Grundlagenvertrag** (1972): Der Vertrag regelte die „gutnachbarlichen" Beziehungen zwischen der Bundesrepublik und der DDR. Beide Staaten respektieren die Hoheitsgewalt des jeweils anderen auf dessen Gebiet und die Unverletzlichkeit der deutsch-deutschen Grenze. Infolge des Grundlagenvertrages wurden u. a. kurzfristige Besuchsreisen von Westdeutschen in grenznahe DDR-Orte, Rentnerreisen aus der DDR sowie Telefonkontakte möglich. Die neue Ostpolitik war in allen Fraktionen umstritten, besonders jedoch in der Opposition bei CDU/CSU.

Einen herben Dämpfer erhielt die Reformfreude der sozialliberalen Koalition während der ersten Ölkrise 1973/74 („Ölschock"), die zu einer Abschwächung des weltweiten Wirtschaftswachstums führte. Die bundesrepublikanische Volkswirtschaft wurde von einer „Stagflation" (stagnierendes Wirtschaftswachstum bei gleichzeitiger Zunahme der Inflation) gelähmt, woraus eine spürbare Verschlechterung der Lebensbedingungen vieler Bundesbürger v. a. durch Arbeitslosigkeit resultierte. Konjunkturprogramme und Unterstützungszahlungen im Rahmen einer nachfrageorientierten Wirtschaftspolitik ließen bei gleichzeitigen Steuerausfällen die Staatsverschuldung deutlich anwachsen, wobei die hohen Arbeitslosenzahlen trotz allmählicher konjunktureller Erholung bestehen blieben (Details hierzu: s. Musterlösung zur Originalprüfung 2020, S. 194 f). Der mit der Ölkrise einhergehenden Energiekrise (Abhängigkeit von fossilen Brennstoffen, zentral: Erdöl) versuchten die sozial-liberalen Regierungen unter Willy Brandt (SPD) und dessen Nachfolger Helmut Schmidt (SPD), neben flankierenden Maßnahmen zur Energieeinsparung wie dem Sonntagsfahrverbot, durch die friedliche Nutzung von Kernenergie zu begegnen, was allerdings in Teilen der Bevölkerung erheblichen Widerstand hervorrief (Anti-Atomkraft-Bewegung).

DDR: Schrittweise internationale Anerkennung

1971 kam es auch in der DDR zu einem Richtungswechsel durch innere Reformen. Nach dem Rücktritt Walter Ulbrichts vom Amt des Ersten Sekretärs des Zentralkomitees der SED und der Wahl **Erich Honeckers** zu seinem Nachfolger gelang es der DDR, sich als zweiter deutscher Staat international zu etablieren. Die schrittweise internationale Anerkennung und wirtschaftliche Erfolge in den 1970er-Jahren führten dazu, dass sich große Teile der Bevölkerung mit dem Staat identifizierten oder zumindest ein Zugehörigkeitsgefühl entwickelten. Ein hohes Maß an *sozialer Fürsorge*, zielgerichtete Maßnahmen zur *Gleichberechtigung der Frauen* und zur *Förderung der Jugend* bestärkten viele in dem Glauben, im „besseren“ Deutschland zu leben. Im Gegensatz zur BRD wurde die Berufstätigkeit der Frauen staatlich gefördert, denn die Frauenemanzipation gehörte ebenso zum SED-Programm wie die Förderung der Arbeiterkinder. Folgerichtig gab es sehr viele Einrichtungen zur Betreuung von Kindern. Nach dem Bau der Mauer und der Erklärung des sowjetischen Außenministers Gromyko, die Sowjetunion halte eine Wiedervereinigung nicht mehr für möglich, wurde die Zwei-Staaten-Lösung als dauerhaft angesehen und man fand sich mit den Verhältnissen ab. Am 11.4.1968 erhielt die **DDR eine neue Verfassung**, die zentrale demokratische Rechte garantierte (z. B. Glaubens-, Rede-, Presse- und Versammlungsfreiheit). Doch in der Realität wurde Opposition mithilfe des **Ministeriums für Staatssicherheit (Stasi)** und der **Volkspolizei** auch weiterhin unterdrückt. Da alle wichtigen Funktionen und Ämter des politischen und zivilen Lebens mit SED-Funktionären besetzt waren, war die Partei allgegenwärtig. Die ständige und planmäßige Ideologisierung, Einschüchterung und Überwachung der Bürger in Betrieben und Verwaltungen, in Gaststätten, Vereinen und Organisationen, in Betreuungseinrichtungen, Schulen und Universitäten führte dazu, dass sich viele in private Nischen zurückzogen (**Nischengesellschaft**).

Zwar schien der **SED-Staat** nach dem Wechsel von Ulbricht zu Honecker und infolge des Grundlagenvertrages zunächst weniger restriktiv, doch spätestens zu Beginn der 1980er-Jahre war die Unbeweglichkeit des Staates unübersehbar. Trotz hoher westlicher Kredite verschlechterte sich die wirtschaftliche Lage in den 1980er-Jahren rapide: Veraltete Technologien, Versorgungsmängel und Warteschlangen prägten den Alltag. Der Blick nach Westen zeigte deutlich, dass die soziale Marktwirtschaft dem **real existierenden Sozialismus (Planwirtschaft)** überlegen war. Die Differenz zwischen politischer Propaganda und Realität, der alltägliche Mangel an Waren und das Gefühl fehlender Freiheit und steter Gängelung wurden von großen Teilen der Bevölkerung als zunehmend bedrückend empfunden. Einen Ausweg sahen viele Bürger in dem Engagement in Friedens-, Umwelt- und kirchlichen Gruppen. Hier konnte sich lange vor der „Wende“ 1989 ein **oppositionelles Milieu** herausbilden, das die DDR auf friedlichem Wege umgestalten wollte.

BRD: Die Ära Kohl

In der BRD gewann die **Friedens- und Umweltbewegung** nach dem Rücktritt Willy Brandts 1974 wieder an Bedeutung. Nachdem sein Nachfolger, Bundeskanzler Helmut Schmidt (SPD), die Aufstellung nuklearer Mittelstreckenraketen in Westeuropa (**NATO-Doppelbeschluss**) angeregt und befürwortet hatte, bildeten sich zahlreiche Bürgerinitiativen, die sich gegen die Raketenstationierung engagierten. 1978 ging aus der ökologischen Protestbewegung die Partei „Die Grünen" hervor, der bei der Bundestagswahl 1983 erstmals der Einzug ins Parlament gelang.

Infolge eines konstruktiven Misstrauensvotums gegen Helmut Schmidt wurde Helmut Kohl (CDU) **1982** erstmals zum Bundeskanzler gewählt und nach der vorgezogenen Bundestagswahl 1983 als Kanzler einer christlich-liberalen Koalitionsregierung (CDU, CSU und FDP) bestätigt. Die Regierung formulierte es als ihr Ziel, eine „geistig-moralische" Wende und eine „Politik der Erneuerung" herbeizuführen, um das Regierungshandeln der vorhergehenden sozial-liberalen Koalition (SPD und FDP) in eine gesellschaftspolitisch konservativere und wirtschaftspolitisch liberalere Richtung zu lenken. Diese **Renaissance der konservativen Werte** und des **Wirtschaftsliberalismus** war keineswegs nur auf Deutschland beschränkt. In den USA betrieb Ronald Reagan als Präsident eine ebensolche Politik, die auf konservative Werte setzte und im Zeichen eines sogenannten „Neoliberalismus" die Freiheit des Einzelnen vor staatlicher Einmischung vertrat. In Großbritannien setzte sich Premierministerin Margret Thatcher für eine Rückkehr zu „viktorianischen" (Königin Viktoria lebte im 19. Jh. zu Zeiten der Industrialisierung, sie starb 1901), demnach ebenso konservativen Werten ein.

Außenpolitisch hielt die Bundesregierung am NATO-Doppelbeschluss (und den geplanten Raketenaufstellungen) von 1979 fest und entwickelte die europäische Integration weiter: 1983 wurde von den beteiligten Staaten die „Feierliche Deklaration zur Europäischen Union" verabschiedet, 1985 regelte das Abkommen von Schengen den Abbau von Grenzkontrollen an den europäischen Binnengrenzen. Kohl setzte auf eine enge Abstimmung mit Frankreich, die beiden starken Volkswirtschaften sollten gemeinsam als „Motor des Fortschritts" in Europa wirken, und trieb die Einführung des Euro maßgeblich mit voran.

Innenpolitisch war die Situation bei der Regierungsübernahme angespannt: Auf 1,8 Millionen Arbeitslose im Jahr 1982 und eine Staatsverschuldung in Höhe von nie dagewesenen 300 Milliarden DM reagierte die Regierung Kohl mit einem Wechsel von der (sozialdemokratischen) Nachfragepolitik, getragen von vorwiegend kreditfinanzierten, staatlichen Konjunkturprogrammen, zu einer **angebotsorientierten Wirtschaftspolitik**, welche die Konjunktur ankurbeln sollte, um eine Wende herbeizuführen. Man wollte fortan weitgehend auf staatliche Eingriffe verzichten und die Produktionsbedingungen für Unternehmen durch geringere Steuern, Subventionen und den Abbau von Vorschriften (Deregulierung) verbessern. Neben der **Konsolidierung des Haushalts** (Haushaltsbegleitgesetz 1983) mittels Steigerung der staatlichen Einnahmen (u. a. durch Anhebung der Mehrwertsteuer) leitete die Bundesregierung eine Sparpolitik ein, welche deutliche Einschnitte im sozialen Netz (u. a. durch Anhebung der Beiträge zur Arbeitslosen- und Rentenversicherung, Leistungsminderungen bei Wohn- und Kindergeld, weitgehenden Rückzug des Bundes aus dem sozialen Wohnungsbau) und den Abbau von Steuervergünstigungen vorsah. Ziel war es, das weitere Anwachsen der Staatsverschuldung zu verlangsamen. Trotzdem wurden in den Folgejahren neue Sozialleistungen wie z. B. das Erziehungsgeld (1986) und die Pflegeversicherung als neuer Zweig der Sozialversicherung eingeführt. Die strukturelle Arbeitslosigkeit konnte trotz anfänglicher Erfolge nicht verringert werden. Sie stieg nach der Wiedervereinigung 1990 weiter auf über 4,4 Millionen Arbeitslose im Jahr 1997 an.

Die Euphorie nach dem Regierungswechsel verflog schnell. In der Bundestagswahl 1987 wurde die Regierung-Kohl zwar im Amt bestätigt, aber die Wahlbeteiligung fiel auf den niedrigsten Wert seit 1949 und auch die CDU/CSU verzeichnete ihr schlechtestes Ergebnis seit 1949. Der Vertrauensverlust wurde durch unpopuläre sozialpolitische Maßnahmen und zwei Skandale (Flick-Skandal, Barschel-Affäre) innerhalb der ersten beiden Amtsperioden der Regierung verursacht.

Gegenstand des **Flick-Skandals** war in den 1980er Jahren die Aufdeckung verdeckter Parteispenden des Flick-Konzerns an die CDU/CSU. Man vermutete, dass im Gegenzug Steuererleichterungen in erheblicher Höhe sowie andere Vorteilsnahmen gewährt wurden. Im zur Aufklärung der illegalen Zahlungen gegründeten Untersuchungsausschuss sagte Helmut Kohl die Unwahrheit und behauptete (bis an sein Lebensende), sich an nichts erinnern zu können. Er entging nur knapp einem Strafverfahren.

1987 erschütterte die **Barschel-Affäre** die Bundesrepublik. Im Wahlkampf hatte der schleswig-holsteinische Ministerpräsident Uwe Barschel versucht, die öffentliche Meinung über seinen Herausforderer Björn Engholm negativ zu manipulieren (falsche Anschuldigung wegen Steuerhinterziehung; Unterstellung von Homosexualität, damals noch ein gesellschaftliches Tabuthema). Eine öffentliche, mit „Ehrenwort" bekräftigte Unschuldserklärung stellte sich als falsch heraus und Barschel musste als Ministerpräsident zurücktreten. Im Oktober 1987 wurde er tot in der Badewanne eines Genfer Hotels gefunden. Die Umstände seines Todes sind bis heute nicht geklärt.

In der **Deutschlandpolitik** wählte die Regierung Kohl – trotz der sich abzeichnenden Krise im Ostblock – keinen härteren Kurs gegenüber der DDR, um bereits unter den sozialdemokratischen Kanzlern Willy Brandt und Helmut Schmidt erreichte Zugeständnisse im innerdeutschen Verhältnis nicht zu gefährden. Die DDR sollte durch ökonomische Vorteile zu einem Entgegenkommen in humanitären Fragen und beim strengen Grenzregime bewegt werden:

- 1983/1984: Der bayerische Ministerpräsident Franz-Josef Strauß (CSU) vermittelte Kredite westdeutscher Banken in Milliardenhöhe an die DDR, um deren Zahlungsfähigkeit sicherzustellen. Als Gegenleistung sicherte die DDR eine liberalere Grenz- und Ausreisepolitik zu (u. a. Abbau von Minen an der deutsch-deutschen Grenze, mehr Westreisen, Verbesserungen in der Familienzusammenführung etc.). Strauß, ursprünglich ein Gegner der sozialliberalen Ostpolitik des „Wandels durch Annäherung", wollte einerseits eine instabile, den Frieden gefährdende DDR verhindern und erhoffte sich andererseits durch mehr innerdeutsche Kontakte zunehmend kritischere Fragen seitens der DDR-Bevölkerung bezüglich des

im Vergleich geringen Lebensstandards und der eingeschränkten persönlichen Freiheit (sog. „Magnettheorie").
- 1987: Empfang des DDR-Staats- und Parteichefs Erich Honecker auf Einladung Helmut Kohls mit den protokollarischen Ehren eines Staatsoberhaupts in Bonn. Für die DDR bedeutete dies, als gleichberechtigter, souveräner Staat auch von der Bundesrepublik anerkannt zu werden.

Viele erwarteten Ende der 1980er-Jahre das Ende der Regierung Kohl. Dass Helmut Kohl sich dann noch weitere zwei **Amtsperioden (bis 1998)** im Amt halten konnte, lag darin begründet, dass er entschlossen die deutsche Wiedervereinigung vorantrieb und infolgedessen auch eine zentrale Rolle im deutsch-deutschen Einigungsprozess innehatte. Rückblickend wird Helmut Kohl vorwiegend als überzeugter Europapolitiker und als der Kanzler der Einheit gesehen. 1998 wurde Kohl zum Ehrenbürger Europas ernannt. Der amerikanische Präsident Bill Clinton zeichnete ihn als ersten Deutschen mit der Freiheitsmedaille aus, der höchsten zivilen Auszeichnung der Vereinigten Staaten von Amerika.

1980 wurde in Karlsruhe eine **neue Partei** gegründet: **„Die Grünen"** (seit 1993 Bündnis 90/Die Grünen), deren Mitglieder sich aus der Anti-Atomkraft- und Umweltbewegung, den Neuen Sozialen Bewegungen und auch der Neuen Linken rekrutierten. Die Grünen zogen 1983 erstmals in den Bundestag ein. Dass die „grünen" Wurzeln insbesondere auch in der Friedensbewegung lagen, zeigte sich in der Ablehnung des NATO-Doppelbeschlusses und der Forderung nach einem Austritt der Bundesrepublik aus der NATO. Ein Alleinstellungsmerkmal der jungen Partei, die sich in ihrer Frühphase zur radikalen Basisdemokratie bekannte, waren ökologische und pazifistische Themen, sodass sie sich als vierte politische Kraft im deutschen Bundestag dauerhaft etablieren konnte, wo sie sich auch als parlamentarischer Arm der Bürgerbewegungen verstand. Aus innerparteilichen Richtungskonflikten zwischen den sogenannten „Realos" (Vertreter realpolitischer Positionen, linksliberal) und „Fundis" (öko-sozialistische Fundamentalisten) gingen Erstere immer wieder gestärkt hervor, sodass nach einer Phase der Professionalisierung Regierungsbeteiligungen auf Länderebene (1985 als Koalitionspartner der SPD in Hessen mit Joschka Fischer als erstem grünen Umweltminister) und auch auf Bundesebene (1998 bis 2005 als Partner einer rot-grünen Bundesregierung mit SPD-Kanzler Gerhard Schröder) folgten.

Der Weg zur Wiedervereinigung

Zentrale Daten und Begriffe

9.11.1989: Fall der Berliner Mauer – 1.7.1990: Wirtschafts-, Währungs- und Sozialunion – Montagsdemonstrationen – 12.9.1990: Abschluss der „friedlichen Revolution" – Runder Tisch – Zwei-plus-Vier-Gespräche – Treuhandanstalt – 20.9.1990: Verabschiedung des Einigungsvertrags – 3.10.1990: Beitritt der DDR zur Bundesrepublik Deutschland – 2.12.1990: erste gesamtdeutsche Wahl

In den 1980er-Jahren fand unter dem Einfluss des Wandels in der sowjetisch geprägten Welt auch in der DDR ein tiefgreifender Veränderungsprozess statt, der durch das Zusammenwirken folgender Faktoren beeinflusst wurde:

- In außenpolitischer Hinsicht waren der von Michail Gorbatschow eingeleitete Reformprozess in der Sowjetunion sowie der Wandel in Ungarn und Polen wesentliche Voraussetzungen für die Vorgänge in der DDR 1989/90. Zum einen bestärkten sie die Opposition in der DDR, zum anderen fehlte der DDR-Führung, die sich dem Reformprozess verweigerte und zunehmend isoliert war, eine militärische Rückendeckung durch die Sowjetunion.
- Starre Planvorgaben, Fehlinvestitionen und veraltete Maschinen führten zu einer katastrophalen Wirtschaftslage, die Versorgungsengpässe nach sich zog. Das marode Wirtschaftssystem konnte die Bedürfnisse der Bevölkerung nicht mehr erfüllen.
- Die Kommunalwahlen im Mai 1989 bildeten den Auftakt für einen anschwellenden Flüchtlingsstrom aus der DDR und einen massiven Anstieg an Ausreiseanträgen: Nachdem Reformbefürworter und Angehörige oppositioneller Gruppen ihr gesetzlich garantiertes Recht auf Wahlkontrolle eingefordert, Wahlfälschung nachwiesen und schließlich Strafanzeige erstattet hatten, folgten Festnahmen, die den Unmut der Bevölkerung verstärkten.
- Außenpolitischen Anlass zur Empörung gab die zustimmende Reaktion der DDR-Führung auf die brutale Niederwerfung des Studentenaufstands auf dem „Platz des Himmlischen Friedens" in Peking im Juni 1989.

Besonders die beiden letztgenannten Ereignisse führten zu einer starken **Mobilisierung der Bevölkerung**, die mit drei Entwicklungssträngen einherging:

- Nachdem Ungarn im Juni 1989 die Grenzen zu Österreich geöffnet hatte, entstand eine Lücke im „Eisernen Vorhang", die tausende DDR-Bürger nutzten, um über Ungarn und Österreich in die BRD zu gelangen. Andere versuchten, ihre Ausreise durch die Besetzung der rasch überfüllten bundesdeutschen Botschaften in Budapest, Warschau und Prag zu erzwingen. Am 30.9. eröffnete Außenminister Hans-Dietrich Genscher den Flüchtlingen der Prager Botschaft, dass sie ausreisen durften. Der anschwellende **Flüchtlingsstrom** verschlechterte die Versorgungslage in der DDR zusätzlich und führte zu einem massiven Ansehensverlust.
- Ein weiterer entscheidender Faktor war die **Formierung oppositioneller Gruppen,** z. B. das **Neue Forum** am 9./10.9.1989, **Demokratie Jetzt** am 12.9.1989 und **Demokratischer Aufbruch** am 14.9.1989, die aus den Reformprozessen in den östlichen Nachbarländern einen starken Antrieb gewannen. Die aus Friedens-, Umwelt- oder Menschenrechtsgruppen hervorgegangene Opposition, der sich reformbereite Mitglieder der Blockparteien und der SED anschlossen, stieß mit ihren Reformaufrufen auf große Resonanz und leistete einen wichtigen Beitrag zur Mobilisierung der Bevölkerung.
- Einerseits ermutigt durch den von Michail Gorbatschow eingeleiteten Reformprozess in der Sowjetunion (**Perestroika**), andererseits enttäuscht von dem Unwillen bzw. der Unfähigkeit der DDR-Führung, sich dessen Reformpolitik anzuschließen, begann die Opposition im Herbst 1989 mit verstärkten **Protesten gegen das SED-Regime**. Gefordert wurden *freie Wahlen*, *unbeschränkte Reisemöglichkeiten* und die *Aufgabe des Monopolanspruchs der SED*. Seit Anfang September fanden

im Anschluss an die wöchentlichen Friedensgebete in der Leipziger **Nikolaikirche** Demonstrationen statt, die von Woche zu Woche größer wurden. Nahmen am 2.10.1989 noch 20000 Menschen an der **Montagsdemonstration** teil, so waren es eine Woche später bereits 70000, am 16.10. 120000 und am 23.10. 300000 Menschen. Obwohl die Demonstranten am 9.10. mit dem Eingreifen der Sicherheitskräfte rechneten, verzichtete die DDR-Führung auf einen Einsatz, da eine militärische Rückendeckung durch die Sowjetunion ausblieb.

Nach den Massendemonstrationen am 9.10.1989 versuchte die SED-Führung, durch die Ablösung Erich Honeckers als Generalsekretär der SED und als Staatsratsvorsitzender die Entwicklungen aufzuhalten und eine Stabilisierung des SED-Regimes zu erreichen. Honeckers Nachfolger Egon Krenz kündigte einen **Richtungswechsel der SED** an (**„Wende“**) und stellte Reformschritte in Aussicht.

Doch auch die Zugeständnisse der Parteispitze konnten die Entwicklung nicht mehr aufhalten: Sowohl die Proteste als auch die Abwanderungsbewegung hielten unvermindert an. Am 9.11.1989 verkündete der SED-Politiker Günter Schabowski auf einer Pressekonferenz die Öffnung der Grenzen (Mauerfall) und löste damit einen Ansturm auf die Mauer in Berlin aus. Mit der ersten freien Volkskammerwahl am 18.3.1990 war die Umwandlung zu einem parlamentarisch-demokratischen Staat vollzogen.

Debatte „Wende“ oder „friedliche Revolution“?

Auf die Vorgänge in der DDR bezogen umfasst der Begriff „Wende“ die Zeit vom Frühjahr 1989 (Kommunalwahlen) bis zum Frühjahr 1990 (Volkskammerwahlen). Er bezeichnet jenen Prozess, in dem die DDR von einer Parteidiktatur zu einem parlamentarisch-demokratischen Staat umgewandelt wurde.

Der Begriff ist umstritten: Kritiker weisen darauf hin, dass die von Egon Krenz verwendete Bezeichnung „Wende“ den Eindruck erwecke, die Umwandlung der DDR sei von der SED-Führung ausgelöst worden, wohingegen die Bezeichnung „friedliche Revolution“ die aktive Beteiligung der Flüchtlinge, Oppositionellen und Demonstranten würdigt.

Der Prozess der deutsch-deutschen Vereinigung

Mit der **Öffnung der Grenzen** am 9.11.1989 war ein wichtiger Schritt zur deutsch-deutschen Vereinigung getan. Noch im November legte Bundeskanzler Helmut Kohl ein **Zehn-Punkte-Programm** vor, das über die stufenweise Annäherung und sofortige Hilfsmaßnahmen eine bundesstaatliche Ordnung für ganz Deutschland herbeiführen sollte.

Auch die Forderungen der Bevölkerung in der DDR wandelten sich nach dem Mauerfall: Aus den Rufen „Wir sind *das* Volk“ wurde der Ruf „Wir sind *ein* Volk“. Um die Versorgung der Bevölkerung zu sichern, mussten nach dem Zusammenbruch des SED-Regimes auf allen Ebenen neue Gremien gegründet werden. Das nach polnischem Vorbild als **„Runder Tisch“** bezeichnete Zentralgremium tagte vom 1.12.1989 bis zum 13.3.1990. Seine Hauptpunkte waren: Vorbereitung der Wahl, Auflösung des Staatssicherheitsdienstes (Stasi) und die Ausarbeitung eines Verfassungsentwurfes für die Übergangsphase bis zum Vollzug der Einheit. Sowohl der Wahlkampf als auch das Ergebnis der Volkskammerwahlen am 18.3.1990 zeigten deutlich, dass die Mehrheit der Bevölkerung eine zügige Vereinigung wollte.

Außenpolitisch war eine Zusammenführung beider deutscher Staaten jedoch ohne die **Zustimmung der Siegermächte** nicht erreichbar. Da die nach wie vor gültigen alliierten Vorbehaltsrechte eine Beteiligung Englands, Frankreichs, der USA und der UdSSR an den Einigungsverhandlungen verlangten, wurden ab Mai 1990 im Rahmen der **Zwei-plus-Vier-Gespräche** zwischen den beiden deutschen Staaten und den vier Siegermächten die außenpolitischen Bedingungen geklärt. Dazu zählten

- die offizielle Anerkennung der polnischen Westgrenze (Oder-Neiße-Linie),
- die Stärke der Bundeswehr,
- die Garantie, auf das Führen von Angriffskriegen zu verzichten,
- die Bündniszugehörigkeit zur NATO und
- der Abzug alliierter Streitkräfte.

Mit dem Abschluss des Zwei-plus-Vier-Vertrags im September 1990 gaben die Siegermächte ihre offizielle Zustimmung und Deutschland die **volle innere und äußere Souveränität** zurück.

Im *innerdeutschen Verhältnis* war der **Staatsvertrag zur Wirtschafts-, Währungs- und Sozialunion** zwischen der BRD und der DDR, der am 1.7.1990 in Kraft trat, ein entscheidender Meilenstein auf dem Weg zur Einheit. Nach langen Diskussionen über die Frage, ob die DDR der BRD nach Artikel 23 des Grundgesetzes *beitreten* solle oder ob es sich um einen *Zusammenschluss* nach Artikel 146 handele, war klar, dass die DDR sich in die bestehende Ordnung der BRD einfügen solle. Mit der **Währungsunion** durch die Einführung der DM in der DDR war eine wesentliche Voraussetzung geschaffen, um das Wirtschaftssystem der DDR in eine *soziale Marktwirtschaft* umzuwandeln. Die Bundesrepublik übernahm die Verantwortung für das Wirtschafts-, Sozial-, Renten- und Beschäftigungswesen – alle Entscheidungen der Volkskammer waren von nun an von der westdeutschen Zustimmung abhängig. Die **Treuhandanstalt**, noch eingerichtet durch die Volkskammer, übernahm die Aufgabe, die ostdeutsche Wirtschaft zu privatisieren.

Die Bestimmungen der **Wirtschaftsunion** bezogen sich auf die *Angleichung der Löhne und Gehälter*, auf die *Anerkennung von Ausbildungsgängen*, auf den *Ausbau der Infrastruktur*, auf die *Angleichung des Steuer- und Bankensystems* sowie die *Rückgabe des seit 1949 enteigneten Privateigentums*. Neben der Währungs- und Wirtschaftsunion war die **Sozialunion**, die eine *Angleichung der Rentensysteme* vorsah, ein weiterer zentraler Baustein der Zusammenführung, sodass am 20.9.1990 der Einigungsvertrag verabschiedet werden konnte.

Am 20.9.1990 wurde der Einigungsvertrag durch Bundestag und Volkskammer ratifiziert, am **3.10.1990** erfolgte dann der **Beitritt der DDR zur BRD**. Nachdem am 14.10.1990 in den fünf neuen Bundesländern, die die Volkskammer wiederhergestellt hatte (sie waren 1952 aufgelöst worden), die Landtage gewählt worden waren, konnte mit der ersten gesamtdeutschen Bundestagswahl am 2.12.1990 der Einigungsprozess auch juristisch abgeschlossen werden.

Konfrontation und Kooperation in der internationalen Politik

Die bipolare Welt nach 1945 – der Kalte Krieg

Zentrale Daten und Begriffe

1947: Truman-Doktrin – Kominform – Stellvertreterkriege – Rüstungskontrollverträge – 1970-1972: Ostverträge – Wettrüsten – *Solidarność* in Polen – 1985: Gorbatschow – *Perestroika* und *Glasnost* – 1991: Ende der UdSSR – Abrüstung – Neue Weltordnung – Unilateralismus

Die Entstehung des Ost-West-Konflikts

Die Ursachen des Ost-West-Konflikts wurzeln in gegensätzlichen ideologischen Positionen, die im 19. Jahrhundert entstanden. Spätestens seit 1917, mit der russischen Revolution und der Gründung des ersten kommunistischen Staates, verschärften sich die Gegensätze zwischen den demokratisch gesinnten, vorwiegend marktliberalen Kräften USA und Großbritannien auf der einen und der sozialistischen Sowjetunion auf der anderen Seite. Nachdem das nationalsozialistische Deutschland den Krieg in die ganze Welt getragen hatte, bildeten diese Mächte trotz auseinanderstrebender Interessen eine Allianz, um NS-Deutschland und das mit ihm verbündete Japan zu besiegen und vollständig zu entwaffnen. Historiker bezeichnen diesen gemeinsamen Kampf der **Anti-Hitler-Koalition** (USA, Sowjetunion, Großbritannien) auch als „unnatürliche Allianz", ein Zweckbündnis mit großen ideologischen Unterschieden, für das beide Seiten Kompromisse eingingen:

So akzeptierte der Westen 1943 auf der **Konferenz von Teheran** die sowjetischen Annexionen in den baltischen Staaten und Ostpolen **(Hitler-Stalin-Pakt)**. Außerdem schloss sich Stalin im Jahre 1943 den Prinzipien der **Atlantikcharta** (1941) an und akzeptierte die sog. *vier Freiheiten* (Selbstbestimmungsrecht der Völker, Garantie der Unabhängigkeit, wirtschaftliche Gleichberechtigung, Verzicht auf Gebietserweiterungen), die dann später bei den Vertreibungen der Ostpolen und der deutschen Schlesier nicht mehr zählten.

Auf der **Konferenz von Jalta** (auch: Krim-Konferenz, Februar 1945) beschlossen die Siegermächte (Churchill, Roosevelt und Stalin) darüber hinaus die Einrichtung von Besatzungszonen und die Gründung der Vereinten Nationen (UNO). Obwohl Stalin der „Erklärung über das befreite Europa" zustimmte, gelang es den Westmächten nicht, das Selbstbestimmungsrecht der osteuropäischen Staaten zu garantieren, da die Sowjetunion einen „Sicherheitspuffer" zur westlichen Welt haben wollte.

Info **One world – open door**

Der US-Präsident Franklin D. Roosevelt verfolgte seit Kriegsbeginn verstärkt das Konzept einer liberalen Weltordnung *(one world)* mit garantiertem Selbstbestimmungsrecht der Völker und freiem Welthandel *(open door)*. Nie wieder sollte es einen Krieg geben, dafür sollte auch eine Weltorganisation, die UNO, sorgen. Um diese Ziele zu erreichen, machte Roosevelt Stalin in Jalta Zugeständnisse, die Europa und Asien betrafen (Gleichberechtigung, Expansion auf die Grenze von 1940, Sonderrechte in der UNO, Beteiligung an der Besetzung Japans).
Das Konzept der *One World* wurde von der UdSSR als imperialistische Machtpolitik abgelehnt. Umgekehrt wurde die sowjetische Sicherheitspolitik in Europa von den USA als kommunistische Expansionspolitik gedeutet. Aus der Unvereinbarkeit dieser Auffassungen entwickelte sich der **Ost-West-Gegensatz**, der schließlich in den Kalten Krieg führte.
Damit sich Finanzkrisen wie der Schwarze Freitag (1929) nicht wiederholten, entstand unter der Federführung der USA 1944 eine neue Handels- und Währungsordnung (**Konferenz von Bretton Woods:** Dollar als Leitwährung, Stabilisierung der Wechselkurse). Auch diese lehnte Stalin ab.

Mit der Potsdamer Konferenz (Juli/August 1945) war das beide Seiten verbindende Element weggebrochen: Seit der Kapitulation und dem Tod Hitlers gab es keinen gemeinsamen Feind mehr. Der Bruch der Siegermächte war endgültig vollzogen, als die Potsdamer Konferenz ohne ein verbindliches völkerrechtliches Abkommen beendet wurde.

Der Prozess der Blockbildung

Mit vergleichsweise geringen Verlusten an Menschenleben gingen die USA als überragender Sieger aus dem Zweiten Weltkrieg hervor: Zum einen hatten sie das **Atomwaffen-Monopol** (Atomwaffen kamen gegen Japan zum Einsatz), zum anderen waren sie wirtschaftlich stark gewachsen. Die durch den Krieg wirtschaftlich geschwächte Sowjet-union hingegen hatte mehr als 20 Millionen Tote zu beklagen, konnte aber aufgrund ihrer Gebietserweiterungen zur Weltmacht neben den USA aufsteigen. Wegen der hohen Verluste und der Erfahrungen im *Großen Vaterländischen Krieg* (so wird der Zweite Weltkrieg in der UdSSR genannt) hatte die UdSSR ein hohes Sicherheitsbedürfnis, das sie dazu veranlasste, in Osteuropa einen Sicherheitsgürtel ***(cordon sanitaire)*** einzurichten. Das bedeutete letztlich die Errichtung sog. **Volksdemokratien** in den osteuropäischen Staaten, die sowjetisiert und zu Satellitenstaaten der Sowjetunion degradiert wurden.

Info Volksdemokratie

In einer Volksdemokratie gibt es neben der kommunistischen Partei offiziell weitere Parteien, die sich ihr jedoch unterordnen müssen. Gegenüber westlichen Demokratien stellen Volksdemokratien eine im Sinne des Sozialismus höher entwickelte Staatsform dar, sind aber noch nicht mit der Sowjetunion gleichzusetzen. De facto gab es in diesen Staaten eine Einheitspartei. Die Regierungen waren von Moskau eingesetzt und abhängig.

Inwieweit der Besitz von Atomwaffen auf Seiten der USA zur Verschärfung des Ost-West-Konflikts beitrug, ist in der Forschung umstritten: Stalin zeigte sich von dem Einsatz der Atombombe gegen Japan eher unbeeindruckt (und trieb die Entwicklung eigener Atomwaffen voran), verfügte er doch über das größte konventionelle Heer der Welt. Dennoch nutzte der Westen (Briten und Amerikaner) das Atomwaffen-Monopol, um seine Macht gegenüber Stalin zu demonstrieren. Man verweigerte in der Atomfrage die Zusammenarbeit mit Stalin. Sicherlich führte dies zu weiteren Spannungen zwischen Ost und West.
Die Amerikaner und Briten beobachteten die Errichtung von Volksdemokratien im Osten Europas sehr kritisch, denn v. a. die Amerikaner sahen hierdurch das Prinzip der *Open Door Policy* und somit den freien Zugang zu den Märkten bedroht. Obwohl beide Staaten bereit waren, die sowjetische Vorherrschaft in Osteuropa zu dulden, konnten sie mit der Herabstufung der osteuropäischen Staaten zu sowjetischen Satellitenstaaten nicht einverstanden sein. In diesem Zusammenhang prägte der britische Premier Winston Churchill 1946 den bekannt gewordenen Begriff des **Eisernen Vorhangs**, der durch Europa gehe und es teile.
Der amerikanische Botschaftsrat in Moskau, George Frost Kennan, formulierte 1946 die Konsequenzen aus der aggressiven Expansionspolitik Stalins: Um die Ausbreitung des Kommunismus zu verhindern, sollten die USA die vom Kommunismus bedrohten Staaten finanziell und wirtschaftlich unterstützen. Diese Idee bildete die Grundlage der sog. **Byrnes-Rede**: James F. Byrnes, der amerikanische Außenminister, erklärte 1946 in Stuttgart, die USA nähmen lieber eine Teilung Deutschlands in Kauf, als dass Deutschland unter sowjetischen Vorzeichen vereinigt würde.

Die **Politik des *Containment*** (der Eindämmung des Kommunismus) wurde durch den amerikanischen Präsidenten Harry S. Truman (**Truman-Doktrin** vom 12.3.1947) zum Grundprinzip der amerikanischen Außenpolitik erklärt. Als die UdSSR sich weigerte, ihre Truppen aus der Türkei abzuziehen und ihre Unterstützung für die kommunistischen Guerillas im griechischen Bürgerkrieg aufzugeben, gewährte Truman Griechenland und der Türkei Wirtschafts-und Militärhilfe in Höhe von 400 Millionen Dollar. Die Sprengkraft seiner Doktrin zeigte sich jedoch darin, dass er allen vom Kommunismus bedrohten Staaten die Unterstützung der USA zusagte. Diese Doktrin beendete die Kooperation mit der Sowjetunion endgültig, der ideologische Gegensatz war unüberbrückbar. Sie führte jedoch zur Gründung des **Nordatlantikpakts (NATO).**

Die Containment-Politik wurde nach und nach durch die **Politik des *Rollback*** (eine Politik des Zurückdrängens, Befreiungspolitik) abgelöst (Auslöser war u. a. der Korea-Krieg 1950), weil die Eindämmungspolitik als nicht erfolgreich angesehen wurde. Der *Rollback* ist mit dem Namen des republikanischen Politikers John Foster Dulles verbunden. Innerhalb kommunistischer Staaten sollten Regimegegner unterstützt und der Sturz kommunistischer Regierungen gefördert werden, um die sowjetische Macht überall in der Welt zurückzudrängen.
Der US-amerikanische Marshall-Plan zum Wiederaufbau Europas und die Truman-Doktrin wurden von sowjetischer Seite als Versuch der USA interpretiert, andere Staaten in ihre Abhängigkeit zu bringen. Deshalb reagierte die UdSSR 1947 im Osten mit der Gründung des Kominform, 1949 folgte der **Rat für gegenseitige Wirtschaftshilfe (RGW)**.

Info Kominform und RGW/Comecon

Das **Kominform** (Kommunistisches Informationsbüro) entstand aus dem Zusammenschluss aller kommunistischen Parteien und war zur Durchsetzung der Interessen Stalins in den angeschlossenen Parteien gedacht. Nach der Entstalinisierung (1956) wurde es aufgelöst.
Die **RGW** (westl. Bezeichnung: Comecon) gilt als sozialistisches Gegenstück zur OEEC (Organisation für europäische wirtschaftliche Zusammenarbeit, ab 1961 OECD). Durch eine engere Verzahnung der Wirtschaft der sozialistischen Staaten mit der UdSSR sollten Synergieeffekte erzielt werden, wirtschaftlich stärkere Länder sollten den schwächeren Wirtschaftshilfe leisten und sich solidarisch zeigen.

Der Vorsitzende des Kominform, Andrej Schdanow, stellte bei dessen Gründung die **Theorie der zwei Lager** auf. Demnach sei die Welt in zwei Lager geteilt: das aggressiv imperialistisch-demokratische Lager der USA, das den Sozialismus mit der Unterstützung faschistischer Systeme zugrunde richten wolle, und das friedliebende, antiimperialistisch-demokratische Lager der UdSSR, das den Imperialismus bekämpfe. Mit Schdanows Rede vom September 1947 hatte der Kalte Krieg offiziell begonnen.

Debatte Der Begriff „Kalter Krieg"

„Kalter Krieg" ist ein in der Forschung umstrittener Begriff:
Viele Historiker halten das Wort „Krieg" für unangemessen, da das atomare Patt letztlich zur Sicherung des Weltfriedens beigetragen habe, denn es kam nie zur direkten Konfrontation der Supermächte.
Allerdings fanden viele sog. **Stellvertreterkriege** statt, die Millionen Menschen das Leben kosteten. Dies waren durchaus „heiße Kriege" mit furchtbaren Folgen, z. B. der Korea- oder der Vietnamkrieg.

Verschärfung durch Krisen

Zwei Krisen trugen entscheidend zur Blockbildung bei:
- die erste Berlin-Krise (1948–1949),
- der Korea-Krieg (1950–1953).

Korea war seit 1945 geteilt, auch dies eine Folge des Zweiten Weltkriegs. 1948 wurde in Nordkorea eine prosowjetische Regierung, im Süden eine prowestliche Regierung eingerichtet. 1950 überfiel Nordkorea Südkorea – die UdSSR war an der Vorbereitung des Überfalls beteiligt und lieferte Waffen –, woraufhin der Westen sofort mit dem Einsatz von US-Truppen mit UNO-Mandat reagierte. Zunächst überrannten nordkoreanische Truppen den Süden, dann konnten diese mithilfe einer amerikanischen Invasion über den 38. Breitengrad (Trennlinie beider Staaten) zurückgeworfen werden, die nordkoreanische Hauptstadt Pjöngjang wurde eingenommen. Nach einem groß angelegten, erfolgreichen Gegenangriff mit Unterstützung durch chinesische Truppen zogen sich die Amerikaner wieder bis zum 38. Breitengrad zurück. Nun folgte ein mehrere Jahre dauernder Stellungskrieg. Am 27. Juli 1953 wurde das Waffenstillstandsabkommen unterschrieben, das heute noch gilt.
Der **Korea-Krieg** steht in unmittelbarem Zusammenhang mit der Änderung der US-Politik. Diese setzte immer stärker auf das Konzept des *Rollback*, da der Nationale Sicherheitsrat der USA einen Krieg zwischen den Supermächten und deren Verbündeten befürchtete. Auch die Wiederbewaffnung der BRD muss vor dem Hintergrund des Korea-Krieges betrachtet werden.

Nach der Berlin-Krise gründete der Westen im April 1949 die **NATO (North Atlantic Treaty Organization)**, ein Militär- und Verteidigungsbündnis. Zentral ist Artikel 5 des Vertrages. Darin heißt es, „dass ein bewaffneter Angriff gegen eine oder mehrere von ihnen [gemeint sind die Mitgliedsstaaten] in Europa oder Nordamerika als ein Angriff gegen sie alle angesehen wird." Das östliche Gegenstück zur NATO, der **Warschauer Pakt** („Vertrag über Freundschaft, Zusammenarbeit und gegenseitigen Beistand"), wurde 1955 als Reaktion auf die Aufnahme der BRD in die NATO gegründet.

Parallel zur Blockbildung schlossen sich Staaten aus Afrika, Lateinamerika und Asien zu den sog. **blockfreien Staaten** zusammen, deren Ziele u. a. das Selbstbestimmungsrecht der Völker, die Achtung der Menschenrechte, die Nichteinmischung in innere Angelegenheiten eines Staates sowie die atomare Abrüstung waren. Gegründet wurde der Zusammenschluss der Blockfreien 1955 in Indonesien. Obwohl die Bewegung im Kalten Krieg eine eher schwache Position hatte, wurde sie doch sehr stark von Jugoslawien (Staatschef: Tito), Indien (Staatschef: Nehru) und Ägypten (Staatschef: Nasser) geprägt. Der größte Erfolg der Bewegung lag darin, dass sie den Blick für die Probleme der sog. „Dritten Welt" (Entwicklungsländer) schärfen konnte.

Debatte Ursachen für die Entstehung des Kalten Krieges

Wenngleich die Ursachen des Kalten Krieges in der Geschichtsforschung umstritten sind, lassen sich doch drei Hauptströmungen ausmachen:

1. Die **Position der „Realisten"** beruht auf den Vorstellungen George Frost Kennans, demzufolge die UdSSR eine aggressive Politik gegenüber dem Westen geführt habe, um gemäß der Ideologie des Marxismus-Leninismus eine „Weltrevolution" durchzusetzen (s. S. 40, 43). Folglich habe die UdSSR die Eskalation verschuldet, auf die der Westen lediglich reagiere, um sich zu schützen (z. B. durch Truman-Doktrin, Marshall-Plan und die Gründung der BRD).
2. Die **Position der „Revisionisten"** (Ende der 1960er-Jahre einsetzend) sieht hauptsächlich die USA in der Verantwortung für die Eskalation: Durch deren ständige Suche nach neuen Absatz- und Rohstoffmärkten habe sich die Sowjetunion bedroht gefühlt. Somit habe der Kalte Krieg politische und wirtschaftliche Ursachen. Stalins Bedürfnis nach Sicherheit hätten die USA nicht Rechnung getragen.
3. Dem Historiker Wilfried Loth folgend sind beide Seiten für die Entwicklung verantwortlich: Es sei auf beiden Seiten zu ideologisch bedingten Fehlinterpretationen gekommen. Diese Theorie bezeichnet man als **Postrevisionismus** (seit den 1990er-Jahren).

Nach Öffnung der Archive in Osteuropa findet die dritte Position gute Argumente. Ein differenzierterer Blick lässt auch die Ursachen differenzierter erkennen.

In der ersten Hälfte der 1950er-Jahre kam es zu **vier Aufständen in den Staaten des Ostblocks**:

- Juni 1953: Aufstände in der Tschechoslowakei und der DDR,
- Juni und Oktober/November 1956: Aufstände in Polen und Ungarn.

Alle vier Unruhen gingen auf das Bestreben zurück, mehr nationale Unabhängigkeit von der UdSSR zu fordern. Die Aufstände folgten einem ähnlichen Muster: Zunächst begannen sie mit einem **Protest der Arbeiterschaft**, um auf wirtschaftlich schwierige Bedingungen/Probleme hinzuweisen. Daraus entwickelten sich Streiks, die in großen Demonstrationen endeten, bei denen politische Forderungen aufgestellt wurden. Die Sowjetunion schlug alle Aufstände blutig nieder.

Durch den Tod Stalins im Jahr 1953 und die damit einsetzende „Entstalinisierung" hatten sich die Aufständischen ermutigt gefühlt. 1956 rechnete der Nachfolger Stalins, Nikita Chruschtschow, auf dem XX. Parteitag der KPdSU mit Stalin ab und beflügelte damit die Aufstände in Polen und Ungarn. Obwohl der Westen die Aufständischen mit Flugblättern unterstützte, vermied er doch eine direkte Konfrontation und griff nicht in die Aufstände ein. Der Status quo in Europa wurde also respektiert, anders als z. B. in Korea.

In den Jahren 1958–1961 kam es erneut zu einer Krise in Berlin, der **Zweiten Berlin-Krise**, die mit dem **Mauerbau** am 13.8.1961 ihren Höhepunkt erreichte. An der Berlin-Krise lässt sich deutlich zeigen, wie das sog. *Gleichgewicht des Schreckens* funktionierte: Seit 1949 besaß auch die UdSSR Atomwaffen. Mit dem Start der Langstreckenrakete Sputnik *(Sputnik-Schock)* ins All befand sich die UdSSR 1957 im Rüstungswettlauf erstmals auf Augenhöhe mit den USA. Die Folge war ein **atomares Patt**. Weil keiner der beiden Staaten einen Krieg riskieren wollte, waren die Westmächte, allen voran die USA, darum bemüht, den Status quo in Berlin zu erhalten bzw. keine Änderung des Status quo zuzulassen.
Allerdings setzte sich die **Politik des Status quo** erst nach der **Kuba-Krise**, dem Höhepunkt des Kalten Krieges, ab 1962 vollständig durch. Die Kuba-Krise stellte einen ersten Wendepunkt im Kalten Krieg dar: Um Konflikte entschärfen zu können, wurde der sog. „heiße Draht“ zwischen Washington und Moskau eingerichtet.

Info Die Kuba-Krise

Kuba gehörte seit jeher zum Interessenbereich der USA, es unterlag der sog. **Monroe-Doktrin** (1823), der zufolge der gesamte amerikanische Kontinent als US-amerikanisches Einflussgebiet gesehen wurde, für das Interventionen anderer Mächte nicht akzeptiert werden durften.
Nach der Revolution suchte Fidel Castro die Unterstützung der Sowjetunion, um seine Position abzusichern. Die Zusammenarbeit Castros mit der UdSSR interpretierten die USA als Bedrohung, darum veranlassten sie die Invasion von 1400 Exilkubanern in der Schweinebucht, um einen Umsturz auf Kuba herbeizuführen, was jedoch fehlschlug.
Im **Oktober 1962** verschärfte sich die Krise: Nikita Chruschtschow, der sowjetische Regierungschef, hatte unter strengster Geheimhaltung im September 1962 atomare Mittelstreckenraketen auf Kuba stationieren lassen, die eine Reichweite von 2000 Meilen hatten und somit die Westküste der USA erreichen konnten. Vorausgegangen war die Stationierung von US-Raketen in der Türkei mit ähnlicher Reichweite, die wiederum die Sowjetunion bedrohten. Nach einem Ultimatum des US-amerikanischen Präsidenten John F. Kennedy am 22. Oktober, das den Rücktransport der Atomwaffen in die UdSSR forderte, erreichte die Krise fünf Tage später (27./28.10.) ihren Höhepunkt und brachte die Welt an den Rand eines Atomkrieges.
Erst durch einen Briefwechsel zwischen Chruschtschow und Kennedy wurde die Krise entschärft. Der Kompromiss sah folgendermaßen aus: Die UdSSR zogen ihre Atomwaffen am 28.10.1962 aus Kuba ab, die USA versprachen, ihre Atomraketen aus der Türkei abzuziehen. Castro blieb an der Macht.

Zu einer weiteren Krise kam es 1968 in der **Tschechoslowakei**: Schon zu Beginn der 1960er-Jahre zeichnete sich dort eine Reformbewegung ab, die sich für einen menschlicheren Sozialismus einsetzte. Als man 1968 den Reformer Alexander Dubček zum ersten Sekretär der KP wählte, leitete dieser einen Reformversuch ein, um eine sozialis-

tische Marktwirtschaft einzuführen. Im März 1968 wurde die Pressezensur aufgehoben. Die sozialistischen Bruderstaaten zeigten sich skeptisch und warnten die Prager Regierung vor einem Alleingang. Nach nur wenigen Monaten intervenierten die Staaten des Warschauer Paktes in der Tschechoslowakei und beendeten die Reformpolitik Dubčeks. Die Regierung musste zurücktreten, der **Prager Frühling** war gescheitert: Die Zahl der Opfer wird auf ca. 500 geschätzt.
Der Generalsekretär der sowjetischen KP, Leonid Breschnew, verkündete kurze Zeit später die nach ihm benannte **Breschnew-Doktrin**, der zufolge sozialistische Staaten nur eine begrenzte Souveränität besitzen. Das hieß letztlich, dass sie nicht das Recht hatten, sich aus der Gemeinschaft der sozialistischen Staaten zu lösen.

Stellvertreterkriege

Nach der Kuba-Krise verlagerte sich der Kalte Krieg in die sog. Dritte Welt. In sog. Stellvertreterkriegen standen sich die Supermächte indirekt als Bündnispartner der Krieg führenden Parteien gegenüber, allerdings konnte eine Supermacht auch direkt beteiligt sein. Stellvertreterkriege wurden geführt, um die eigene Machtposition zu behaupten, was u. a. durch Waffenlieferungen geschah. Sie wurden als Teil des weltweiten Konflikts der Systeme betrachtet.

> **Tipp** zum Punktesammeln
>
> Schon der **Korea-Krieg** kann als erster Stellvertreterkrieg bezeichnet werden.

Das klassische Beispiel eines Stellvertreterkriegs ist der **Vietnam-Krieg**: Nachdem Frankreich den Kolonialkrieg von „Indochina" 1954 verloren hatte – als Sieger ging Ho Chi Minh (Führer der Kommunisten) hervor –, wurde Vietnam am 17. Breitengrad geteilt. Nordvietnam, das den kommunistischen Vietcong („Nationale Front für die Befreiung Südvietnams") im Guerillakrieg im kapitalistischen Südvietnam unterstützte, wurde von China und der UdSSR finanziell unterstützt.
Im Sinne der *Dominotheorie* befürchteten die USA, dass weitere Staaten Südostasiens kommunistisch werden könnten, sollte es zu einem Umsturz in Südvietnam kommen. Aus diesem Grund griffen die USA seit 1961 aktiv in den Konflikt ein, wobei auch sog. *schmutzige Waffen*, wie *Chemiewaffen* oder *Napalmbomben* eingesetzt wurden, was international heftig kritisiert wurde. Von 1971 bis 1973 zogen die USA ihre Truppen aus Vietnam ab, v. a. deshalb, weil es innenpolitisch keinen Konsens für diesen Krieg mehr gab. Weitere Gründe für den Abzug der USA waren die hohen eigenen Verluste im Guerillakrieg und die Befürchtung, der Krieg sei nicht zu gewinnen. Am 27.1.1973 wurde ein Waffenstillstand zwischen dem Norden und dem Süden geschlossen, doch nach einer erneuten Offensive des Nordens 1974 musste der Süden 1975 kapitulieren. Vietnam wurde kommunistisch, Laos und Kambodscha ebenso.
Weitere Stellvertreterkriege fanden in Afrika und Mittel- bzw. Südamerika statt. In Afrika beteiligten sich die Supermächte nicht mehr direkt mit Truppen an den Kriegen, sondern lieferten Waffen und Geld. In Afrika wurden Kriege z. B. in Angola, Somalia und Äthiopien geführt; in Mittel- und Südamerika, das die USA gemäß Monroe-Doktrin als ihr Einflussgebiet sahen, fanden Kriege in Guatemala, Nicaragua und Chile statt.

Entspannungspolitik – Konfliktabbau und Friedenssicherung

Mit dem Ende der Kuba-Krise 1962 wurde deutlich, dass eine Entspannungspolitik notwendig war, die die *friedliche Koexistenz*, ein von Chruschtschow geprägter Begriff, zum Ziel haben sollte.

Zunächst wurde 1963 das **„Rote Telefon“** zwischen Moskau und Washington eingerichtet. Die Supermächte versuchten durch **Rüstungskontrollverträge** das Aufrüsten zu begrenzen. In demselben Jahr (1963) unterzeichneten die Staaten (Großbritannien, USA und Sowjetunion) ein erstes Teststopp-Abkommen, mit dem Atomwaffenversuche im Weltraum, in der Atmosphäre und unter Wasser (und seit 1976 unter der Erde) verboten wurden. 1968 unterzeichneten die Atommächte den sog. **Atomwaffensperrvertrag**, in dem sie sich verpflichteten, keine Atomwaffen an andere Staaten weiterzugeben. Dennoch erreichte die Zahl der Atomwaffen zu Beginn der 1970er-Jahre ein Vielfaches dessen, was nötig gewesen wäre, um die Menschheit auszulöschen („Overkill-Kapazität“ bzw. MAD = *Mutual Assured Destruction*).

1972 wurde der **SALT-I-Vertrag** unterzeichnet, der strategische Atomwaffen begrenzte. Es ist anzumerken, dass er nicht dazu dienen sollte, Atomwaffen zu vernichten, sondern das „Gleichgewicht des Schreckens“ aufrechtzuerhalten. Ein weiterer Vertrag zur Begrenzung der Anzahl von Mittelstreckenraketen, der **SALT-II-Vertrag**, wurde zwar 1979 unterzeichnet, aber wegen des Einmarsches der Sowjetunion in Afghanistan nicht ratifiziert. Dennoch hielten sich beide Seiten an den Vertrag.

Die Bedeutung der SALT-Verträge liegt zum einen in der Bereitschaft der Supermächte, offensive Trägerraketen zu begrenzen; die USA erkannten die UdSSR erstmals als gleichberechtigte Nuklearmacht an. Zum anderen waren die Supermächte bereit, innerhalb Europas Konferenzen zuzulassen, auf denen Sicherheitsfragen diskutiert wurden: 1975 unterzeichneten auf der **Konferenz über Sicherheit und Zusammenarbeit in Europa (KSZE)** 35 Teilnehmerstaaten, alle europäische Staaten, Ost und West, außer Albanien und Andorra, die Sowjetunion sowie Kanada und die USA die sog. **KSZE-Schlussakte von Helsinki**. Beschlossen wurde die Zusammenarbeit auf internationalem Gebiet, in Wissenschaft, Wirtschaft und Kultur; darüber hinaus beinhaltete die KSZE-Schlussakte einen Katalog von Menschen- und Grundrechten sowie eine Gewaltverzichtserklärung. Die Entspannungspolitik machte sich auch in Deutschland bemerkbar. Unter der sozial-liberalen Koalition entwickelte sich unter Bundeskanzler Willy Brandt die **Neue Ostpolitik**. Von 1970 bis 1973 schloss die Bundesregierung vier Verträge mit Osteuropa und der Sowjetunion:

- 12.8.1970: Gewaltverzichtsvertrag mit der UdSSR,
- 7.12.1970: Grundlagenvertrag mit Polen,
- 21.12.1972: Grundlagenvertrag mit der DDR,
- 11.12.1973: Vertrag über die Beziehungen mit der Tschechoslowakei.

Gleichgewicht des Schreckens

„Sicherheit“ im Kalten Krieg gab es aber nicht nur durch die Entspannungspolitik. Das Moment der Abschreckung blieb in der Sicherheitsphilosophie des Kalten Krieges zentral. Um diese zu erreichen, mussten ständig neue Waffen, Trägersysteme und Sprengköpfe entwickelt werden, um nicht hinter den jeweils anderen zurückzufallen (**Wettrüsten**). Das sog. „Gleichgewicht des Schreckens“ bzw. das „atomare Patt“ führte zu einer paradoxen Situation: Abschreckung bzw. Aufrüstung einerseits und Entspannungspolitik andererseits, wie die Sicherheitspolitik der NATO bzw. des Westens zeigte. Ein Nebeneffekt des Wettrüstens bestand in der ständigen Anpassung der Militärstrategien der Lager aneinander.

Info Militärstrategien

Konzept der massiven Vergeltung (1952–1961/62):
Da die NATO den russischen Streitkräften konventionell unterlegen war, sollte einem Angriff des Warschauer Paktes sofort ein nuklearer Vergeltungsschlag folgen.
Konzept der „angemessenen Reaktion“ (1961–1990): Da die UdSSR seit 1954 selbst über Atomwaffen verfügte, beschloss die NATO, situativ flexibel zu reagieren *(flexible response)*. Dies beinhaltete die Reaktion mit konventionellen Waffen sowie als *ultima ratio* den Einsatz von Atomwaffen, wobei der Gegner nicht wissen sollte, wann Atomwaffen eingesetzt würden.
Konzept der Vorwärtsverteidigung (Warschauer Pakt): Ziel war es, kriegerische Handlungen auf dem Gebiet der UdSSR zu vermeiden. Stattdessen wollte der Warschauer Pakt offensiv vorgehen, auch mit konventionellen Streitkräften.

Zu einer weiteren Verschärfung des Kalten Krieges kam es Ende der 1970er-Jahre. 1977 stationierte die UdSSR zunächst Mittelstreckenraketen (Typ SS-20) in Mitteleuropa, die eine größere Reichweite hatten. Der deutsche Kanzler Helmut Schmidt, forderte daraufhin entweder Rüstungsbeschränkungen für Europa, also den Abzug der Raketen, oder aber ein Nachrüsten auf Seiten der NATO, was diese 1979 mit dem **NATO-Doppelbeschluss** tat: In Westeuropa sollten modernere Atomraketen (Pershing II) aufgestellt werden, falls es mit der UdSSR zu keinen Verhandlungen bezüglich der Mittelstreckenraketen bzw. deren Abzug kommen würde.

Erneute Phase der Konfrontation

Als die UdSSR 1979 in **Afghanistan** einmarschierte, um dort die kommunistische Regierung zu unterstützen, begann eine weitere Phase der Konfrontation. Die USA unterstützten fortan muslimisch-fundamentalistische Gruppen im Kampf gegen die kommunistische Regierung und boykottierten als weitere Reaktion die 1980 stattfindenden Olympischen Spiele in Moskau. Der demokratische US-Präsident Carter, eigentlich ein Entspannungspolitiker, fühlte sich vom Vorgehen der UdSSR hintergangen und forderte daher die Erhöhung der Militärausgaben.
Unter seinem republikanischen Nachfolger, Präsident Ronald Reagan – er war ein Hardliner (Falke) – verdoppelten sich die Militärausgaben von 1980 bis 1985 auf

287 Milliarden Dollar im Jahr. Außerdem sollte unter Reagan das weltraumgestützte **SDI-Raketenabwehrprogramm** (Strategische Verteidigungsinitiative) aufgebaut werden, womit die USA der UdSSR eindeutig überlegen gewesen wären. Reagan knüpfte ebenfalls an die Befreiungspolitik der 1950er-Jahre an und bezeichnete den Kommunismus 1983 als den „Mittelpunkt des Bösen" in der modernen Welt (*Rollback*-Politik).
Die von Reagan eingeleitete **Offensivpolitik Amerikas** ging von der Vorstellung aus, die Sowjets würden weiterhin nach der Weltherrschaft streben. Darum unterstützten die USA antikommunistische Gruppen weltweit (u. a. in Afghanistan).
Inwiefern Reagans Politik der Stärke tatsächlich zu Reformen in der Sowjetunion geführt hat, ist in der Forschung umstritten. Diskutiert werden muss, ob Reagans Politik der Konfrontation nicht auch gefährlich war. Dennoch: Entspannungspolitik konnte den Rüstungswettlauf nicht aufhalten, aber das atomare Patt gewährleistete dauerhaft Frieden (zumindest in Europa und den USA).

Die Folgen der Auflösung des Ostblocks

> **Tipp zum Punktesammeln**
> Gorbatschow wollte den Sozialismus nicht abschaffen, sondern ihn vielmehr stärken, indem er ihn modernisierte.

Als 1985 Michail Gorbatschow zum Generalsekretär der KPdSU ernannt wurde, begann das Ende des Kalten Krieges. Großen Anteil daran hatte Gorbatschows Reformpolitik von ***Glasnost*** (Offenheit, Transparenz) und ***Perestroika*** (Modernisierung des Systems: weniger Bürokratie, dezentrale Planwirtschaft, vorsichtige marktwirtschaftliche Öffnung). In der UdSSR waren Reformen nun auch bitter nötig, da die Lage im Innern bei Gorbatschows Amtsantritt katastrophal war: Ökonomisch lag das Land völlig am Boden, der Lebensstandard der Bevölkerung sank ständig und es fehlten Konsumgüter. Es wurde sehr deutlich, dass die kommunistische Planwirtschaft dem Kapitalismus unterlegen war.

Die Reformpolitik im Innern konnte allerdings nur umgesetzt werden, wenn die außenpolitischen und finanziellen Belastungen durch die Rüstung zurückgingen. Die sowjetische Außenpolitik war somit vom sog. **Neuen Denken** geprägt, das die Breschnew-Doktrin ablöste: Allen Staaten wurde das Recht auf eine freie und selbstbestimmte Entwicklung zugestanden. Als Konsequenz zogen die Sowjettruppen ab 1987 aus Afghanistan ab. Die Ostblockstaaten erhielten nun das Recht und die Freiheit, ihren „eigenen Weg" zu gehen (sog. „Sinatra-Doktrin").

1987 konnte Reagan davon überzeugt werden, die **Begrenzung des SDI-Projekts** zu diskutieren, was als Voraussetzung für die Unterzeichnung des INF-Vertrages *(Intermediate Range Nuclear Forces)* galt, der bis 2019 gültig war (Kündigung USA Februar 2019, Russische Föderation [Rechtsnachfolge der GUS] ca. Juli 2019). Alle Kurz- und Mittelstreckenraketen wurden aus Europa abgezogen.

Die Reformpolitik Gorbatschows führte ab 1990 zum Zerfall der Sowjetunion, der zunächst mit militärischen Mitteln bekämpft wurde. Am **8.12.1991** wurde die Sowjetunion formal aufgelöst und durch die **Gemeinschaft unabhängiger Staaten (GUS)** ersetzt. Gorbatschow trat danach zurück.

Tipp zum Punktesammeln

Der Zwang für die Sowjetunion, wegen des SDI-Programms ebenfalls aufzurüsten, führte dazu, dass für Konsum keine Ressourcen verfügbar waren. Ohne SDI-Programm hätte es wohl länger bis zum Untergang der Sowjetunion gedauert.

Weitere Entwicklung in den Ostblockstaaten

Die sog. „sozialistischen Bruderstaaten" reagierten unterschiedlich auf das Reformprogramm der UdSSR, die Menschen und Bürger in diesen Staaten beriefen sich aber auf die neue Politik.

- Die **DDR-Führung** lehnte die Reformen vollständig ab, ebenso Albanien und Rumänien. Polen und Ungarn hingegen begrüßten die Entwicklung, sie wurden zu Vorreitern der Revolutionen.
- In **Ungarn** wurde 1988 der Partei- und Staatschef abgesetzt. Am 2.5.1989 wurde die Westgrenze geöffnet, über die Urlauber aus der DDR in den Westen flohen. Der Eiserne Vorhang war nun zur Seite gezogen worden.
- **Polen** besaß schon seit 1980 eine freie und unabhängige Gewerkschaft, ***Solidarnosć***, gegründet infolge eines Streiks der Danziger Werftarbeiter gegen geplante Preiserhöhungen. Diese Gewerkschaft war entscheidender Teil des antikommunistischen Widerstandes und forderte schon 1980 demokratische Reformen, was von Moskau äußerst kritisch wahrgenommen wurde. Nach der Verhängung des Kriegszustandes (1981–1983) durch die polnische Regierung (evtl. kam man so dem Einmarsch sowjetischer Truppen zuvor) waren die Gewerkschaft, Streiks und Demonstrationen verboten. Dennoch wuchs die Zahl der Mitglieder bis 1982 auf 10 Millionen an. Gorbatschows Reformpolitik erhöhte auch in Polen den Druck auf die Regierung, wieder an einem „Runden Tisch" mit *Solidarnosć* zu verhandeln, was schließlich 1989 zu freien Wahlen führte. Lech Wałęsa, ehemals Führer der Solidarnosć-Bewegung, wurde der erste frei gewählte Präsident Polens. Am 30.12.1989 wurde Polen zur Republik.
- In dem Vielvölkerstaat **Tschechoslowakei** gelang mit Massendemonstrationen und Generalstreiks ebenfalls die Bildung eines „Runden Tisches". Rasch wurden Demokratie und Marktwirtschaft eingeführt, allerdings ergriffen die Slowaken die Gunst der Stunde und trennten sich zum 1.1.1993 von Tschechien, der späteren Tschechischen Republik.

- In **Rumänien** kam es zu einer gewalttätigen Revolution. Der Staatspräsident Nicolae Ceauşescu war der einzige Machthaber des Ostblocks, der nach seinem gewaltsamen Sturz und seiner Entmachtung in einem Schnellgerichtsverfahren zum Tode verurteilt und erschossen wurde.
- **Jugoslawien** nahm die schwierigste Entwicklung: Serbien, das den Vielvölkerstaat dominierte, reagierte mit Krieg auf die Abspaltung von Slowenien, Kroatien, Bosnien-Herzegowina und des Kosovo.

Neuordnung des internationalen Systems

Mit dem Ende des Kalten Krieges, d. h. mit der Auflösung der Sowjetunion, dem Zerfall des Ostblocks und der Auflösung des Warschauer Paktes, endete die bipolare Weltordnung. Allerdings bleibt die Frage: Hat jemand den Kalten Krieg gewonnen? Wenn ja, wer? Oder war es, wie Gorbatschow betonte, das Ende der Konfrontation, das zu einem gemeinsamen Sieg über den Kalten Krieg geführt hatte? Oder haben sich am Schluss dann doch die „universalen Werte" durchgesetzt?
Mit dem Zerfall des Ostblocks ist die bilaterale oder bipolare Weltordnung der Vergangenheit passé. Seither gibt es nur noch eine Supermacht: die USA. Aus der bilateralen Weltordnung wurde eine unilaterale **(Unilateralismus)**: Aus ihrem Selbstverständnis heraus neig(t)en die USA dazu, unilateral zu handeln, also ohne Abstimmung mit den Partnern, wie der Irakkrieg oder der Einmarsch in Afghanistan nach den Terroranschlägen vom 11. September 2011 zeigte. Welche Rolle die Vereinten Nationen (UNO) in dieser Weltordnung spielen werden, wird sich erweisen müssen.

Debatte Ursachen für die Beendigung des Kalten Kriegs

Umstritten ist, was zum Ende des Kalten Krieges und zum Untergang der Sowjetunion beigetragen haben könnte. Verschiedene Blickwinkel greifen ineinander:
Ursachen aus dem System heraus: Wegen fehlender intellektueller und wirtschaftlicher Ressourcen war die UdSSR nicht in der Lage, der „Weltrevolution" den Weg zu bereiten, die Lenin sich vorstellte. Stalin habe zudem mit seiner Politik den ideologisch richtigen Weg verlassen. Beides habe schließlich zu Widerständen gegen die Sowjetunion und den Kommunismus geführt.
Wirtschaftliche Ursachen: Die westliche Offensive gegen den Kommunismus (v. a. die Ankündigung des SDI-Programms, also die Hochrüstung) habe die Sowjetunion finanziell vollkommen überfordert.
Politische Ursachen: Letztlich habe Verständigung zur Lösung beigetragen, nicht Konfrontation. Schlagworte: „Strategy of Peace" (Kennedy), „Wandel durch Annäherung" (Bahr).

Methodentraining

In diesem Kapitel können Sie Ihr Methodenwissen anhand ausgewählter **Materialien** trainieren, angeboten werden:
- eine Karikatur,
- eine Quelle oder eine Darstellung,
- eine Statistik.

Anleitung zur Bearbeitung der Aufgaben

Der **Operator** lautet übereinstimmend: „Analysieren Sie ...". Er gehört zum **Anforderungsbereich II**. Erwartet wird hier von Ihnen, dass Sie aus der Qualifikationsphase bekannte Inhalte selbstständig bearbeiten, ordnen und erklären können und dass Sie Methoden anwenden können. Sie müssen Ihr Fachwissen in einen Zusammenhang stellen, um v. a. strukturelle und zeitliche Zusammenhänge zu erklären sowie Sachverhalte sinnvoll zu verknüpfen und einzuordnen.
„Analysieren" erfordert von Ihnen, dass Sie die wichtigen Informationen aus den Materialien herausfiltern, um sie dann strukturiert zu beschreiben und im historischen Kontext zu erklären. Jede Analyse beginnt mit der **Einordnung des Materials**. Sie müssen klären, ob es sich um eine Quelle oder um eine Darstellung handelt:
- **Quellen** sind Zeugnisse der Vergangenheit.
- **Darstellungen** sind Deutungen/Interpretationen vergangenen Geschehens.

Anschließend bestimmen Sie die **Gattung** genau. Dabei ist zu bedenken, dass jede Quellen- und jede Darstellungsgattung eine jeweils besondere Ausdruckskraft besitzt und eine spezifische Herangehensweise erfordert: „Aus der Kenntnis der Quellengattung lassen sich Hinweise für die Interpretation [...] entnehmen." (H.-J. Pandel)

Gattungen von Quellen und Darstellungen

Im Folgenden werden überblicksartig die Gattungen von Quellen und Darstellungen vorgestellt, die für das schriftliche Abitur in Baden-Württemberg relevant sind.

Fremdtexte	
Journalistischer Text	– Zeitgleiche Quelle (Entstehung und historisches Geschehen sind zeitgleich), – Massenmedium, das informieren, Meinungen bilden bzw. beeinflussen und unterhalten will, – kann sachlich-informativ, kritisch und/oder polemisch gehalten sein, – zeichnet sich aus durch Aktualität, Gegenwartsbezug und regelmäßiges Erscheinen, – jeder journalistische Text hat einen „Standpunkt", der sich sowohl textimmanent als auch über das Publikationsorgan ermitteln lässt,

	– erfordert daher sowohl Kenntnis über den Erscheinungsort als auch eine ideologiekritische Analyse, – als **Quelle** gibt er Einblick in politische Vorstellungen, Wahrnehmungen und Mentalitäten sozialer Gruppen.
Historische Rede	– Zeitgleiche Quelle, – ist auf rhetorische/appellative Wirkung angelegt, wobei zwischen Gerichtsrede, politischer Rede, Festrede und Kanzelrede zu unterscheiden ist, – will das Publikum überzeugen, – zeichnet sich aus durch Aktualität und Gegenwartsbezug, – wesentliche Gestaltungsmittel sind der Aufbau, die Argumentation und die sprachlichen Mittel (z. B. Zitate, Metaphern), – eine angemessene Interpretation erfordert Kenntnis über den Redner, den Redeanlass, den Vortragsort und das Publikum, – gibt als **Quelle** Auskunft über die politischen Ein- und Vorstellungen sowie die historischen Deutungsmuster Einzelner und sozialer Gruppen.
Historikertext	– Interpretiert und bewertet historische Sachverhalte mit zeitlichem Abstand, – ist dem Prinzip der Wissenschaftlichkeit (Objektivität) verpflichtet, – die dargestellten Sachverhalte sind nachvollziehbar und nachprüfbar, bewiesen und begründet, – informiert als **Darstellung** über bestimmte historische Sachverhalte, – gibt als **Quelle** Auskunft über bestimmte Geschichtsbilder.

Bilder	
Plakat	– Zeitgleiche Quelle, – Massenmedium, das die Betrachter überzeugen will, wobei die Plakatsorten *Wahlplakate* und *Werbeplakate* zu unterscheiden sind, – ausgerichtet auf ein heterogenes, mobiles Massenpublikum, – die „Botschaft“ soll von den Betrachtern schnell verstanden werden, – enthält Text- und Bildelemente, – einzelne Plakatelemente müssen gut erkennbar sein, – bietet vielfältige Gestaltungsmöglichkeiten (Farbgebung, Verwendung von Zeichen und Symbolen, Verhältnis von Text- und Bildanteil), – gibt als **Quelle** Aufschluss über soziale/politische/ökonomische Zustände der Moderne.

Karikatur	– Zeitgleiche Quelle, – Massenmedium, das gesellschaftliche Zu- und Missstände aufdecken will, – enthält Text- und Bildelemente, – Kritik durch Überspitzung und/oder Verfremdung, – wichtigstes Gestaltungsmittel ist die Verwendung von Symbolen, Personifikationen, Metaphern oder Allegorien, – aber auch Verwendung von Feindbildern und Stereotypen, – „Entschlüsselung“ erfordert von dem Betrachter ein hohes Kontext- und Symbolwissen, – gibt als **Quelle** Aufschluss über zeitgenössische Werturteile.

Statistik/ Diagramm	– Stellt den Zusammenhang zwischen qualitativen und quantitativen Merkmalen eines Sachverhalts her, wobei zwischen *Kreis-*, *Kurven-* und *Säulendiagramm* zu unterscheiden ist,
	– erklärt politische, soziale oder wirtschaftliche Zustände,
	– stellt Entwicklungen und lang- bzw. längerfristige Prozesse dar,
	– bezieht sich auf soziale Gruppen,
	– dient der Veranschaulichung komplexer Strukturen,
	– erfordert den historischen Vergleich,
	– neben der *grafischen Darstellung* eines bestimmten Sachverhalts bildet die *(Diagramm-)Überschrift* ein wesentliches Element, denn sie enthält Informationen zu
	  – den Merkmalen (z. B. Alter, Geschlecht, Partei),
	  – den Merkmalsträgern, auf die sich die Merkmale beziehen (z. B. Gesamtbevölkerung, Wähler),
	  – dem geografischen Bezugsraum (z. B. Deutsches Reich),
	  – den Zeitraum (z. B. 1890–1914) sowie
	  – den Zahlentypus (z. B. absoluter Wert, Prozentwert).

Die auf den folgenden Seiten angebotenen Übungsmaterialien geben Ihnen Gelegenheit, Methodenwissen anzuwenden und zu trainieren. Vorab möchten wir Ihnen in einigen „Methodenblättern“ Hilfestellungen zum sachgerechten Vorgehen geben. Diese Übersichten sind so angelegt, dass Sie sie kopieren und ggf. auch neben andere Materialien legen können, die Sie im Unterricht oder zu Hause bearbeiten.
Die sich anschließenden Materialien sind auf die Schwerpunktthemen abgestimmt. Am Ende eines jeden Schwerpunktthemas finden Sie eine Beispielaufgabe, wie sie im Abitur erscheinen könnte. Den Beispielaufgaben folgen Musterlösungen, die sich an den Übersichten in den „Methodenblättern“ orientieren.

Bitte beachten Sie: Sie müssen nicht immer alle hier vorgeschlagenen Arbeitsschritte anwenden. Wie Sie die Materialien bearbeiten, hängt immer von den tatsächlichen Aufgabenstellungen und den Materialien ab.
Lesen Sie die Aufgaben unbedingt genau!

Methodenkompetenz Textarbeit (Quellen/Darstellungen)

Im Mittelpunkt der Textanalyse stehen das Herausarbeiten des Textinhalts und die Erklärung des Textes im historischen Kontext. Im Anschluss an die Erklärung kann eine Beurteilung des Textes erfolgen.
Das Methodenblatt stellt Teiloperationen der grundlegenden Arbeitsschritte vor, die jedoch – in Abhängigkeit von Material und Aufgabenstellung – nicht bei jeder Textanalyse vollständig angewandt werden müssen.

I Beschreibung des Textes

a) formal

Titel, Autor/-in, Erscheinungsort und -datum, Adressaten/Adressatinnen:
- Titel
- Name des Verfassers/der Verfasserin
- Entstehungszeit/Erscheinungsdatum, Entstehungs-/Erscheinungsort
- Adressaten des Textes

Quelle oder Sekundärtext:
- Quelle: aus der Vergangenheit überlieferter Text
- Sekundärtext: in der Gegenwart entstandener Text über die Vergangenheit

Textsorten:
- z. B. Rede, Artikel, Essay, (Regierungs-)Erklärung, Pamphlet, Flugschrift, Interviewtext, (Auto-)Biografie, Monografie („Einzelschrift“ zu einem Thema), wissenschaftlicher Text, journalistischer Text ...

b) Inhalt und Sprache

Herausarbeiten des Inhalts:
- Thema / Fragestellung / Problem
- Kernaussagen des Textes anhand von übergeordneten Gesichtspunkten

Herausarbeiten sprachlicher Gestaltungsmittel (sofern sie die Interpretation des Textes sinnvoll unterstützen bzw. ergänzen):
- Wortschatz des Autors: z. B. einfach/schwierig, rhetorisch gewandt, nüchtern/bildreich, wissenschaftlich ...
- auffällige rhetorische oder literarische Stilmittel

II Erklären im historischen Kontext

Textinhalt in den historischen Kontext einordnen:
- Textinhalt einer politischen/gesellschaftlichen/kulturellen/wirtschaftlichen Situation zuordnen

spezifischen Sachverhalt erläutern, auf den sich der Text bezieht, und den Text in den Sachverhalt einordnen:
- Perspektive des Verfassers/der Verfasserin erklären
- berufliche, gesellschaftliche, politische Stellung/Amt/Funktion des Verfassers/der Verfasserin
- politischer, ideologischer Standpunkt des Verfassers/der Verfasserin

- Verhältnis von Verfasser/-in und Textinhalt: z. B. direkt Beteiligte, Parteigänger/Gegner einer Seite, neutraler Beobachter, rückblickender Kommentator, Historiker/-in ...
- Perspektive des Verfassers/der Verfasserin auf den Textinhalt: z. B. Betonung/Abschwächung/Fehlen bestimmter Aspekte, Abwertungen/Aufwertungen z. B. auch durch sprachliche Mittel, ausgewogene/neutrale Darstellung ...
- Intention/Wirkungsabsicht des Verfassers/der Verfasserin: z. B. Propaganda, Provokation, Appell, Denunziation, kommerzieller Erfolg, Aufklärung, Problemlösung, sachliche Information ...

Resümee: Grundaussage des Textes

III Beurteilen

sachliche Richtigkeit und Angemessenheit:
- z. B. kein Unterdrücken wichtiger Informationen/Fakten, Berücksichtigung vieler/aller Informationen/Fakten
- Schlüssigkeit der Argumentation, z. B. logische Fehler, Widersprüche

Transparenz der Textaussage
- Legt der Verfasser seine eigenen Werte/Normen offen?
- Nennt der Verfasser seine Intention?
- Überprüft der Verfasser seine Sichtweise anhand anderer Einschätzungen/Perspektiven/Urteile?

Resümee: zusammenfassendes Gesamturteil formulieren

Quelle: https://lehrerfortbildung-bw.de/u_gewi/geschichte/gym/bp2004/fb4/4_text/1_meth/

Methodenkompetenz Karikatur

I Beschreibung

Titel
Fundort, Entstehungszeit, Entstehungsort
wichtige Bildelemente:
- Figuren, Tiere, Personifikationen (Darstellung von Dingen oder abstrakten Begriffen als sprechende und handelnde Person), z. B. einzelne Auffälligkeiten, charakteristische Merkmale (z. B. für einzelne Personen oder Personifikationen), Mimik, Gestik, Bewegungen ...
- Symbole, z. B. Wappen, Krone, Pickelhaube ...
- gegenständliche Abbildungen, z. B. Schiff, Mauer, Panzer, Wippe, Kinderwagen ... Natur-Darstellungen, z. B. Wetter, Jahreszeit ...
- Farben

Relationen:
- Interaktionen von Figuren
- Bezüge/Zusammenhänge von Gegenständen oder Figuren und Gegenständen Größenverhältnisse
- Bildaufbau, z. B. Vorder- und Hintergrund, Perspektive ...

Textteile:
- Bildunterschrift
- Figurenrede
- Texte auf Bildelementen

II Erklärung im historischen Kontext

- **Figuren erklären:**
  - historische Personen identifizieren
  - Personengruppen identifizieren, z. B. deutsche Fürsten, Bürger, Arbeiter, Soldaten, Liberale, Sozialdemokraten …
  - Personifikationen und Allegorien (bildliche Darstellung eines abstrakten Begriffs; eine Allegorie kann ebenfalls in Form einer Personifikation dargestellt werden) auflösen, z. B. deutscher Michel, Germania, Uncle Sam, Justitia, Friedensengel, Pleitegeier …
  - Tiereigenschaften erläutern, z. B. Löwe als König, blinder Maulwurf, dummer Esel …
- **Symbole erklären**
- **gegenständliche Abbildungen interpretieren**
- **Metaphern** auflösen und der Situation zuordnen:
  Karikaturen arbeiten mit Sinnübertragungen, sodass man die beschriebenen Bildelemente auf ihre übertragene Bedeutung untersuchen muss. Folgende Übertragungsbereiche könnten untersucht werden:
  - politische Metaphern, z. B. Gleichgewicht, Abschreckung, Entspannung, Blockade, Umwälzung …
  - natürliche Metaphern, z. B. Gewitter/Sturm als Krise, dunkle Wolken als Bedrohung, Frühling als hoffnungsvoller Anfang …
  - metaphorische Situationen, z. B. Tanz, Spiel, Feier, Streit, Gefängnis, Kinderhort, Zirkus …
  - charakteristische Bezeichnungen oder Redewendungen, z. B. Blut und Eisen, Eiserner Vorhang, Eiertanz, in einem Boot sitzen, Haifischbecken …
- **Relationen und Textteile** interpretieren
- **Perspektive** des Karikaturisten/der Karikaturistin herausarbeiten: Was/wer wird wofür kritisiert?

Resümee: Gesamtaussage der Karikatur formulieren

III Beurteilung

- Perspektive des Karikaturisten mit zeitgenössischen Perspektiven vergleichen, z. B. Sicht einer Klasse, einer Partei, eines Staates/Blockes, einer relevanten Einzelperson …
- Aussage der Karikatur in Bezug auf die historische Situation beurteilen: Ist die Darstellung der Sachlage/die Perspektive/die Kritik des Karikaturisten der historischen Situation angemessen?

Quelle: http://lehrerfortbildung-bw.de/faecher/geschichte/gym/fb2/abi/kari_s/

Methodenkompetenz Statistik

Eine Statistik muss beschrieben, erklärt und beurteilt werden. Im Mittelpunkt der Arbeit mit Statistiken steht die Erklärung der genannten Daten im historischen Kontext. Die Basis für diese Erklärung ist eine sinnvolle Beschreibung der Statistik. Der Erklärung folgt eine begründete Einschätzung des Aussagewerts der Statistik.

I Formale und inhaltliche Beschreibung

- **Titel**
- **Fundort/Quellenangabe**
- Herkunft/Bearbeitung des Datenmaterials
- **Darstellungsform,** z. B. Tabelle, Liniendiagramm, Balken- /Säulendiagramm, Kreisdiagramm, Figurendiagramm, evtl. Anordnung (vier Spalten, fünf Kreissegmente ...)
- **Variable,** z. B. Zeiträume, Länder, Güter, Wahlergebnisse, Personengruppen ...
- **Maßzahlen,** z. B. absolute Zahlen, relative Zahlen (%, Index ... mit Bezugsgröße)
- **Inhalte/wesentliche Aussagen,** z. B. Abstände, Steigen/Fallen von Werten, Hoch- und Tiefpunkte ...
- **Relationen,** z. B. Vergleich einzelner Angaben (z. B. mehrerer Spalten, Kurven, Maßzahlen ...)

II Erklärung im historischen Kontext

- **Historischen Bezug benennen,** z. B. Industrialisierung, Take Off, Hochindustrialisierung, erste Wahl in der Weimarer Republik, Darstellung zum „Wirtschaftswunder“, Aufrüstung zur Zeit des Second Cold War ...
- **Bezug zwischen Statistik und historischem Kontext herstellen:**

Aussagen der Statistik im historischen Kontext erklären, z. B.
  - *auffallende Zahlenbewegungen dem historischen Kontext zuordnen*
  - *auffallende Zahlenbewegungen aus dem historischen Kontext heraus begründen*
  - *unterschiedliche Informationen miteinander in Beziehung setzen*

III Beurteilung des Aussagewerts

- **Aussagewert des Datenmaterials prüfen,** z. B.
  - *Herkunft/Bearbeitung der Daten,* z. B.: Bestehen Anhaltspunkte dafür, dass die Daten manipuliert sind (z. B. Daten aus der DDR)? Lassen sich Propagandazwecke erkennen?
  - *Berechnung der Daten,* z. B.: Ist die Datenbasis ausreichend für eine repräsentative Aussage? Ist die Datenmenge sinnvoll oder werden z. B. nur Mittelwerte über lange Zeiträume angegeben? Liegen tatsächlich ermittelte Werte oder gerundete Zahlen, Schätzungen, Hochrechnungen vor?

- **Variable prüfen,** z. B.
  - *Ortsangaben,* z. B.: Um welches Gebiet zu welcher Zeit handelt es sich bei der Angabe „Deutschland“? Verändert sich das Bezugsgebiet evtl. im angegebenen Zeitraum?
  - *Begriffsdefinition,* z. B.: Wird z. B. die Variable „Privathaushalte“ sinnvoll definiert, z. B. „4-Personen-Haushalt mit mittlerem Einkommen“
- **Variablenauswahl/-kombination prüfen,** z. B.
  - *Problem isolierter Aussagen,* z. B.: Die Angabe von Schienenkilometern sagt nichts über die Netzdichte; die Angabe der Bevölkerungszahl nichts über die Bevölkerungsdichte; der Rückgang von prozentualen Beschäftigtenanteilen in einem Sektor muss kein Sinken der absoluten Beschäftigtenanzahl in diesem Sektor bedeuten, wenn die Bevölkerung und Wirtschaft insgesamt wächst.
- **Vergleichbarkeit prüfen,** z. B.
  - s. o.: *Variable/Variablenauswahl und -kombination prüfen*
  - *Zeitangaben/Maßzahlen:* Sind die ausgewählten Zeiträume und -intervalle identisch? Lassen unterschiedliche Maßzahlen Vergleiche zu?
  - *relative Zahlen:* Prozentangaben zur Produktion in verschiedenen Ländern lassen zwar Vergleiche zum Wachstum, aber keine Rückschlüsse auf den Umfang der Produktion zu (Beispiel: DDR – BRD)
- **Aussagekraft zusammenfassend beurteilen:**
  - *Beurteilung des Datenmaterials*
  - *Beurteilung der statistischen Aussagen*

Quelle: http://lehrerfortbildung-bw.de/faecher/geschichte/gym/fb2/abi/stat_s/

Methodenkompetenz Plakate

Grundlegend für den Umgang mit Plakaten sind die Beschreibung der verwendeten Gestaltungselemente und die Erklärung der Aussagen des Plakats im historischen Kontext. In Bezug auf die Gestaltung sind in der Regel drei Aspekte zu berücksichtigen: Textelemente, Bildelemente und die farbliche Gestaltung. Die Beschreibung und Erklärung kann in eine Beurteilung des Plakats im Hinblick auf unterschiedliche Kriterien (z. B. Angemessenheit, Wirkmächtigkeit, Effektivität) münden.
Das Methodenblatt stellt wesentliche Teiloperationen der grundlegenden Arbeitsschritte vor. Es hängt von dem Erkenntnisinteresse und dem zu untersuchenden Plakat ab, welche der Teiloperationen sinnvollerweise durchgeführt werden sollten. Die folgende Zusammenstellung der Teiloperationen erhebt keinen Anspruch auf Vollständigkeit.

Interpretationsschema, Aufgaben und Leitfragen zur Analyse von Plakaten:

Interpretationsschema	Leitfragen
1. Erstbegegnung Mögliche Aufgabenstellung: Beschreiben Sie die ersten Eindrücke beim Betrachten des Plakats (und entwickeln Sie daraus weiterführende Fragestellungen).	
– Äußern von spontanen Eindrücken, Benennung von auffälligen Einzelheiten, erste kurze Stellungnahme zum Gesamteindruck – Stellen von Fragen, eventuell Aufstellen von Hypothesen	– Welchen Eindruck macht das Plakat auf Sie? – Löst das Plakat bestimmte Gefühle in Ihnen aus? – Welches Thema behandelt das Plakat? – Welche Fragen wirft das Plakat auf?
2. Beschreibung Mögliche Aufgabenstellung: Beschreiben Sie das Plakat. a) Feststellung formaler Merkmale	
Nennen der wesentlichen Informationen (soweit möglich): – Zeichner bzw. Plakatkünstler oder Auftraggeber, – Titel bzw. Unterschrift, – Entstehungsdatum und Anlass (und evtl. Ort) der Veröffentlichung	Wer ist der Zeichner bzw. Plakatkünstler? (Gibt es Informationen darüber, aus welchem Land er stammt, welcher politischen Richtung, welchem Lager er zuzuordnen ist?) – Wer ist der Auftraggeber des Plakats? – Wo und wann wurde das Plakat veröffentlicht? – Ist etwas über den Verbreitungsgrad des Plakats bekannt?
b) Beschreibung des Dargestellten und der Gestaltungsweise	
Systematische Beschreibung des Plakats: – Benennung der wesentlichen Einzelheiten: Berücksichtigung von Bild – Farbe – Text – Beschreibung der Gestaltungsmittel (Komposition, Perspektive, Symbole, Allegorien, Techniken, Schriftart, Schreibweise, Farbeinsatz)	– Zeigt das Plakat reale Personen, Typen oder Kombinationen? – Welche? In welcher Darstellung? (realistisch, verzerrt, Perspektive?, erkennbare Mimik, Gestik, Körperhaltung) – Zeigt das Plakat konkrete Gegenstände oder Symbole/Allegorien? – Wie ist der Bildaufbau gestaltet? (Vordergrund – Hintergrund; Zentrum – Peripherie; oben – unten) – Welche Handlung (oder Zustand/Zusammenhang) ist dargestellt? – Welchen Text enthält das Plakat; wie ist er in die Darstellung eingebunden? – Wie ist die farbliche und grafische Gestaltung des Plakats?

<table>
<tr><td colspan="2">3. Erklärung im historischen Kontext
Mögliche Aufgabenstellung: Erklären Sie das auf dem Plakat dargestellte und die gewählte Darstellungsweise im historischen Kontext.</td></tr>
<tr><td>– Bewusstmachung des historischen Kontextes
– Identifikation von historischen Persönlichkeiten oder Typen, Phänomenen, Zusammenhängen
– Erschließen von Thema und Inhalt des Plakats</td><td>– Gibt es einen konkreten Anlass für die Entstehung dieses Plakats?
– Auf welche geschichtliche Situation bzw. welche historischen Zusammenhänge bezieht sich der Plakatgestalter?
– In welchem Verhältnis stehen Text, Bildelemente und Farbgebung zueinander?</td></tr>
<tr><td>– Interpretation der vom Plakatgestalter gewählten grafischen und sprachlichen Gestaltungsmittel
– Formulieren der Gesamtaussage
– Benennen der Intention des Plakatkünstlers bzw. Auftraggebers</td><td>– Welche symbolische oder allegorische Bedeutung haben wesentliche Elemente des Plakats?
– Was ist die Botschaft des Plakatgestalters und seines Auftraggebers? Wofür wird geworben bzw. wovor wird gewarnt?
– Welche zeitgenössische Funktion, welche Wirkungsabsicht hatte das Plakat?</td></tr>
<tr><td colspan="2">4. Beurteilung
Mögliche Aufgabenstellung: Beurteilen Sie die Darstellung und den Aussagegehalt des Plakats bezüglich seiner historischen Angemessenheit (seiner vermutlichen Wirksamkeit/seiner Zeitgemäßheit/seiner Aussagekraft).</td></tr>
<tr><td>– Erörtern der (vermutlichen) Wirkung des Plakats auf den zeitgenössischen Betrachter
– Diskussion der Wirkung des Plakats auf den heutigen Betrachter
– Beurteilung des Quellenwertes des Plakats</td><td>– Bewertung des Plakats
– Welche potenzielle Wirkung hat das Plakat auf den Betrachter? Wie überzeugend sind Darstellung und Botschaft?
– Entspricht die Darstellung bzw. Gestaltung den historischen Tatsachen (oder verzerrt das Plakat die tatsächlichen Zustände bewusst / unbewusst?)
– Wie ist das Plakat aus heutiger Sicht zu bewerten?</td></tr>
</table>

Quelle: http://lehrerfortbildung-bw.de/faecher/geschichte/gym/fb3/d_plakate/1_meth/

Übungen zu den Methoden

Einen Text analysieren

Aufgabe

Analysieren Sie das Interview und ordnen Sie es in den historischen Kontext ein.

Material: **Interview der französischen Nachrichtenagentur Agence France-Press mit Konrad Adenauer, veröffentlicht: 15. September 1949**

Frage: Glauben Sie, daß der Beitritt Deutschlands zum Atlantikpakt möglich oder wünschbar sei?

Antwort: Ein Beitritt zum Atlantikpakt setzt eine bewaffnete Nation voraus. Deutschland ist abgerüstet. Außerdem hat es während des Krieges riesige Verluste an Menschen und Reichtümern erlitten. Zudem haben wir nicht den Wunsch, unser Volk einer neuen blutigen Prüfung auszusetzen. Diejenigen, die uns entwaffnet haben, besitzen die moralische Pflicht, über unsere Sicherheit zu wachen und uns gegebenenfalls zu verteidigen.

Frage: Wie werden nach Ihrer Ansicht die Beziehungen der Bundesrepublik mit der westlichen Welt beschaffen sein?

Antwort: Deutschland gehört der westlichen Welt an. Seine Beziehungen mit ihr verlangen die ganze Aufmerksamkeit des Westens. Unsere Zugehörigkeit zum Westen darf von niemand bezweifelt werden. Wir hoffen auch, daß unsere Beziehungen mit dem Westen sich allmählich bessern.

Frage: Wie werden sich die Beziehungen der Bundesrepublik mit Westeuropa entwickeln?

Antwort: Ich hoffe, daß Deutschland bald in die Gemeinschaft der europäischen Völker aufgenommen werde. Was unsere Aufnahme in den Europarat betrifft, müssen wir indessen klug sein und den Eindruck vermeiden, als ob wir die Türe gewaltsam öffnen wollten. Ich glaube, daß es weise sein wird, unsere Kandidatur erst zu stellen, wenn wir die Gewißheit haben, daß Deutschland alle Aussichten hat, aufgenommen zu werden.

Frage: Was gedenkt die Bundesregierung zu tun, um die deutsche Einheit wiederherzustellen?

Antwort: In der nächsten Zukunft können wir nichts Bestimmtes tun, da das Problem der deutschen Einheit in vieler Hinsicht von den Beziehungen zwischen den westlichen Alliierten und Rußland abhängig ist. Wir müssen indessen alles tun, damit die 20 Millionen Deutschen in der Ostzone nicht den Eindruck erhalten, verlassen und vergessen zu sein. Die Bundesrepublik muß ein Anziehungspol für Ostdeutschland werden und die psychologischen Beziehungen mit dem Osten wahren und stärken. Unsere Politik darf indessen nicht zu dem Glauben verleiten, daß wir das in der Sowjetzone errichtete kommunistische Regime anerkennen.

Frage: Was denken Sie von den französisch-deutschen Beziehungen?

Antwort: Ich teile den Standpunkt Winston Churchills, daß die französisch-deutschen Beziehungen den Angelpunkt des europäischen Zusammenschlusses bilden. Ich habe diese Ansicht in Deutschland schon vor 25 Jahren verteidigt. […].

Quellenangabe:
Keesing's Archiv der Gegenwart. 19. Jg., Siegler-Verlag für Zeitarchive, Königswinter 1949, S. 2069

Hinweis: Das „Archiv der Gegenwart" (Sigle: AdG) wurde 1931 von Isaäc Keesing jr. (1886–1966) gegründet, die deutschsprachige Ausgabe wurde von Heinrich von Siegler herausgegeben. Die monatlich erscheinende Publikation berichtete bis ins Jahr 2004 auf der Grundlage von Zeitungs- und Agenturberichten über wichtige politische Ereignisse in allen Staaten der Welt.

Schritt 1: Beschreiben – Musterlösung

(Einleitung) Bei der vorliegenden Quelle handelt es sich um ein Interview der französischen Nachrichtenagentur Agence France Press (AFP) mit dem Bundeskanzler Konrad Adenauer vom 15. September 1949.

(Inhalt und Sprache) In dem vorliegenden Textauszug handelt es sich um ein Interview, in dem Konrad Adenauer, der erste Bundeskanzler der Bundesrepublik Deutschland, seine außen- und innenpolitischen Ziele erläutert. Adenauer folgend ist Deutschland Teil der westlichen Welt. Er hofft, dass sich die Beziehungen zwischen Deutschland und dem Westen im Laufe der Zeit verbessern werden (vgl. Z. 23 ff.). Adenauer gibt aber auch an, dass Deutschland unbewaffnet bleiben solle und somit kein Mitglied der NATO werden könne (vgl. Z. 4 ff.). Vielmehr sieht er die Alliierten in der Pflicht, für Deutschlands Sicherheit zu sorgen (Z. 11 ff.).
Adenauer verbindet den Prozess der Westintegration Deutschlands nicht mit einem Beitritt zum westlichen Militärbündnis (i. e. NATO), sondern setzt eher auf gute nachbarschaftliche Beziehungen zu den europäischen Nachbarn (vgl. Z. 21 ff.). In der Frage der Europapolitik hebt er die Bedeutung der französisch-deutschen Beziehungen ganz besonders hervor (vgl. Z. 61 f.)
Hinsichtlich der Einheit Deutschlands sieht Adenauer den Handlungsspielraum der Bunderepublik begrenzt. Sie sei im Wesentlichen von den Beziehungen zwischen den westlichen Alliierten und der Sowjetunion abhängig (vgl. Z. 45 ff.). Doch selbst wenn die Bundesrepublik Deutschland diesbezüglich kaum über direkte Einflussmöglichkeiten verfüge, dürfe bei den Bürgern der sowjetischen Besatzungszone trotzdem nicht der Eindruck entstehen, dass man sie vergessen habe. Westdeutschland müsse auch für die Ostdeutschen attraktiv bleiben (vgl. Z. 51 ff.). Adenauer erkennt damit den Status quo an, hebt aber hervor, dass die Deutschlandpolitik nicht den Eindruck erwecken dürfe, dass man das kommunistische Regime in Ostdeutschland anerkenne.

Schritt 2: Erklären im historischen Kontext – Musterlösung

Die vorliegende Quelle befasst sich mit dem politischen Konzept Konrad Adenauers in Bezug auf die Positionierung der jungen Bundesrepublik Deutschland gegenüber den Mächten im Westen bzw. Osten. Nach dem verlorenen Zweiten Weltkrieg besetzten die alliierten Siegermächte große Teile des deutschen Westens, die Sowjetunion den deutschen Osten, nach Verschiebung der polnischen Westgrenzen gemäß dem Potsdamer Abkommen von 1945. Der Parlamentarische Rat hatte an Stelle einer Verfassung das Grundgesetz formuliert, die neu gegründete Bundesrepublik Deutschland verfügte nicht über volle staatliche Souveränität. Adenauer war der erste Bundeskanzler der neuen Bundesrepublik Deutschland, das Interview wurde am Tag seiner Wahl geführt. Er umreißt seine Vorstellungen der Außen- und

Deutschlandpolitik. Als Zielsetzungen nennt er die Westintegration (vgl. Z. 18 ff.), die europäische Integration (vgl. Z. 30 ff.) und die Wiedervereinigung Deutschlands, wobei er bei Letzterem die Westintegration in den Vordergrund stellt (vgl. Z. 29 ff.). Für Adenauer war die deutsche Wiedervereinigung nur nach erfolgter Westintegration denkbar. Diese Westorientierung der Bundesregierung in der Ära Adenauer diente der Abwehr sowjetscher (ergo kommunistischer) Einflüsse auf Westdeutschland. Angesichts der fragilen historischen Situation war sie ein pragmatisches Mittel, um Souveränität, Handlungsfähigkeit und militärische Sicherheit für die Bundesrepublik zu erreichen. Der im Interview erwähnte Beitritt zum Europarat erfolgte 1951 (vgl. Z. 29 f.). Im gleichen Jahr wurde auch die Montanunion gegründet. Die von Konrad Adenauer angesprochenen deutsch-französischen Beziehungen (vgl. Z. 61 f.) verbesserten sich und mündeten schlussendlich in den Élysée-Vertrag, der der deutsch-französischen Freundschaft einen festen vertraglichen Rahmen gab.
In Bezug auf die europäische Integration konnte Adenauer seine Ziele erreichen. Hinsichtlich der weiterreichenden Westintegration der Bundesrepublik folgte schon bald ein bedeutender Richtungswechsel in Adenauers Politik. Im Interview schließt er indirekt eine Wiederbewaffnung Deutschlands aus, wenn er sagt, dass die Alliierten die Sicherheit Deutschlands garantieren müssten und auch für dessen Verteidigung verantwortlich seien (vgl. Z. 11 ff.). Doch schon sechs Jahre später kam es zur Wiederbewaffnung der Bundesrepublik und im selben Jahr auch zu deren Aufnahme in das Nordatlantische Verteidigungsbündnis (NATO). Die im Interview anklingende innerdeutsche Politikausrichtung (vgl. Z. 48 ff.) fand in dem von ihm formulierten Alleinvertretungsanspruch der Bundesrepublik Deutschland und der später folgenden Hallstein-Doktrin ihren Ausdruck.

Schritt 3: Beurteilen/Bewerten – Musterlösung

(Fazit/Resümee) Man kann abschließend festhalten, dass sich anhand dieser Quelle die politischen Grundzüge der Ära Adenauer erschließen lassen. In Bezug auf die Westintegration und die innerdeutsche Politik setzte er die zu Beginn seiner Kanzlerschaft deklarierten Ziele konsequent um, allein in Sachen Wiederbewaffnung und NATO-Beitritt erfolgte schon sechs Jahre später eine Kehrtwende in seiner Politik.

Eine Karikatur analysieren

Aufgabe

Analysieren und bewerten Sie die Karikatur.

Material: **Karikatur aus der Satirezeitschrift „Simplicissimus“ (Oktober 1931), Titel: Der letzte Demokrat, Zeichner: Karl Arnold**

Der Simplicissimus war eine satirische Wochenzeitschrift, die im Kaiserreich gegründet wurde (1896), 1933 gleichgeschaltet wurde und bis 1944 erschien. Karl Arnold (1883 – 1953) war dort Redakteur für Text und Bild.

Quellenangabe:
„Simplicissimus“, Jg. 36 (1931/32), Heft 27, München, 5. Oktober 1931; © VG BILD-KUNST, Bonn 2021

Schritt 1: Beschreiben – Musterlösung

(Einleitung) Die vorliegende Karikatur von Karl Arnold ist im Oktober 1931 in der deutschen Zeitschrift „Simplicissimus" erschienen. Der Titel der Karikatur lautet „Der letzte Demokrat". Zeitlich ist die Karikatur der letzten Phase der Weimarer Republik zuzuordnen, die durch den autoritären Regierungsstil der Präsidialregierungen gekennzeichnet war.

(Beschreibung der Bildelemente) Die Karikatur zeigt in der Bildmitte ein Grab, auf dessen Grabstein folgende Inschrift steht: „Hier ruhen die Demokratie und der Parlamentarismus, geb. im Jahre 1848, gest. an Artikel 48". Auf dem Grabstein steht eine Skulptur, die eine junge, magere Frau zeigt, die in jeder Hand eine Urne hält. Rechts neben dem Grab sitzt zusammengesunken ein alter Mann mit Brille und Vollbart, der einen schwarzen Anzug und einen breitrandigen, schwarzen Hut trägt. Er wirkt wie ein Professor, mithin ein Teil der Intelligenz. Der Mann stützt seine Hände auf einem grauen Schirm ab und blickt mit sorgenvoller Miene auf das Grab. Von oben regnet es Eichenblätter herab und der Boden und das Grab sind schon zum Teil vom Laub bedeckt. Die Bildunterschrift lautet: „Der liebste Platz, den ich auf Erden hab', das ist die Rasenbank am Elterngrab".

Schritt 2: Erklären im historischen Kontext – Musterlösung

(Figuren/Symbole erklären) Der Titel der Karikatur „Der letzte Demokrat", bezieht sich auf den alten Mann, der trauernd am Elterngrab sitzt. Die junge Frau mit den zwei Urnen steht für die Demokratie, der auf deutschem Boden nur ein kurzes Leben beschieden war. Die Ausgezehrtheit symbolisiert deren mangelnde Lebenskraft und Vitalität. Der alte Mann steht für den letzten Demokraten der Weimarer Republik. Durch die herabregnenden Eichenblätter entsteht eine herbstliche Stimmung. Der Herbst zeigt das Ableben (Tod) an.

(Metaphern auflösen) Die Eltern des „letzten Demokraten" werden in der Inschrift als „Demokratie" und „Parlamentarismus" bezeichnet. Mit dem Geburtsjahr 1848 verweist der Karikaturist auf die Revolution von 1848 und die Nationalversammlung in der Paulskirche, die in der Karikatur als Geburtsjahr der Demokratie und des Parlamentarismus in Deutschland angesehen werden. Als Todesursache für die Demokratie und den Parlamentarismus sieht der Karikaturist den Artikel 48 der Weimarer Verfassung, der Notverordnungen erlaubte. Diese ließen Präsidialkabinette zu, welche am Parlament vorbei regierten und so das parlamentarische System aushebelten.

Schritt 3: Bewerten – Musterlösung

(Gesamtaussage formulieren) Zusammenfassend lässt sich sagen, dass die Karikatur in den Notverordnungen und Präsidialkabinetten der 1930er-Jahre der Weimarer Republik schon das Ende der Demokratie und des Parlamentarismus in Weimar sieht.

(Perspektive des Karikaturisten herausarbeiten) Die Karikatur ist im Oktober 1931, also während der letzten Phase der Weimarer Republik, erschienen. Der Karikaturist bezieht hier deutlich Stellung, in dem er den Notverordnungsartikel (Artikel 48) der Weimarer Verfassung als das Ende der Demokratie und des Parlamentarismus bezeichnet. Als Geburtsstunde der Demokratie und des Parlamentarismus in Deutschland sieht er das Jahr 1848 an.

(Fazit/Eigene Position) Der Karikatur bewies mit Blick auf das Ende der Weimarer Republik einen prophetischen Blick. Die folgenreichste Notverordnung war die Reichstagsbrandverordnung von 1933, die wesentliche Grundrechte außer Kraft setzte und die Machtbefugnisse des Reichspräsidenten auf den Reichskanzler Adolf Hitler übertrug. Auch heutige Historiker sehen gerade im Artikel 48 der Weimarer Verfassung einen wesentlichen Grund für das Scheitern der Republik. In dieser Hinsicht stellt der Karikaturist die Situation treffend dar. Hinsichtlich des Geburtsjahres kann man allerdings unterschiedlicher Meinung sein, denn eine direkte Linie zwischen 1848 und der Weimarer Republik lässt sich nicht ziehen. Die Revolution von 1848 scheiterte und in den Folgejahren wurden parlamentarische und demokratische Tendenzen eher unterdrückt.
Bezogen auf die Ideen der Verfassung der Paulskirche, lässt sich dennoch eine Verbindung zwischen 1848 und der Weimarer Republik herstellen. Die in der Paulskirchenverfassung formulierten Rechte waren die Grundlage für die Grundrechte der Weimarer Verfassung.

Eine Statistik analysieren

Aufgabe

Analysieren und bewerten Sie die Statistik.

Material: „Innerdeutscher Reiseverkehr" 1962 – 1987 in Zahlen

Jahr	Reisen aus der DDR in die BRD (in Tausend)		Reisen aus der BRD und West-Berlin in die DDR (in Tausend)	
	Rentner	Personen unter dem Rentenalter	gesamt	davon West-Berliner
1962	27		ca. 2 000	
1967	1 072		1 424	60
1972	1 079	11	6 260	3 320
1975	1 370	40	7 734	3 210
1978	1 433	49	7 837	3 260
1981	1 601	37	5 020	1 800
1984	1 607	61	5 219	1 600
1987	3 800	1 290	5 500	ca. 1 900

Quellenangabe:
nach: Jürgen Theil: Das geteilte Deutschland. 1961 – 1990. Quellen zur Geschichte und Politik Klasse 10 – 13 (TEMPORA). Ernst Klett Verlag, Stuttgart/Leipzig 2007, S. 76

Schritt 1: Beschreiben

(Einleitung) Die Statistik „Innerdeutscher Reiseverkehr“ stammt aus dem Buch „Das geteilte Deutschland. 1961 – 1990“ von Jürgen Theil, das 2007 erschienen ist.

(Darstellungsform, Variablen, Messzahlen) In einer Tabelle werden die Reisenden aus der DDR in die BRD und umgekehrt angegeben. Bei den Reisen aus der DDR in die BRD wird nochmals unterschieden in Rentner und Personen unter dem Rentenalter. Bei den Reisen aus der BRD in die DDR werden die Gesamtzahl aller Reisenden sowie der Anteil der West-Berliner darunter genannt. Betrachtet wird der Zeitraum von 1962 bis 1987. Die Jahre von 1962 bis 1972 sind in einem Fünfjahresrhythmus angegeben und ab 1972 bis 1987 in einem Dreijahresrhythmus. Alle erhobenen Daten sind absolute Zahlen in Tausend.

(Inhalte der Statistik: Darstellung und Vergleich der Angaben) Die Statistik beginnt im Jahr 1962. In diesem Jahr reisten 27 000 Rentner aus der DDR in die BRD, vermutlich zu Verwandtenbesuchen, während in demselben Jahr ca. 2 Millionen Bürger aus der BRD ihre Verwandten in der DDR besuchten. Auffallend ist, dass aus der DDR keine Personen unter dem Rentenalter ausreisen durften und dass bei den Reisen aus der BRD in die DDR keine West-Berliner Bürger angegeben sind. Während im Jahr 1967 die Zahl der Rentner, die aus der DDR in die BRD reisten, auf 1,07 Millionen anstieg, ging die Zahl der Reisenden aus der BRD in die DDR auf ca. 1,4 Millionen zurück, von denen 60 000 aus West-Berlin stammten. Auffällig ist, dass ab dem Jahr 1972 die Reisen aus der BRD in die DDR sprunghaft auf 6,2 Millionen anstiegen, wovon mit 3,3 Millionen etwas mehr als die Hälfte aus West-Berlin kamen. In den weiteren Jahren bis 1978 stieg die Zahl auf über 7,8 Millionen Bürger an, die von der BRD in die DDR reisten. Auffällig ist, dass die Zahl der West-Berliner, die in die DDR reisten, nahezu konstant blieb.
Im gleichen Zeitraum stieg auch die Zahl der Reisen aus der DDR in die BRD an. Auffällig hier ist allerdings der sprunghafte Anstieg bei den Personen unterhalb des Rentenalters. Während in den Jahren 1962 und 1967 keine jüngeren Personen Reisen in die BRD unternehmen durften, gab es im Jahr 1972 11 000 Bürgerinnen und Bürger aus der DDR, die in die BRD reisen durften. Im gleichen Jahr stieg die Zahl der Rentner nur um 7 000. Im Jahr 1975 kam es bei den Personen unter dem Rentenalter zu einer Vervierfachung auf 40 000 Reisende, aber auch bei den Rentnern stieg die Zahl um ca. 300 000 Reisende an. Auch drei Jahre später im Jahr 1978 kam es bei beiden Gruppen zu einem erneuten Anstieg auf 1,433 Millionen bei den Rentnern und auf 49 000 bei den Personen unter dem Rentenalter. Ab dem Jahr 1981 sinkt die Zahl der Reisen aus der BRD in die DDR auf beinahe 5 Millionen und die Zahl der West-Berliner, die in die DDR reisen, sinkt auf 1,8 Millionen. Auch bei den Reisen in die andere Richtung sank in diesem Jahr die Zahl bei den Personen unter Rentenalter auf 37 000 Personen ab. Lediglich bei den Personen im Rentenalter kam es in diesem Jahr zu einem Anstieg auf 1,601 Millionen.
In den folgenden sechs Jahren steigt die Gesamtzahl der Reisen von der BRD in die DDR dann wieder von 5,2 Millionen (1984) auf 5,5 Millionen (1987) an. Die Zahl der Reisenden aus West-Berlin sinkt dagegen im Jahr 1984 auf 1,6 Millionen ab, bevor sie im Jahr 1987 auf ca. 1,9 Millionen ansteigt. Wie bei den Reisen von der BRD in die DDR steigt auch die Anzahl der Reisenden aus der DDR in die BRD an. Im Jahre 1984 bei den Rentnern auf

1,07 Millionen und bei den Personen unter dem Rentenalter auf 61 000. Den deutlichsten Anstieg gab es aber im Jahr 1987 mit 3,8 Millionen bei den Rentnern und mit 1,290 Millionen bei den Personen unter dem Rentenalter.

(Gesamtaussage formulieren) Insgesamt lässt sich sagen, dass es bei den Rentnern, die aus der DDR in die BRD reisten, einen stetigen Anstieg gab, während es bei den Personen unterhalb des Rentenalters überhaupt erst ab dem Jahre 1972 Reisende in die BRD gab und deren Zahl im Gegensatz zu den Rentnern stark schwankte.
Bei den Reisen aus der BRD in die DDR lässt sich feststellen, dass die Gesamtzahl über den ganzen Zeitraum stark schwankte, wobei noch festzuhalten ist, dass es erst im Jahr 1967 West-Berliner gab, die in die DDR reisten.

Schritt 2: Erklären im historischen Kontext

Die Statistik gibt den innerdeutschen Reiseverkehr und dessen Schwankungen von 1962 bis 1987 wieder. Klammert man auf Seiten der DDR die Rentner aus, die in die BRD reisten, so kann man anhand dieser Statistik deutlich die Auswirkungen der Deutschlandpolitik im Zeitraum von 1962 bis 1987 erkennen. Eine Auswirkung ist zum Beispiel das Passierscheinabkommen von 1963, welches es den West-Berlinern erstmals seit dem Bau der Berliner Mauer ermöglichte, ihre Verwandten und Freunde in Ost-Berlin zu besuchen. Während es im Jahre 1962 keine Reisen von West-Berlinern in die DDR gab, so gab es ihm Jahre 1967 bereits 60 000 West-Berliner, die in die DDR gereist waren.
Der deutliche Anstieg von Reisen aus der BRD und West-Berlin in die DDR im Jahr 1972 ist eine direkte Folge des „Wandels durch Annäherung“, der innerdeutschen Politik, die Willy Brandt (als Bundeskanzler) und Egon Bahr (als Bundesminister für besondere Aufgaben), beide SPD, betrieben. Sie verhandelten mit der DDR-Führung einen Grundlagenvertrag, der kurzfristige Besuchsreisen von Westdeutschen in die DDR ermöglichte, den sogenannten „kleinen Grenzverkehr“. Und auch wenn es nur wenige Zehntausende waren, durften nun auch Personen unter dem Rentenalter Reisen aus der DDR in die BRD unternehmen.
Der Rückgang des innerdeutschen Reiseverkehrs in den 1980er-Jahren ist wahrscheinlich eine Konsequenz aus der angespannten politischen Weltlage zwischen Ost und West. Durch den Einmarsch der Sowjetunion in Afghanistan und durch Reagans Politik der Stärke auf der Seite der USA setzte eine erneute Konfrontation und ein erneuter Rüstungswettlauf ein, der sich in Form des NATO-Doppelbeschluss auch auf die BRD und DDR auswirkte.
Der starke Anstieg von Reisen aus der DDR in die BRD im Jahr 1987 lässt sich vielleicht durch den ersten Staatsbesuch des DDR Staatsratsvorsitzenden Honecker in der BRD erklären.

Schritt 3: Beurteilen des Aussagewerts

Da die Daten einem Schulbuch entnommen sind, kann man davon ausgehen, dass die Statistik repräsentativ ist. Anhand der dargelegten Zahlen lässt sich gut der Zusammenhang zwischen der Deutschlandpolitik und dem Reiseverkehr zwischen der DDR und der BRD erkennen.

Ein Plakat analysieren

Aufgabe

Analysieren Sie das Plakat und ordnen Sie es in den historischen Kontext ein.

Material: Plakat „Marshall Plan", hrsg. v. High Commissioner of Germany, HICOG (1950)

Vierfarbige Darstellung im Internet unter: https://www.hdg.de/lemo/bestand/objekt/plakat-erp-marshall-plan.html

Hinweis: „High Commissioner of Germany" (HICOG) ist die Bezeichnung für den US-amerikanischen Vertreter der Alliierten Hohen Kommission, die die im Besatzungsstatut (Potsdamer Abkommen) festgelegten alliierten Kontrollrechte über Deutschland ausübte.

Quellenangabe:
Bundesrepublik Deutschland, 1950, HICOG (Hrsg.). Verfügbar im Archiv der Stiftung Haus der Geschichte (Bonn); bpk-Bildagentur

Schritt 1: Beschreiben – Musterlösung

(Einleitung) Das Plakat wurde im Jahr 1950 in der Bundesrepublik Deutschland veröffentlicht. Es handelt sich hierbei um ein Werbeplakat für den Marshall-Plan. Herausgegeben wurde das Plakat von dem alliierten hohen Kommissar für Deutschland (HICOG).

(Beschreibung der Bildelemente) Im Vordergrund des Plakats sieht man mittig ein Segelschiff mit schwarzem Rumpf, auf dessen Bug in Großbuchstaben der Name Europa steht und das in voller Fahrt vor dem Wind mit geblähtem Großsegel durch die Wellen einer stürmischen See pflügt. Auf dem Segeltuch sind 15 deutlich erkennbare europäische Nationalflaggen abgebildet. Zu erkennen sind die deutsche, niederländische, italienische, schwedische, norwegische, französische, schweizerische, belgische und dänische Flagge. Einige Flaggen sind zweimal vorhanden und einige sind auch nur teilweise zu sehen.
Das Schiff vermittelt einen sehr dynamischen Eindruck. Vorangetrieben wird es von einem Wind mit der Bezeichnung „ERP". Die Buchstaben sind proportional sehr groß gehalten und wirken im Gesamtkontext machtvoll.

Schritt 2: Im historischen Kontext erklären – Musterlösung

Bei dem Bild handelt es sich um ein Werbeplakat für den Marshall-Plan, das 1950 in der Bundesrepublik Deutschland vom High Commissioner for Germany (kurz: HICOG) veröffentlicht wurde. Der Marshall-Plan stellte ein finanzielles Hilfsprogramm dar, mit welchem die USA den Wiederaufbau in Europa fördern wollten, um wirtschaftliche und politische Stabilität in Deutschland und Europa herzustellen. Ziel war es, durch ein solches Hilfs- und Wiederaufbauprogramm im Sinne der Truman-Doktrin die Ausbreitung des Kommunismus auf Westeuropa einzudämmen.
Ins Leben gerufen wurde der Marshall-Plan im Jahr 1947. Er umfasste Sachlieferungen, wie Lebensmittel und Rohstoffe, sowie Kredite für Investitionen. Unterstützung stand mit dem nach dem amerikanischen Außenminister George C. Marshall benannten Plan allen europäischen Ländern offen, auch den osteuropäischen. Die einzige Teilnahmebedingung war allerdings, dass sich alle teilnehmenden Staaten auf eine gemeinsame europäische Wirtschaftspolitik einigen mussten. Somit könnte man den Marshall-Plan auch als ersten Schritt hin zu einer europäischen Integration betrachten.
Stalin interpretierte den Marshall-Plan als Versuch der Amerikaner, den sowjetischen Einfluss auf Europa zurückzudrängen. Auf Druck Stalins wurde den osteuropäischen Staaten und der SBZ die Beantragung von Mitteln verboten.

(Symbole erklären) Das Plakat vermittelt zwei zusammenhängende Botschaften: Zum einen kann das Schiff Europa nur durch die stürmische See steuern, wenn alle europäischen Staaten zusammenarbeiten, sozusagen gemeinsam ein großes Segel setzen. Zum anderen braucht das Segel den Marshall-Plan/ERP, der die Finanzmittel bereitstellt, um das Boot voranzutreiben. Man könnte zudem der Fahrtrichtung des Schiffes eine symbolische Bedeutung beimessen, denn mit der Hilfe des „ERP-Windes" fährt das Schiff „Europa" von rechts nach links, also geografisch bzw. im Rückbezug auf die gängigen Kartendarstellungen von Osten nach Westen.

3. Schritt: Beurteilen/Bewerten – Musterlösung

Das Plakat vermittelt sehr anschaulich alle Zielsetzungen des Marshall-Plans: Der „Wind des ERP" treibt das Segelschiff der europäischen Nationalstaaten an – zur Zusammenarbeit und zum Vorankommen.
Auf den zeitgenössischen bundesrepublikanischen Bürger wird das Plakat sicherlich den gewünschten positiven Effekt gehabt haben. Seit der Berlin-Blockade und der Luftbrücke 1948/49 wurden die US-Amerikaner nicht mehr als Kriegsgegner bzw. Besatzer, sondern als Freunde wahrgenommen. Die positive Einstellung gegenüber den USA und dem westlichen Wirtschaftssystem wird sich durch das Empfinden, gemeinsam etwas erreichen zu können, nochmals verstärkt haben.
Im Plakat wird allerdings verschwiegen oder nicht thematisiert, dass hinter dem ERP auch deutlich die Intention steckt, den Einfluss der UdSSR auf Europa im Sinne der „Containment-Policy" beziehungsweise der Truman-Doktrin einzudämmen.

Abiturbeispiel 1 (Schwerpunktthema I)

Aufgaben

1. Analysieren Sie M1.
2. Analysieren Sie M2 und vergleichen Sie M2 mit M3.
3. Stellen Sie die Maßnahmen dar, mit denen Hitler bis zum August 1934 seine Herrschaft festigte.
4. Beurteilen Sie die Möglichkeiten von Widerstandsgruppen wie z. B. die um Goerdeler oder um die Männer des 20. Juli, sich gegen die NS-Diktatur aufzulehnen.

Material 1: Der Historiker Karl Dietrich Bracher äußert sich zur Weimarer Demokratie

Die Demokratie, deren Republikanisierung auch Ebert trotz persönlicher Bedenken [...] nicht mehr verhindern konnte, musste zudem mit der Liquidation des verlorenen Krieges eine ungeheure Belastung übernehmen. Sie stand nicht zwingend am Ende einer demokratischen Evolution, sondern war „eine Notlösung, ein taktischer Ausweg", der von vielen wieder verworfen wurde, als der Vertrag von Versailles die Illusionen um den Kriegsausgang zerstörte. Damit war auch die neue Demokratie als Institution sogleich wieder angefochten, wurde für das Elend der Niederlage und ihre Folgen verantwortlich gemacht. [...] Die Revolution bleibt ein zwielichtiges Ereignis, keine einschneidende Umwandlung der staatlichen Organisation sicherte die Republik, und machtvolle feudale und obrigkeitsstaatliche Einrichtungen konnten sich und ihre Ansprüche mühelos konservieren. [...] So fügten sich Bürokratie, Militärs und politische Gruppen auch der für den Augenblick stillschweigenden SPD und ihrer gemäßigten Revolution, die eine gewisse Kontinuität zu wahren versprach. Existentielle Abwehrhaltung gegen den Bolschewismus verband sich mit praktischen Einzel- und Gruppeninteressen. Der Verwaltungsapparat blieb, von einer sozialistischen Spitze abgesehen, auch personell weitgehend bestehen. [...] Das System der Bündnisse und Kompromisse, das die Umgestaltung der Machtverhältnisse im Übergang von der Monarchie zur parlamentarischen Republik trug, war in erster Linie aus dem Bedürfnis nach Ruhe und Ordnung und nach Abwehr der radikalen Strömungen erwachsen. [...] Es kam auf verschiedenen Ebenen der wirtschafts-, sozial-, militär-, parteien- und verfassungspolitischen Bewegung zu beweglichen taktischen Verbindungen höchst verschiedenartiger Machtpartner. [...]

1. Der sichtbarste und für den Augenblick bedeutungsvollste Kompromiß zwischen alten und neuen Machtträgern wurde im Bündnis der republikanischen Gewalt mit der bislang auch politisch ausschlaggebenden militärischen Führung geschlossen. [...]

2. Auf einer anderen Ebene, praktisch ohne Beteiligung staatlicher Instanzen, führten gleichzeitig Verhandlungen zwischen den Interessengruppen der Arbeitergeber (Stinnes) und Arbeitnehmer (Legien) zu einem großen Kompromiss, der die soziale und wirtschaftliche Struktur des neuen Staates betraf. Am 15. November 1918 wurde die „Zentrale Arbeitsgemeinschaft“ geschaffen und damit das ausschließliche Recht der Gewerkschaften zur Vertretung der Arbeitnehmerschaft bei lohn-, tarif- und arbeitstechnischen Verhandlungen festgestellt. So wurde ein wesentliches Problem der neuen pluralistischen Machtstruktur, die Neuordnung der sozialen und wirtschaftlichen Machtverteilung, von vornherein den Vereinbarungen, dem Machtkampf verschiedener Interessengruppen überlassen und der Kontrolle durch die gesamtstaatliche Repräsentation weitgehend entzogen.

Quellenangabe:
zit. nach: Bracher, Karl Dietrich: Die Auflösung der Weimarer Republik. Eine Studie zum Problem des Machtverfalls der Demokratie. [1. Auflage 1955] Droste Verlag, Düsseldorf 1978, S. 15 ff.

Material 2: Karikatur „Das neue Jahr“

Bildunterschrift: „Was wird aus dem Knäblein werden?“

Hinweis: Der Holzschnitt von Hans Gerner ist 1932 in der „Sonntags-Zeitung“ erschienen. Bei dem Mann mit Brille handelt es sich um Brüning.

Quellenangabe:
Gerner, Hans: Was wird aus dem Knäblein werden? (1932) In: Die Sonntags-Zeitung Nr. 1, Stuttgart, 3. Januar 1932, online-Ausgabe: http://www.erich-schairer.de/PDF/Jahrgang%201932.pdf (aufgerufen 19.01.2018)

Material 3: Der Historiker Helmut Heiber äußerst sich zu Brüning

Historisch betrachtet ist sein Regime darüber hinaus allein durch seine Existenz und durch die Frist, die es gewährte, der Brutkasten gewesen, in dem der Nationalsozialismus zum Riesen heranwuchs. Somit hat [...] an der Wiege des Dritten Reiches und mithin auch schon am Sarge der Republik eigentlich nicht der kleine Vollstreckungsbeamte Papen gestanden, sondern Heinrich Brüning.

Über Brünings Zuordnung zum „Führerstaat" legen nicht nur die Umstände seiner Ernennung gültiges Zeugnis ab, sondern ebenso sehr die seines Abtretens; nicht der Reichstag hat ihm sein Vertrauen entzogen, sondern der Reichspräsident; nicht mehr die Gesetzgebungsmaschinerie versagte sich ihm, sondern die Notverordnungsmechanik wurde ihm weggenommen. Keine Reichstagsmehrheit hat sein Abtreten gefordert, sondern eine Kombination von Cliquen und Pressure-Groups, die dort akkreditiert waren, wo nunmehr über Deutschlands Schicksal entschieden wurde: im „Palais".

Neben der Reichswehrführung und den Interessensvertretern von Industrie und – mehr noch – Großgrundbesitzern wuchsen der Staatssekretär des Reichspräsidenten und dessen „in der Verfassung nicht vorgesehener" Sohn zu Institutionen heran, die an Einfluss alles Legale weit in den Schatten stellten [...]

Quellenangabe:
Heiber, H.: Die Republik von Weimar. In: dtv-Weltgeschichte des 20. Jahrhunderts. Bd. 3. [1. Auflage 1961] © dtv Verlagsgesellschaft, München 1969, S. 230 ff.

Aufgabe 1: M1 analysieren – Musterlösung

(Formale Analyse) Die Darstellung des Historikers Karl Dietrich Bracher beschreibt den Kompromisscharakter der Weimarer Republik. Der vorliegende Text ist ein Auszug aus der Monographie „Die Auflösung der Weimarer Republik", erstmals erschienen 1951. Bracher analysiert die Weimarer Republik als „Notlösung". Der Text ist eine Sekundärquelle bzw. ein wissenschaftlicher Text und richtet sich somit wahrscheinlich an interessierte Leser und Historiker.

(Inhaltliche Analyse) Bracher ordnet in diesem Textauszug die Gründung der Weimarer Republik in die Zeit nach dem Ersten Weltkrieg ein. Er gibt an, dass die Demokratie für die alten Eliten „eine Notlösung, ein taktischer Ausweg" (Z. 8 f.) gewesen sei, die „nicht zwingend am Ende einer demokratischen Evolution" (Z. 6 ff.) gestanden habe. Mit dem Versailler Vertrag, so Bracher, sah man die Demokratie an sich wieder in Frage gestellt und darüber hinaus habe man sie für die Niederlage verantwortlich gemacht.
Bracher ist überdies der Meinung, dass die Novemberrevolution keine wirklichen tiefgreifenden Umwandlungen auf staatlicher Ebene gebracht habe, denn „machtvolle feudale und obrigkeitsstaatliche Einrichtungen" hätten sich ihren Einfluss erhalten können. Schließlich hätten auch die eher bürgerlichen Kreise, also Militär und Bürokratie, zunächst die „gemäßigte Revolution" der Sozialdemokratie akzeptiert, da dadurch eine gewisse Kontinuität sichergestellt schien. Auch die Angst vor dem Bolschewismus habe dazu geführt, dass die Konservativen die Führungsrolle der SPD anerkannt hätten. Darüber hinaus, so Bracher, hatte sich zwar die Staatsführung verändert, die nun sozialistisch geprägt war, nicht aber die Verwaltungsebene des Landes, die personell unverändert geblieben war. Zu den vielen

Bündnissen und Kompromissen in der Weimarer Republik sei es auch gekommen, weil nach der Revolution 1918 der Wunsch nach Ruhe und Ordnung im Vordergrund stand. Bracher nennt zwei, seines Erachtens nach wichtige, Bündnisse, die sich auf vielen Ebenen wiedergefunden hätten und die v. a. durch große Unterschiede geprägt gewesen seien. Zum einen sei dies das Bündnis der „republikanischen Gewalt“ mit der „militärischen Führung“ und zum anderen das sog. „Stinnes-Legien-Abkommen“, mit dem sich die Tarifpartner, v. a. die Unternehmer, vor staatlichen Eingriffen schützten.

(Erklärung im historischen Kontext) Der Verfasser des Textes war Historiker und analysiert in diesem Textauszug die Grundprobleme der Weimarer Republik, die letztlich Gründe für ihr Scheitern darstellen.
Wenn Bracher davon spricht, dass die Weimarer Demokratie eine „Notlösung“ gewesen sei, dann meint er damit, dass es zur Demokratisierung nur infolge der sich abzeichnenden Niederlage gekommen sei. Die Oberste Heeresleitung (OHL) gab erst dann den Weg dafür frei und bürdete den Demokraten so die Niederlage auf. Nur um die Revolution in „gemäßigte Bahnen“ (vgl. Z. 26) zu lenken, waren die traditionellen Eliten bereit, die Republik zu akzeptieren. Doch gleichzeitig sicherten sie sich ihre Positionen. Außerdem hoffte das Bürgertum darauf, dass es als Anerkennung für die Demokratisierung einen nicht allzu harten Frieden geben würde. Diese Hoffnung wurde jedoch mit dem Versailler Vertrag enttäuscht. Die Kompromisse, die Bracher anspricht, sind auf militärischem Gebiet der Ebert-Groener-Pakt, der die Grundlage für die Zusammenarbeit der Demokraten mit den alten militärischen Eliten bildeten und das Stinnes-Legien-Abkommen zwischen Arbeitgebern und Gewerkschaften vom 15. November 1918.

(Fazit/Beurteilung) Der Autor zeigt schlüssig die Grundprobleme der Weimarer Zeit auf, die eine schwere Belastung der Republik darstellten. Dadurch, dass die verantwortlichen Militärs, allen voran Hindenburg und Ludendorff, die Verantwortung für die Niederlage im Ersten Weltkrieg auf die Demokraten abwälzten, wurde die junge Republik immer mit dem sog. „Schmachfrieden“ in Verbindung gebracht. Zahllose Kompromisse zwischen allen gesellschaftlichen Akteuren führten im Laufe der Jahre zu einer Aushöhlung der Republik durch ihre Gegner. Letztlich wurde der jungen Republik so die Möglichkeit einer nachhaltigen Demokratisierung genommen wurde. Die Darstellung des Autors zeigt nachvollziehbar, wie die Weimarer Republik auf Kompromissen zwischen alten und neuen Eliten gegründet war und dass sie letztendlich daran scheiterte.

Aufgabe 2 (Teil 1): M2 analysieren – Musterlösung

(Einleitung) Die Karikatur mit dem Titel: „Das neue Jahr“ und der Bildunterschrift „Was wird aus dem Knäblein werden?“ aus dem Jahr 1932 ist eine zeitgenössische Quelle, die den Aufstieg des Nationalsozialismus thematisiert. Im Original handelt es sich um einen Holzschnitt von Hans Gerner, der am 3. Januar 1932 in der Stuttgarter „Sonntags-Zeitung“ erschienen ist.

(Bildbeschreibung) In der Mitte des Bildes befindet sich ein Taufbecken, aus dem ein Baby gehoben wird, das noch ganz nass ist. Das Baby trägt ein Hemdchen, auf dem die Jahreszahl

1932 geschrieben steht. An der rechten Schulter ist ein Hakenkreuz aufgenäht. Bei dem Baby handelt es sich um einen Jungen. Er hebt die rechte Hand zum Hitler-Gruß und hat tiefschwarze Haare mit einem Seitenscheitel und einem Bart. Der Junge schaut böse drein. Der Mann, der ihn aus der Taufe hebt, trägt einen Anzug mit Fliege. Er hat eine Glatze und trägt eine Brille. Der Mann lächelt. Der Taufstein scheint in einer Kirche zu stehen, was man an dem Rundbogen erkennen kann.

(Erklärung im historischen Kontext) Bei dem „Knäblein" handelt es sich, wie man unschwer erkennen kann, um Adolf Hitler. Typisch hierfür sind der Scheitel und der Bart aber auch der Gruß mit der erhobenen rechten Hand. Bei dem Mann, der hier vielleicht den Taufpaten darstellen soll, handelt es sich um Heinrich Brüning, den deutschen Reichskanzler von 1930 bis 1932. Brüning war Politiker der (katholischen) Zentrumspartei.
Mit der Frage „Was soll aus dem Knäblein werden?" drückt der Karikaturist eine gewisse Unsicherheit aus: Es ist 1932 noch nicht klar, wie sich die NSDAP entwickeln und ob sie je an einer Regierung beteiligt werden wird.
Nachdem im Jahr 1930 die „Große Koalition" unter Hermann Müller zerbrochen war, wurde Brüning von Hindenburg zum Reichskanzler ernannt. Dieser regierte nunmehr mithilfe der Notverordnungen, deren Grundlage Art. 48 der Weimarer Verfassung bildete. Da die SPD die Regierung Brüning wegen der massiven Stimmzuwächse der NSDAP in der Septemberwahl 1930 tolerierte, gab es keine Mehrheit im Reichstag, die die Notverordnungen hätte aufheben können. Mit Brüning begann somit die Ära der „Präsidialkabinette".
Brünings Regierungszeit fällt in die Ära der Weltwirtschaftskrise. Mit seiner Deflationspolitik (Politik, die einen Preisverfall herbeiführen will, um den Wert der Währung anzuheben) verschärfte er die Wirtschaftskrise in Deutschland, die Arbeitslosenzahl wuchs und die Menschen mussten Einkommensverluste hinnehmen.
Darüber hinaus kann man Brüning vorwerfen, dass er durchaus offen für eine Zusammenarbeit mit den Nationalsozialisten war. Wie auch von Schleicher vertrat auch er das sogenannte „Zähmungskonzept".

(Beurteilung/Fazit) Mit seiner rigiden Sparpolitik verhalf Brüning der NSDAP sicherlich zum Aufstieg, da immer mehr Menschen verarmten und sich gesellschaftlich „abgehängt" fühlten. Insofern kann man durchaus sagen, dass Brüning in gewisser Weise der Totengräber der Republik war und den Nationalsozialisten in die Hände spielte. Der Karikaturist beschreibt die Situation somit treffend. Brünings Politik ermöglichte den Aufstieg der Nationalsozialisten.

Aufgabe 2 (Teil 2): M2 mit M3 vergleichen – Musterlösung

Tipp zum Punktesammeln

Sie sollen die Grundaussagen des Textes (M3) herausarbeiten und mit der Grundaussage der Karikatur (M2) vergleichen. Erwähnen Sie diese in jedem Fall ausdrücklich. ACHTUNG: Um die volle Punktzahl zu erreichen, ist es ganz wichtig, dass Sie ein Ergebnis Ihres Vergleichs ziehen oder ein Urteil fällen.

<u>(Formaler Vergleich)</u> Im Folgenden wird die Karikatur mit dem Text M3 verglichen werden. Auf formaler Ebene lassen sich folgende Unterschiede festhalten:
M3 ist im Gegensatz zu M2 keine Quelle, sondern Sekundärliteratur, die ein historisches Urteil des Historikers Helmut Heiber wiedergibt. Bei Material M2 handelt es sich um eine Karikatur und bei M3 um einen Text. Die Karikatur ist 1932 erschienen, der Text erstmals im Jahr 1961, also 29 Jahre später.

<u>(Inhaltlicher Vergleich)</u> Inhaltlich Gemeinsamkeiten aber auch Unterschiede.
Heiber beurteilt die brüningsche Politik ähnlich wie die Karikatur: Brüning ist demnach mit für den Aufstieg und das Erstarken des Nationalsozialismus verantwortlich. Heiber unterstreicht das mit der Bezeichnung „Brutkasten". Karikaturist und Historiker sehen in der Politik von Reichskanzler Brüning einen zentralen Grund für das Erstarken des Nationalsozialismus. Während die Karikatur im Vorausblick naturgemäß die Zukunft noch offen dargestellt (Bildunterschrift: „Was soll aus dem Knäblein werden?"), so kann Heiber im Rückblick klar urteilen und hervorheben, dass Brüning an der Wiege des „Dritten Reiches" gestanden habe. Keine Aussage trifft die Karikatur in Bezug auf die Interpretation Heibers, das Regierungssystem Brüning sei eine Vorstufe zum „Führerstaat" gewesen. Ebenso wenig thematisiert die Karikatur die Problematik der „Pressure Groups", der Interessensvertreter starker gesellschaftlicher Gruppierungen.

<u>(Fazit)</u> Abschließend lässt sich sagen, dass die Grundaussage beider Dokumente durchaus ähnlich ist: Beide sehen in der Politik Brünings eine Ursache für den Aufstieg des Nationalsozialismus.

Aufgabe 3: Beurteilen – Musterlösung

Tipp zum Punktesammeln

Diese Aufgabe erfordert Fachwissen, das Sie geordnet darstellen sollen. Gehen Sie so vor:
1. Sammeln und ordnen Sie Ihre Ideen auf einem gesonderten Blatt, z. B. mithilfe einer Mind-Map.
2. Erklären Sie, was Sie über die Maßnahmen wissen, mit denen Nationalsozialisten ihre Herrschaft festigten.

Mit der Machtübernahme 1933 begannen die Nationalsozialisten mit der Festigung ihrer Herrschaft. Zunächst strebten sie bei den Wahlen zum Reichstag am 5. März die absolute Mehrheit an. Um diese zu erreichen, bekämpften sie die politischen Gegner (SPD/KPD) mit Terror. Sie schränkten die Freiheits- und Grundrechte mit Hilfe von Notverordnungen ein, wie z. B. das Versammlungsrecht und die Pressefreiheit. Nach dem Reichstagsbrand am 28.2.1933 setzten sie mit der „Verordnung zum Schutz von Volk und Staat" alle Grundechte außer Kraft. Innerhalb kürzester Zeit wurden mehr als 20 000 Kommunisten und Sozialdemokraten in „Schutzhaft" genommen und auch erste Konzentrationslager eingerichtet. Mit dem Ermächtigungsgesetz vom 23.3.1933, dem „Gesetz zur Behebung der Not von Volk und Staat" wurde der Parlamentarismus beseitigt, die Gewaltenteilung abgeschafft. Mit dem Ermächtigungsgesetz wurde die Weimarer Verfassung de facto ihres demokratischen Kerns beraubt.

Neben diesen Maßnahmen wurde der Pluralismus der Gesellschaft durch die „Gleichschaltung" beseitigt. Bis hinab zur kommunalen Ebene wurde damit die nationalsozialistische Diktatur durchgesetzt. Außerdem schalteten die Nationalsozialisten die Gewerkschaften gleich, an deren Stelle am 2. Mai 1934 die Deutsche Arbeitsfront trat. Außerdem führten sie das Einparteiensystem ein: Die NSDAP wurde Staatspartei. Die Nationalsozialisten beseitigten auf der politischen Ebene den Föderalismus, in dem die Länderregierungen zunächst durch „Reichsstatthalter" ersetzt und die Landtage aufgelöst wurden. 1934 wurden auch die Länderparlamente abgeschafft und der öffentliche Dienst gleichgeschaltet. Juden wurden vom Dienst suspendiert bzw. entlassen.
Mit der Ermordung Röhms wurde die Unabhängigkeit der Judikativen besiegelt und die SS stieg zum zentralen Terrorinstrument des NS-Regimes auf.
Mit dem Tod Hindenburgs im August 1934 wurde das Militär auf Hitler vereidigt und die Ämter des Reichspräsidenten und Reichskanzlers auf Hitler vereint. Die Festigung der Macht war nun abgeschlossen.

Aufgabe 4: Beurteilen – Musterlösung

Tipp zum Punktesammeln

Diese Aufgabe erfordert Fachwissen, das Sie geordnet darstellen sollen. Gehen Sie so vor:

1. Sammeln und ordnen Sie Ihre Ideen auf einem gesonderten Blatt, z. B. mithilfe einer Mind-Map.
2. Erklären Sie zuerst, was Sie über die Widerstandsbewegungen während der NS-Zeit wissen.
3. Nenne Sie Gründe, warum diese scheiterten.

Während der zwölf Jahre nationalsozialistischer Herrschaft gab es nur vereinzelt Widerstand. Um die Frage zu beantworten, weshalb die Widerstandsgruppen scheiterten, ist es sinnvoll, die verschiedenen Arten von Widerstand kurz zu erwähnen und anschließend die wichtigsten und bekanntesten Widerstandsgruppen und deren Ziele kurz darzustellen und zu vergleichen. Im Anschluss daran sollen weitere Aspekte diskutiert werden, die Widerstand schwierig bzw. unmöglich machten.
Zunächst muss zwischen verschiedenen Formen von Widerstand unterschieden werden, wie z. B. Nonkonformität (unangepasstes Verhalten) im Alltag, Verweigerung, Protest oder offener Widerstand.
Neben der (vorwiegend militärisch geprägten) Gruppe um den 20. Juli um von Stauffenberg, die am 20. Juli 1944 ein Attentat auf Hitler verübte, das jener leicht verletzt überlebte, sind weitere Gruppen zu nennen: Zum einen gab es den so genannten Goerdeler-Kreis, bestehend aus Sozialdemokraten, bürgerlichen Politikern, Gewerkschaftern und Mitgliedern der „Bekennenden Kirche", der einen Staatsstreich durchführen wollte. Weitere bekannte Widerstandsgruppen waren z. B. die Edelweißpiraten, die Weiße Rose, Georg Elser oder der

Kreisauer Kreis. Die Edelweißpiraten in Köln versuchten sich von der HJ durch einen eigenen Kleidungsstil abzugrenzen, die Gruppe „Weiße Rose" um Hans und Sophie Scholl verteilten Flugblätter und leisteten so Widerstand gegen das Herrschaftssystem. Georg Elser verübte in München ein Bombenattentat auf Hitler, dem dieser unverletzt entkam. Einzelne, wenige Amtsträger der katholischen Kirche, allen voran Bischof von Galen aus Münster, prangerten z. B. das Euthanasieprogramm an und die (evangelische) Bekennende Kirche (Wuppertal) um Dietrich Bonhoeffer distanzierte sich vom Nationalsozialismus. Der (bürgerliche) Kreisauer Kreis um Helmuth James Graf von Moltke wiederum beschäftigte sich mit der Neuordnung Deutschlands nach der Niederlage.

Wenn man auf der einen Seite z. B. die Ziele der hier dargestellten Widerstandsgruppen betrachtet, so fällt auf, dass die wenigen Gruppen höchst unterschiedliche Zielsetzungen verfolgten. Diese reichten von der individuellen Verweigerung bis hin zum politischen Umsturz. Dies ist ein zentraler Grund für das Scheitern des Widerstands, denn die viele Gruppen kooperierten nicht und es gab keine Führung. Sie hatten im Wesentlichen auch gar keine Kenntnis voneinander. Ein positives Beispiel für gelingenden Widerstand gibt z. B. die Résistance in Frankreich, die die Zusammenarbeit koordinierte und ideologische Grundsätze überwand.
Ein Problem in Deutschland war zudem, dass die Nationalsozialisten politische Gegner von Anfang an systematisch verfolgten und ausschalteten, so z. B. die Kommunisten. Kommunistisch organisierter Widerstand war somit fast unmöglich. Auch fehlte den Gruppen, anders als in Frankreich, z. B. die fehlende Unterstützung im bzw. aus dem Ausland. Jeder, der seine Ablehnung offen zeigte, musste mit KZ-Haft o. Ä. rechnen. Abweichung wurde im totalitären System nicht geduldet, Widerstand erforderte immensen persönlichen Mut. Auf der anderen Seite darf aber auch die Wirkung der Propaganda nicht vernachlässigt werden: Mindestens bis ins Jahr 1943 waren Hitler und die Nationalsozialisten aufgrund der wirtschafts- und außenpolitischen Erfolge sehr populär. Viele Menschen hatten sich daher mit dem System arrangiert und gerade die Verfolgungs- und Rassenpolitik störten viele Deutsche nicht. Ein Scheitern des Widerstands liegt also auch darin begründet, dass dieser nicht mit Rückhalt in der Bevölkerung rechnen konnte.
Dass es so gut wie keinen militärischen Widerstand gab, liegt auch daran, dass die Soldaten ihren Eid auf Hitler ablegen mussten. Dies führt dazu, dass viele Militärs in einer Art Gewissenskonflikt lebten.
Letztlich kann man sagen, dass es zwar Widerstandsbewegungen gab, die jedoch vereinzelt blieben, sich nicht übergreifend organisierten und keine Unterstützung durch die Bevölkerung erfuhren. Infolge ihrer Schwäche waren sie gegenüber dem äußerst effizient organisierten Totalitarismus zum Scheitern verurteilt.

Abiturbeispiel 2 (Schwerpunktthema II)

Aufgaben

1. Stellen Sie die Phasen der Deutschlandpolitik der Bundesrepublik von 1949 bis zur Wiedervereinigung dar.
2. Analysieren Sie M1.
3. Vergleichen Sie M2 mit M1.
4. Erörtern Sie, inwiefern erst durch die neue Ostpolitik die Wiedervereinigung ermöglicht wurde. Beziehen Sie dabei auch die Kritik an dieser Politik mit ein.

Material 1: Karikatur von Hanns Erich Köhler aus dem Jahr 1949

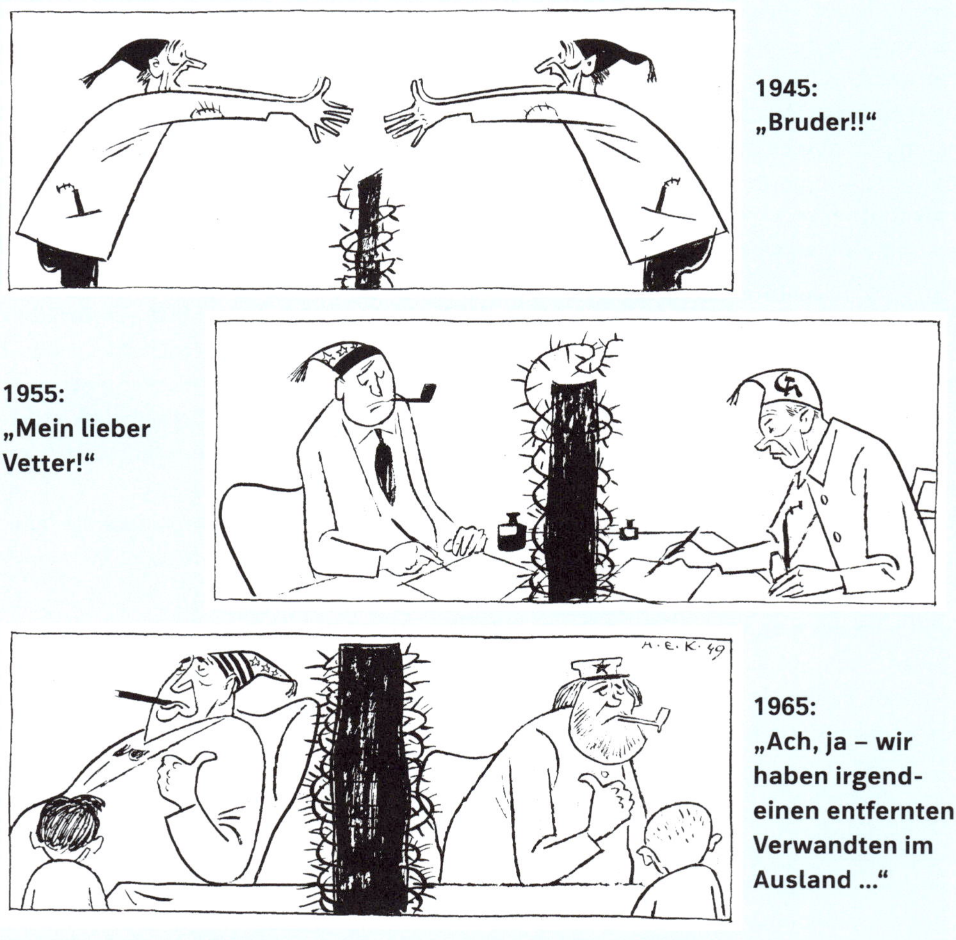

Quellenangabe: © Hanns Erich Köhler, 1949. In: Geschichte SII: Deutschland im Umbruch. Gesichte Deutschlands 1933-1990. Schroedel, Braunschweig 1990; © Wilhelm-Busch-Gesellschaft e.V.

Material 2: Aus einer Rede von Egon Bahr vor der evangelischen Akademie Tutzing am 15.7.1963

[...] Die amerikanische Strategie des Friedens läßt sich auch durch die Formel definieren, daß die kommunistische Herrschaft nicht beseitigt, sondern verändert werden soll. Die Änderung des Ost/West-Verhältnisses, die die USA versuchen wollen, dient der Überwindung des Status quo, indem der Status quo zunächst nicht verändert werden soll. Das klingt paradox, aber es eröffnet Aussichten, nachdem die bisherige Politik des Drucks und Gegendrucks nur zu einer Erstarrung des Status quo geführt hat. Das Vertrauen darauf, daß unsere Welt die bessere ist, die im friedlichen Sinn stärkere, die sich durchsetzen wird, macht den Versuch denkbar, sich selbst und die andere Seite zu öffnen und die bisherigen Befreiungsvorstellungen zurückzustellen. [...]

Die erste Folgerung, die sich aus einer Übertragung der Strategie des Friedens auf Deutschland ergibt, ist, daß die Politik des Alles oder Nichts ausscheidet. Entweder freie Wahlen oder gar nicht, entweder gesamtdeutsche Entscheidungsfreiheit oder ein hartes Nein, entweder Wahlen als erster Schritt oder Ablehnung, das alles ist nicht nur hoffnungslos antiquiert und unwirklich, sondern in einer Strategie des Friedens auch sinnlos. Heute ist klar, daß die Wiedervereinigung nicht ein einmaliger Akt ist, der durch einen historischen Beschluß an einem historischen Tag auf einer historischen Konferenz ins Werk gesetzt wird, sondern ein Prozeß mit vielen Schritten und vielen Stationen. Wenn es richtig ist, was Kennedy sagte, daß man auch die Interessen der anderen Seite anerkennen und berücksichtigen müsse, so ist es sicher für die Sowjet-Union unmöglich, sich die Zone zum Zwecke einer Verstärkung des westlichen Potentials entreißen zu lassen. Die Zone muß mit Zustimmung der Sowjets transformiert werden. Wenn wir soweit wären, hätten wir einen großen Schritt zur Wiedervereinigung getan. [...]

Wenn es richtig ist, und ich glaube, es ist richtig, daß die Zone dem sowjetischen Einflußbereich nicht entrissen werden kann, dann ergibt sich daraus, daß jede Politik zum direkten Sturz des Regimes drüben aussichtslos ist. Diese Folgerung ist rasend unbequem und geht gegen unser Gefühl, aber sie ist logisch. Sie bedeutet, daß Änderungen und Veränderungen nur ausgehend von dem zurzeit dort herrschenden, verhaßten Regime erreichbar sind. [...]

Der amerikanische Präsident hat die Formel geprägt, daß so viel Handel mit den Ländern des Ostblocks entwickelt werden sollte, wie es möglich ist, ohne unsere Sicherheit zu gefährden. Wenn man diese Formel auf Deutschland anwendet, so eröffnet sich ein ungewöhnlich weites Feld. Es wäre gut, wenn dieses Feld zunächst einmal nach den Gesichtspunkten unserer Möglichkeiten und unserer Grenzen abgesteckt würde. [...]

Das Ziel einer solchen Politik kann natürlich nicht sein, die Zone zu erpressen, denn kein kommunistisches Regime, und schon gar nicht das so gefährdete in der Zone, kann sich durch Wirtschaftsbeziehungen in seinem Charakter ändern lassen. [...]

Uns hat es zunächst um die Menschen zu gehen und um die Ausschöpfung jedes denkbaren und verantwortbaren Versuchs, ihre Situation zu erleichtern. Eine materielle Verbesserung müßte eine entspannende Wirkung in der Zone haben. Ein stärkeres Konsumgüterangebot liegt in unserem Interesse. In der Sowjetunion ist der Konsumwunsch gewachsen und hat zu positiven Wirkungen beigetragen. Es ist nicht einzusehen, warum es in der Zone anders sein sollte.

Die Sowjetunion ist angetreten mit dem Ziel, den Westen einzuholen und zu überholen, gerade auch auf dem Gebiet des Lebensstandards, auf dem der Westen am stärksten ist. Abgesehen davon, daß es sich dabei um ein Ziel handelt, das den Westen als Vorbild hinstellen muß und an seiner Leistung orientiert ist, ist offensichtlich, daß diese Politik nicht allein die Zone innerhalb des Ostblocks ausnehmen kann. Den Prozeß zur Hebung des Lebensstandards zu beschleunigen, weil sich dadurch Erleichterungen mannigfacher Art für die Menschen und durch verstärkte Wirtschaftsbeziehungen verstärkte Bindungen ergeben können, würde demnach in unserem Interesse liegen.

Wir haben gesagt, daß die Mauer ein Zeichen der Schwäche ist. Man könnte auch sagen, sie war ein Zeichen der Angst und des Selbsterhaltungstriebes des kommunistischen Regimes. Die Frage ist, ob es nicht Möglichkeiten gibt, diese durchaus berechtigten Sorgen dem Regime graduell so weit zu nehmen, daß auch die Auflockerung der Grenzen und der Mauer praktikabel wird, weil das Risiko erträglich ist. Das ist eine Politik, die man auf die Formel bringen könnte: Wandel durch Annäherung. [...]

Quellenangabe:
Der vorliegende Text ist ein Auszug aus der Rede „Wandel durch Annäherung", gehalten von Egon Bahr vor der evangelischen Akademie in Tutzing am 15.7.1963. Veröffentlicht in: Deutschlandarchiv 8 (1973), online-Archiv, Bundeszentrale für politische Bildung, Bonn. S. 862-863. Als pdf im Archiv der Friedrich-Ebert-Stiftung abrufbar: https://www.fes.de/archiv/adsd_neu/inhalt/stichwort/tutzinger_rede.pdf (aufgerufen 19.3.2017)

Aufgabe 1: Darstellung der Deutschlandpolitik der BRD von 1949 bis zur Wiedervereinigung – Musterlösung

Nach dem Ende des Zweiten Weltkriegs entstanden im Zuge des Ost-West-Konflikts zwei deutsche Staaten mit jeweils eingeschränkter Souveränität. Nach der Gründung der Bundesrepublik Deutschland (BRD) im Jahr 1949 war die Außenpolitik neben den Themen Versöhnung, Selbstbestimmung, Westintegration und europäische Zusammenarbeit auch das Verhältnis zur Deutschen Demokratischen Republik (DDR) ein zentrales Thema. Nicht zuletzt auch wegen des im Grundgesetz geforderten Ziels, dass die Erreichung der nationalstaatlichen Einheit Ziel einer jeden bundesrepublikanischen Regierung bleiben musste. Die Phasen der bundesrepublikanischen Deutschlandpolitik lassen sich sehr gut an den Perioden der Regierungen/Kanzlerschaften von 1949 bis 1990 darlegen.

Konrad Adenauer (CDU) verfolgte das Ziel, aus einer „Politik der Stärke" heraus die nationale Einheit zu erreichen. Adenauers Maxime war es, die Bundesrepublik in geistiger und kultureller Hinsicht mit dem Westen unauflösbar zu verbinden. Die sog. „Westintegration" sollte der als Provisorium deklarierten Bundesrepublik eine Position der Stärke gegenüber dem Ostblock sichern und auch auf die Deutschen im sowjetischen Herrschaftsbereich eine Sogwirkung auslösen. Die würde wie ein Magnet (sog. „Magnettheorie") wirken und auch eine Wiedervereinigung in „Frieden und Freiheit" in greifbare Nähe rücken.

Es zeigte sich aber, dass mit jedem Schritt hin zu einer stärkeren Integration der Bundesrepublik in das westliche Bündnissystem die DDR ihrerseits stärker in den Ostblock eingebunden wurde. Mitte der 1950er-Jahre wurde deutlich, dass seitens durch die immer selbstbewusster auftretenden und sich zunehmend stärker abgrenzenden DDR keinerlei Perspektiven hinsichtlich einer Wiedervereinigung gab. Man sah sich im Westen gezwungen, gegenüber dem „Phänomen im Osten“ – wie die DDR damals genannt wurde – eine neue politische Haltung herauszubilden. Es entstand die „Hallstein-Doktrin“, der folgend die Bundesrepublik die diplomatischen Beziehungen mit jedem Staat abbrach, der die DDR diplomatisch anerkannte. Ziel war es, den Anspruch der BRD als ausschließliche Vertretung des deutschen Volkes deutlich zu machen. Der Bau der Berliner Mauer und die Kuba-Krise zeigten unmissverständlich, dass die Politik der Stärke Grenzen hatte. Bonn konnte, das zeigte der ausbleibende Widerstand des Westens gegen den Bau der Mauer, bei der Lösung der nationalen Frage nicht auf Unterstützung der Westmächte zählen. Insbesondere die USA als westliche Führungsmacht hatten sich vor dem Hintergrund der drohenden nuklearen Vernichtung mit dem „Status quo“ arrangiert. Angesichts der Gefahr eines nuklearen Weltkriegs ließ man die DDR und in Verlängerung auch die UdSSR lieber gewähren, als einen neuen Krieg zu provozieren.

Unter Ludwig Erhard (CDU) kam es zu ersten Öffnungen der Bundesrepublik gen Osten. Durch die Entspannungspolitik der USA wurde die Hallstein-Doktrin für die Bundesrepublik zu einer Belastung und es bestand die Gefahr, sich international in eine Sackgasse zu manövrieren. Der kompromisslose Alleinvertretungsanspruch weichte auf und es wurden deutsche Handelsvertretungen in osteuropäischen Staaten eingerichtet. Allerdings folgte keine Änderung der Politik gegenüber der DDR kam. Es gab weiterhin keine Deutschlandpolitik, die konkret auf einen Austausch mit der DDR gerichtet war.

Unter Kurt Georg Kiesinger (CDU) verlor der Alleinvertretungsanspruch weiter an Bedeutung. Die Erhaltung des Friedens wurde anstelle der Wiedervereinigung oberstes Ziel der bundesdeutschen Außenpolitik.

Von einer wirklichen Wende kann erst mit der Politik der sozial-liberalen Koalition unter Willy Brandt (SPD) gesprochen werden. In seiner Regierungserklärung sprach Brandt das erste Mal von „zwei deutschen Staaten“, die füreinander nicht Ausland sein könnten, sondern deren Beziehungen zueinander von besonderer Natur sein müssten. Für diese neue Politik gegenüber der DDR und dem Ostblock insgesamt prägte sich der Begriff „Wandel durch Annäherung“ ein. Durch Verträge mit der UdSSR und Polen wurden Voraussetzungen geschaffen für eine neue Beziehung zur DDR. In den Verträgen sicherten sich die Vertragspartner gegenseitigen Gewaltverzicht zu, man erkannte die Grenzen an und bemühte sich um eine Normalisierung der Beziehungen. Von besonderer Bedeutung war auch die Anerkennung der Westgrenze Polens durch die Bundesrepublik im „Warschauer-Vertrag“. Durch diese Verträge wurde die Grundlage geschaffen für den „Grundlagenvertrag“ zwischen der Bundesrepublik und der DDR. In diesem Vertrag versicherten sich beide Parteien zu guten nachbarschaftlichen Beziehungen, der Unverletzlichkeit der Grenzen, des Austauschs „Ständiger Vertreter“ (bewusst wurde hier das Wort „Botschafter“ vermieden) und der „Unabhängigkeit und Selbstständigkeit jedes der beiden Staaten in seinen inneren und äußeren Angelegenheiten“. Der Vertrag stellte allerdings keine Anerkennung der DDR im völkerrechtlichen Sinne dar. Trotz erheblichen Widerstands, vor allem der CDU/CSU-Opposition, konnten die Ostverträge durch das Parlament ratifiziert werden. Die folgenden Regierungen wichen nicht mehr hinter diese Politik zurück und sorgten für eine weitere Intensivierung und Stabilisierung der Beziehungen zwischen der Bundesrepublik und der DDR.

Als sich 1989, also Jahre später, durch die Montagsdemonstrationen in der DDR ein Wandel ankündigte, gab es auf der Seite der Bundesrepublik zunächst kein Konzept für die Deutsche Einheit. Der amtierende Kanzler Helmut Kohl (CDU) legte erst später sein „Zehn-Punkte-Programm" vor, welches nach einer stufenweisen Annäherung zwischen beiden Staaten den Beitritt der DDR zur BRD vorsah, mit der Folge der bundesstaatlichen Einheit. In den folgenden „Zwei-plus-Vier-Gesprächen" zwischen den vier Siegermächten und den beiden deutschen Staaten wurden die Bedingungen für ein vereinigtes Deutschland mit voller Souveränität geklärt. Nach anfänglich erheblichen Differenzen auf beiden Seiten kam es am 12. September 1990 zur Unterzeichnung des „Zwei-plus-Vier-Vertrags", womit die deutsche Wiedervereinigung am 3. Oktober 1990 möglich wurde.

Aufgabe 2: Analyse einer Karikatur – Musterlösung

(Einleitung) Die vorliegende Karikatur von Hanns Erich Köhler aus dem Jahr 1949 besteht aus drei Bildern, welche untereinander angeordnet sind und jeweils einen zeitlichen Abstand von 10 Jahren (eine Dekade) zum folgenden Bild aufweisen. Jeder Abbildung folgt eine Jahreszahl und eine wörtliche Redewiedergabe.

(Beschreiben) Im ersten Bild der Bildfolge stehen sich zwei identische, sehr zerlumpt wirkende Männer spiegelbildlich gegenüber. Ihre Bekleidung und je eine Zipfelmütze zeigen sie als Stereotype des Deutschen, „Michel" genannt. Die beiden versuchen, sich über eine etwa ein Meter hohe, mit Stacheldraht umwickelte Mauer hinweg die Hände zu reichen. Anhand der Mimik und Gestik kann man erkennen, dass sie über die Trennung verzweifelt sind und sich wünschen, wieder beieinander zu sein. Jeder der beiden hat eine Pfeife in der Tasche der geflickten Jacke. Unter dem Bild steht die Jahreszahl 1945 und der Ausruf „Bruder!!".
Auf dem zweiten Bild können sich die beiden Männer nicht mehr sehen, da die stacheldrahtbewehrte Mauer inzwischen höher und auch dicker geworden ist. Die beiden Männer wirken wohlgenährt. Sie sitzen beide an einem Schreibtisch und schreiben jeweils dem anderen einen Brief, der mit den Worten „Mein lieber Vetter beginnt!", wie in der Bildunterschrift zu lesen ist. Das Verhalten der beiden Männer zueinander scheint sich geändert zu haben. Das anfängliche Verlangen nacheinander ist nicht mehr vorhanden, was sich auch daran erkennen lässt, dass sie sich nun nicht mehr als „Brüder", sondern nur noch als „Vettern" bezeichnen. Auch äußerlich kann man bei den beiden Männern eine Veränderung erkennen. Beide sind mittlerweile deutlich besser gekleidet und rauchen Pfeife. Aber es gibt neben diesen Gemeinsamkeiten auch auffällige Unterschiede. So trägt der Mann auf der linken Seite eine Zipfelmütze mit Sternen, hat einen Anzug mit Krawatte an und sitzt auf einem angedeuteten Sessel. Der Mann auf der rechten Seite hat dagegen eine Zipfelmütze mit Hammer und Sichel, trägt eine Jacke und sitzt auf einem einfachen Stuhl. Neben der Kleidung ist auch die Mimik und Köperhaltung unterschiedlich. Der Mann auf der linken Seite sitzt gerade und wirkt zufrieden. Der Mann auf der rechten Seite dagegen sitzt gebeugt und wirkt besorgt. Unter dem Bild steht die Jahreszahl 1955.
Auf dem letzten Bild sieht man, dass die Mauer zwischen den beiden Männern noch höher und dicker ist und fast bis an den oberen Bildrand reicht. Die beiden Männer sind wohlbeleibt und sitzen in Sesseln, die mit dem Rücken zu Mauer stehen. Während der eine in einem ausladenden, bequemen Sessel eine Zigarre raucht, raucht der andere immer noch Pfeife und sitzt auf einem kleineren Sessel. Eine weitere Veränderung kann man bei den

Kopfbedeckungen sehen. Der Mann links Seite trägt noch immer eine Zipfelmütze, nun mit Streifen zu den Sternen. Der Mann auf der rechten Seite trägt eine Kappe mit einem Stern darauf und hat einen Vollbart, ähnlich wie Karl Marx ihn hatte. Zwischen den beiden findet nun keine Kommunikation mehr statt. Unter dem Bild steht die Jahreszahl 1965. Beide sind inzwischen Großväter und berichten ihren Enkeln: „Ach, ja – wir haben irgendeinen entfernten Verwandten im Ausland ..." (Bildunterschrift).

(Erklären im historischen Kontext) Die Karikatur ist 1949 erschienen, im Jahr der Gründung der beiden deutschen Staaten und mehr als ein Jahrzehnt vor dem Bau der Berliner Mauer. Die beiden Männer stellen den deutschen Michel dar, ein Stereotyp/eine Personifikation des Deutschen in der Karikatur. Erkennungszeichen des „deutschen Michel" ist seine Zipfelmütze. In den drei Bildern sieht man die unterschiedliche Entwicklung der beiden deutschen Michel. Im ersten Bild sehen sich die beiden ähnlich, was die damalige Nachkriegssituation der Deutschen in der West- und der Ostzone wiederspiegelt. Im zweiten und dritten Bild erkennt man anhand der Zipfelmütze der beiden Michel die jeweilige politische Zugehörigkeit der beiden deutschen Staaten im Ost-West-Konflikt. Der westdeutsche Michel trägt auf seiner Zipfelmütze die „Stars and Stripes" der US-amerikanischen Nationalflagge und der ostdeutsche Michel trägt auf seiner Zipfelmütze „Hammer und Sichel" und später eine sowjetische Kappe mit einem Sowjetstern darauf.
Deutlich wird in der Karikatur auch der sich abzeichnende, durch den Marshall-Plan bedingte, wirtschaftliche Gegensatz. So weist die unterschiedliche Ausstattung der Schreibzimmer, aber auch der Kleidung, auf die Unterschiedlichkeit der Versorgungslage hin.

(Bewertung) Die Karikatur ist – berücksichtigt man ihre Entstehungszeit – ein bemerkenswertes zeitgeschichtliches Dokument. Schon 1949 hat der Karikaturist die sich erst in Ansätzen sich abzeichnende Auseinanderentwicklung der beiden deutschen Staaten vorhergesehen. Die wachsende kulturelle und wirtschaftliche Kluft zwischen Ost- und Westdeutschen, wie sie sich in den Jahren der Teilung immer weiter manifestierte, ist hier schon zu erkennen. Rückblickend betrachtet muss man feststellen, dass der Karikaturist schon damals eine erstaunliche politische Weitsicht bewiesen hat.

Aufgabe 3: Eine Rede analysieren und Quellen vergleichen – Musterlösung

(Textanalyse) Der vorliegende Text ist ein Auszug aus einem Vortrag von Egon Bahr (SPD) vor der evangelischen Akademie in Tutzing am 15.7.1963. Der Auszug thematisiert Egon Bahrs deutschlandpolitische Konzeption „Wandel durch Annäherung".
Zunächst nimmt Egon Bahr Bezug auf die aktuelle Politik Amerikas, die einen Wandel in ihrer Politik gegenüber der UdSSR vollzogen hat. Ziel der US-Außenpolitik ist es nun nicht mehr, die kommunistische Herrschaft zu beseitigen, sondern diese zu verändern (Z 1. ff.). Mit dieser Politik soll der Status quo überwunden werden, indem man ihn zunächst nicht verändert, so Bahr (vgl. Z. 9 f.)
In Bezug auf Deutschland sagt Bahr, dass die bisherige „Politik des Drucks" zu einer Erstarrung geführt habe (Z. 11) Aus dieser Erstarrung könne man sich nur lösen, wenn man sich der anderen Seite, also der Sowjetunion und auch der DDR gegenüber, öffnen würde (Z. 16 ff.). Diese Öffnung ist für Egon Bahr möglich, da die politische Ordnung der westlichen

Welt, die Demokratie, die stärkere sei, die sich auf kurz oder lang friedlich durchsetzen werde (Z. 6-9). Die bisherige Politik des Alles oder Nichts, die von der Sowjetunion bzw. der DDR verlange, sich demokratisch zu verändern, bevor man auf sie zugehe, hält Bahr nicht für eine sinnvolle Option politischen Handelns (vgl. Z. 12 ff.).
Das Ziel der Wiedervereinigung sei nur erreichbar durch viele kleine Veränderungen (Z. 17). Doch diese Veränderungen, die zu einer Transformierung der DDR führen würden und damit einen großen Schritt auf Wiedervereinigung zu, sei nur mit Zustimmung der Sowjetunion und des Regimes der DDR erreichbar (Z. 43 f. und Z. 56 f.). Jede Politik, die auf den Sturz des Regimes abziele, sei aussichtslos (Z. 52 f.). Einzig erfolgversprechend sei der Weg des US-amerikanischen Präsidenten John F. Kennedy, demzufolge „so viel Handel mit den Ländern des Ostblocks entwickelt werden soll, wie es möglich ist, ohne unsere Sicherheit zu gefährden" (Z. 60-64).
Die Möglichkeit, Wirtschaftsbeziehungen zur DDR aufzunehmen, sieht Bahr auch für die Bundesrepublik (Z. 64 ff.). Ziel dieser Wirtschaftsbeziehungen solle aber keine Erpressung der DDR sein, die einen Regimewandel oder -wechsel erzwingen wolle. Diese Strategie funktioniere in einem kommunistischen Regime nicht (Z. 71 ff.). Vielmehr soll es Ziel sein die Situation der Menschen zu verbessern und zu erleichtern (Z. 78 ff.). Verstärkte Wirtschaftsbeziehungen wären im Interesse der Bundesrepublik, weil sich dadurch der Lebensstandard der Bürger in der DDR erhöhen würde, was wiederum zu vielfältigen anderen Erleichterungen führen würde (Z. 81 ff.). Auch in der Sowjetunion seien durch den gewachsenen Konsum positive Entwicklungen und Veränderungen eingetreten und dies ließe sich auch auf die DDR übertragen (Z. 88 ff.).
Den Bau der Berliner Mauer sieht Egon Bahr nicht nur als ein Zeichen eines schwachen Staates, sondern interpretiert diese als Ausdruck der Angst eines kommunistischen Regimes, das sich in seiner Existenz bedroht sehe (Z. 107 ff.). Bahr sieht in dem politischen Konzept „Wandel durch Annäherung" eine Chance, dem die Angst zu nehmen, um auch im Interesse der Bürger/-innen der DDR eine „Auflockerung der Grenzen und der Mauer" zu erreichen (Z. 115).

(Vergleich) Die beiden vorliegenden Quellen stammen zwar aus verschiedenen Zeiten, befassen sich aber beide mit dem Aspekt der deutschen Teilung. Man kann sagen, dass die Karikatur schon 1949 die Situation und die Probleme der deutschen Teilung vorwegnimmt, wie sie in dem Vortragsaus-zug von Egon Bahr dargestellt werden.
Wie in der Karikatur schon 1949 zu sehen ist, haben sich die Fronten Mitte der sechziger Jahre verhärtet. Die unüberwindbare Mauer im letzten Bild der Karikatur ist mit dem Bau der Berliner Mauer im Jahr 1961 Realität und zu einem Symbol der deutschen Teilung geworden. Somit kann man sagen, dass die „Erstarrung des Status quo" (Z. 12 f.) von der Bahr spricht, in der Karikatur deutlich wird. Durch diese Situation und dem Bau der Mauer gab es auch keinerlei Möglichkeit mehr für Familien hüben wie drüben, sich zu besuchen. Auf politischer wie privater Ebene gab es keinerlei Möglichkeit der Kontaktaufnahme.
Ebenfalls werden in der Karikatur die wirtschaftlichen Unterschiede des Lebensstandards thematisiert, von denen Egon Bahr spricht, wenn er sagt, dass der Westen einen höheren Lebensstandard habe als die Sowjetunion und der Westen in Bezug darauf ein Vorbild für diese sei und man dies auch auf den Ostblock und somit auch auf die DDR übertragen könne

(Z. 82-89). Des Weiteren ist allerdings noch hervorzuheben, dass die Karikatur nur die innerdeutsche Situation beschreibt, der weltpolitische Zusammenhang wird nicht thematisiert. Die Abhängigkeit der bundesdeutschen Politik von den internationalen Gegebenheiten kommt in der Karikatur nicht zum Ausdruck. Die zunehmende Entfremdung der beiden deutschen Staaten, wie sie in der Karikatur zum Ausdruck gebracht wird, war auch bedingt durch die Konfrontation der beiden Blöcke, die in der Kuba-Krise ihren vorläufigen Höhepunkt erreicht hatte. Diese Abhängigkeit der bundesdeutschen Politik von der internationalen politischen Wetterlage kommt in dem Textauszug an mehreren Stellen deutlich zum Ausdruck (vgl. Z. 1-7, Z. 31-36).
Während die Karikatur die zunehmende Entfremdung der beiden deutschen Staaten und somit die erste Phase der Deutschlandpolitik beschreibt und vorwegnimmt, zeigt der Textauszug einen Ausweg aus dieser Sackgasse und lässt sich daher der zweiten Phase der Deutschlandpolitik zuordnen.

Aufgabe 4: Kritische Stellungnahme – Musterlösung

Die Verteidiger der neuen Ostpolitik sehen in dem Konzept des „Wandels durch Annäherung" einen ersten Schritt hin zur Wiedervereinigung. Die Position ist mit Blick zurück durchaus richtig, denn die Wiedervereinigung 1989/90 wäre ohne die Entspannungspolitik nicht möglich gewesen. Im Gegensatz dazu meinen Kritiker, dass die Ostpolitik Brandts eher zu einer Stabilisierung der DDR geführt und ihre Existenz künstlich in die Länge gezogen habe. Die Kritiker führen ins Feld, dass die Bundesrepublik durch die neue Ostpolitik ihren Widerstand gegen eine internationale Aufwertung des Regimes aufgegeben und somit die internationale Anerkennung der DDR ermöglicht habe. Nach der Unterzeichnung des Grundlagenvertrags gab es tatsächlich einen sprunghaften Anstieg diplomatischer Beziehungen anderer Länder zur DDR. Bereits im Dezember 1972 hatten 20 Staaten mit der DDR diplomatische Beziehungen und schon 1978 hatten 123 Staaten die DDR völkerrechtlich anerkannt. Auch bemängeln die Kritiker, dass die DDR nun Zugang zu internationalen Organisationen bekam. So wurde die DDR zusammen mit der Bundesrepublik 1973 Mitglied der UNO. In demselben Jahr beteiligte sie sich auch zusammen mit der Bundesrepublik an der Konferenz für Sicherheit und Zusammenarbeit in Europa (KSZE).
Neben diesen außenpolitischen Aspekten führen die Kritiker auch innenpolitische Kritikpunkte an, die hauptsächlich die beiden deutschen Staaten betreffen. So wird kritisiert, dass nicht die Bürger beziehungsweise die Bürgerrechtler Ansprechpartner der Bundesregierung gewesen seien, sondern nur die Regierung der DDR. Auch wird kritisiert, dass die neue Ostpolitik zu einer Ausweitung des Stasi-Spitzelsystems geführt habe und somit zu einer noch stärkeren Unterdrückung und Überwachung der DDR-Bürger.
Auf wirtschaftlicher Seite wird von den Kritikern angeführt, dass die DDR durch die wirtschaftlichen Beziehungen einen indirekten privilegierten Zugang zur europäischen Gemeinschaft und somit zu neuen Absatzmärkten bekam. Auch wären die Milliardenkredite der Bundesrepublik an die DDR, die deren wirtschaftliches Überleben sicherten, ohne die neue Ostpolitik nicht möglich gewesen. Ebenso habe sich die DDR die Gewährung von Erleichterungen für ihre Bürger gut von der Bundesrepublik bezahlen lassen und schöpfte so erheblichen ökonomischen Nutzen aus den Abkommen im Rahmen der Politik des „Wandels durch Annäherung". All diese wirtschaftlichen, innenpolitischen und außenpolitischen Punkte hätten in den Augen der

Kritiker nicht zu einem Systemwechsel geführt, sondern eher zur Stabilisierung des DDR-Regimes beigetragen.
Aus der Sicht der Verteidiger der neuen Ostpolitik lässt sich sagen, dass erst durch die Einbindung der DDR in internationale Organisationen der Wandel in den späten 1980er-Jahren möglich wurde. Besonders die Einbindung der DDR in die KSZE bot neue Möglichkeiten im Annäherungsprozess. Durch die Unterzeichnung der KSZE-Schlussakte verpflichtete sich die DDR ihren Bürgern mehr innenpolitische Freiräume zu gewähren und die Menschenrechte zu achten, was dann wiederum ein Anknüpfungspunkt für Oppositionelle war.
Auf der innenpolitischen Ebene lässt sich den Kritikern entgegenhalten, dass die abgerungenen menschlichen Erleichterungen für die Menschen in der DDR wirklich feststellbar waren. Kontakte zwischen bundesdeutschen Bürgern und Bürgern der DDR wurden durch direkte Telefonverbindungen und die Reise von bundesdeutschen Bürgern in die DDR erleichtert. Durch diese Erleichterungen konnte ein weiteres Auseinanderleben verhindert werden. Eine noch größere Kluft zwischen Ost- und Westbürgern hätte die Wiedervereinigung sicherlich erschwert und die Rufe „Wir sind ein Volk" wären vielleicht so nicht zustande gekommen.
Dem Vorwurf der Kritiker, dass nur das ungeliebte Regime der DDR Ansprechpartner gewesen sei und nicht Bürgerrechtsbewegungen, kann entgegengehalten werden, dass eine breite Oppositions- und Bürgerrechtsbewegung erst in den 1980er-Jahren existierte. Auch muss man festhalten, dass eine Deutschlandpolitik unter Umgehung des DDR-Regimes nicht möglich gewesen wäre.
Abschließend muss man einräumen, dass man im Nachhinein nicht wissen kann, wie sich die Geschichte der beiden deutschen Staaten ohne die neue Ostpolitik entwickelt hätte. Man kann aber sagen, dass eine Weiterführung der Politik der Stärke nicht viel bewirkt hätte, da das Regime der DDR von der Sowjetunion abhängig war und ohne deren Zustimmung nicht selbstständig handeln konnte. Erst durch die Politik Michail Gorbatschows (Stichworte: Glasnost, Perestroika) wurde eine Wiedervereinigung denkbar und möglich.
Neben dem Einfluss der neuen Ostpolitik auf die Beziehungen der Bundesrepublik zur DDR darf man nicht vergessen, dass diese Politik auch einen Einfluss auf die Beziehungen zwischen der Bunderepublik und den anderen Staaten des Ostblocks hatte – besonders Polen. Dies wird bei der Bewertung der neuen Ostpolitik oftmals vergessen. Erst die Entkrampfung des deutsch-polnischen Verhältnisses, führte zu einem Abbau der Vorurteile innerhalb der polnischen Öffentlichkeit. Das Schreckgespenst eines deutschen Revanchismus verlor an Bedeutung. Es entstand nun vielmehr ein Bild eines Deutschlands, vor dem man keine Angst mehr haben musste. Diese Wandlung beeinflusste auch die Haltung der Osteuropäer während des deutschen Einigungsprozesses der Jahre 1989/90.

Abiturbeispiel mündliche Prüfung

(erster Prüfungsteil, ca. 10 Minuten)

Aufgaben für den Vortrag

1. Analysieren Sie M1 und erläutern Sie unter Einbeziehung von M2 die mögliche Intention des Zeichners Isidor Popper.

2. Erörtern Sie – unter Berücksichtigung von M1 und M2 – die Behauptung, die Revolution 1848/49 sei am Widerstand der alten Mächte gescheitert.

Material 1: Isidor Popper: „Zwischen mir und mein Volk soll sich kein Blatt Papier drängen“, Satyrische Zeitbilder No. 28 verlegt bei B. S. Berendsohn in Hamburg, Lithografie, 1849.

Anmerkungen: Bei dem linken Mann im Zimmer handelt es sich um den preußischen König Friedrich Wilhelm IV., bei dem rechten Mann um General Friedrich von Wrangel, der als militärischer Befehlshaber maßgeblich an der späteren Niederschlagung der Revolution beteiligt war. Die Person vor der Tür mit dem Blatt in der Hand dürfte den Königsberger Abgeordneten und Präsidenten der Nationalversammlung in der Frankfurter Paulskirche Eduard Simson darstellen. Auf dem Blatt ist als Überschrift „Petition“ zu erkennen, der Rest des Textes ist nicht lesbar.

Material 2: König Friedrich Wilhelm IV. bei der Eröffnung des Vereinigten Landtages, 11.04.1847

Edle Herren und getreue Stände! Es drängt mich zu der feierlichen Erklärung, daß es keiner Macht der Erde je gelingen soll, Mich zu bewegen, das natürliche, gerade bei uns durch seine innere Wahrheit so mächtig machende Verhältnis zwischen Fürst und Volk in ein konventionelles, konstitutionelles zu wandeln, und daß Ich es nun und nimmermehr zugeben werde, daß sich zwischen unserem Herr Gott im Himmel und diesem Lande ein beschriebenes Blatt, gleichsam als eine zweite Vorsehung eindrängte, um uns mit seinen Paragraphen zu regieren und durch sie die alte heilige Treue zu ersetzen."

Quellenangabe:
Görtemaker, Manfred: Deutschland im 19. Jahrhundert, Bundeszentrale für politische Bildung, 1989, S.97

Aufgabe 1: Analyse der Karikatur – Beispiellösung für die mündliche Prüfung

Schritt 1: Beschreibung der Karikatur M 1

<u>(Formale Analyse):</u> Bei dem vorliegenden Material handelt es sich um eine zeitgenössische politische Karikatur („Satyrisches Zeitbild" = zeitgenössische Bezeichnung für Karikatur), hergestellt im Lithographie-Druckverfahren von Isidor Popper mit dem Titel: „Zwischen mich und mein Volk soll sich kein Blatt Papier drängen". Erschienen ist die Karikatur in der Zeitschrift „Satyrische Zeitbilder, No. 28" im Jahr 1849 bei S. Berendsohn in Hamburg.

<u>(Inhaltliche Analyse):</u> Die Karikatur zeigt zwei Männer in Uniform, die sich in einem prunkvoll ausgestatteten Raum aufhalten, der mit Stuckelementen wie Bordüren, zwei Büsten, einem angedeuteten Brokatvorhang, einem Ölgemälde und einer Chaiselongue (Sofa, Kanapee) ausgestattet ist, was auf den repräsentativen Zweck dieser Räumlichkeit hinweisen könnte. Naheliegend wäre eine Art Audienz- oder Thronsaal in einem Schloss. Der linke Mann im Raum ist korpulent und übertrieben rundlich gezeichnet. Auffällig sind zudem der große Kopf und die in Relation zum Rumpf zu kurzen Beine, was ihn wie ein Riesenbaby in Uniform wirken lässt. Die Uniform ist mit Orden und anderen Effekten wie Schulterklappen bestückt und erinnert an die Aufmachung einer Karnevalsuniform. Laut Informationstext handelt es sich um den preußischen König Friedrich Wilhelm IV., der sich mit einem angehobenen Bein gegen die leicht geöffnete Zugangstür zum Raum stemmt, in der linken Hand ein Schweißtüchlein hält und sehr angestrengt bemüht ist, die drängenden Personen vor der Tür fernzuhalten. Der Ausspruch „Zwischen mir und mein Volk soll sich kein Blatt Papier drängen", der gleichzeitig titelgebend für die Karikatur als Ganzes ist, kann ihm zugeordnet werden. Die rechte Person trägt einen auffälligen Zirbelbart, ist schlank und in eine weiße Uniform mit der typischen preußischen Pickelhaube und einem Säbel gekleidet. Hier handelt es sich um eine karikierte Darstellung des Generals Friedrich von Wrangel, der seinen Rücken unter großer Anstrengung gegen den des Königs drückt, so als ob er diesem einerseits den „Rücken stärken", andererseits aber auch sicherstellen möchte, dass Friedrich Wilhelm IV. nicht von der Tür zurückweicht und dem Ansturm nachgibt. Vor der Türe sind mehrere ältere Männer zu sehen, die Gehröcke tragen und im Gegensatz zu dem uniformierten König und

dem General zivil, also bürgerlich gekleidet sind. Bei diesen Personen, die versuchen zum König vorzudringen, handelt es sich um Abgeordnete der Nationalversammlung in der Frankfurter Paulskirche. Der Frontmann, der von den hinteren Abgeordneten gegen die Tür geschoben wird, da diese ihm vor der Nase zugeschlagen werden soll, hält ein Schriftstück in den Händen, das er offensichtlich dem König zeigen oder übergeben möchte. Es ist mit „Petition" überschrieben, was Bittschrift bedeutet. Bei dem vorderen Abgeordneten handelt es sich wahrscheinlich um den Parlamentspräsidenten Eduard Simson, der am 3.4.1849 eine Abordnung von insgesamt 32 Mitgliedern der Nationalversammlung anführte, deren Auftrag es war, dem preußischen König Friedrich Wilhelm IV. die Kaiserkrone anzutragen und damit einhergehend seine Zustimmung zum Verfassungsentwurf der Nationalversammlung einzuholen, die ihn als deutschen Kaiser des zu schaffenden deutschen Nationalstaats vorgesehen hatte.

Schritt 2: Erklärung im historischen Kontext (Stichpunkte)

Ausgangspunkt Februarrevolution in Frankreich 1848: Sturz des sogenannten Bürgerkönigs Louis-Philippe I. und Ausrufung der Zweiten Republik.

Märzrevolution im Deutschen Bund 1848: französisch inspirierte Proteste, ausgehend von Baden, gegen die Fürsten und deren restaurative Regierungen im gesamten Deutschen Bund. Sturz Metternichs in Wien.

Märzrevolution im Königreich Preußen: Straßen- und Barrikadenkämpfen am 18.3.1848 in Berlin; Eingehen des preußischen Königs Friedrich Wilhelms IV. auf die liberalen (Grundrechte, Verfassung, freie Wahlen etc.) und nationalen (ein deutscher Nationalstaat) Märzforderungen der aufgebrachten Bürger: Berufung einer preußischen Nationalversammlung und Ankündigung einer liberalen Verfassung für das Königreich Preußen. Ausritt des Königs durch die Straßen Berlins mit schwarzrotgoldenen Schärpen und Ehrerweisung gegenüber „Märzgefallenen" und Eintreten für ein geeintes deutsches Vaterland. Hierbei bewusstes Aufgreifen der symbolträchtigen Farbkombination der Freiheitsbewegung nach 1815 durch den preußischen König.

Hintergrund: Verbreitung von Schwarzrotgold in der Zeit des Vormärzes (z. B. Wartburgfest 1817, Hambacher Fest 1832), insbesondere bei den Burschenschaften in den Ländern des Deutschen Bundes in Anlehnung an die Uniformfarben des lützowschen Freikorps (= Freiwilligenverband der preußischen Armee in den sogenannten Befreiungskriegen gegen das napoleonische Frankreich).

Nationalversammlung („Paulskirchenparlament") im Mai 1848: Eröffnung der Nationalversammlung in der Paulskirche in Frankfurt; Ausarbeitung einer Reichsverfassung und Schaffung eines deutschen Nationalstaats (zentrale Debatten zum Wahlrecht oder über das zukünftige Staatsoberhaupt bis weit in das Jahr 1849).

Erstarken der Gegenrevolution ab November 1848: Rückeroberung und Besetzung Wiens durch kaiserliche Kräfte; Besetzung Berlins durch königliche Armeeeinheiten, angeführt von General Friedrich von Wrangel, Auflösung der preußischen Nationalversammlung und Oktroyierung („oktroyieren"= aufnötigen, „von oben" aufzwingen) einer Verfassung zur Sicherung der Macht des Militärs und Aufrechterhaltung des monarchischen Prinzips.

Kaiserdeputation und Ablehnung Kaiserkrone: Wahl des preußischen Königs zum erblichen deutschen Kaiser im März 1849 mit Mehrheit der Nationalversammlung und am 3.4.1849

Entsendung einer Abordnung unter Führung des Königsberger Abgeordneten und Präsidenten der Nationalversammlung Eduard Simson nach Berlin zur Antragung der Kaiserkrone (sog. „Kaiserdeputation"). Ablehnung mit der Begründung, dass eine Annahme nicht ohne das freie Einverständnis der gekrönten Häupter, der Fürsten und freien Staaten Deutschlands möglich sei. Scheitern der Reichsverfassung.
Auflösung Nationalversammlung: Nach Verlegung eines um die preußischen und österreichischen Abgeordneten geschrumpften Rumpfparlaments von Frankfurt nach Stuttgart. Auflösung am 16.6.1849 durch preußische Truppen.
Ergebnis: Scheitern der Revolution „von unten", d. h. eine von den Bürgern getragene Umwälzung der bestehenden politischen und gesellschaftlichen Ordnung. Weitere Versuche zur Reichsgründung „von oben" bis zum Jahr 1871 erfolglos (ein Beispiel für hierfür war die von König Friedrich Wilhelm IV. forcierte Erfurter Union nach 1849 zur Umgestaltung des Deutschen Bundes zu einem föderal gestalteten Nationalstaat, allerdings unter institutioneller Absicherung der Vorherrschaft der Fürsten).

Schritt 3: Intention des Karikaturisten (unter Einbezug von M 2)
Der titelgebende Ausspruch „Zwischen mich und mein Volk soll sich kein Blatt Papier drängen" bezieht sich wahrscheinlich auf eine Rede König Friedrich Wilhelms IV. anlässlich der Eröffnung des Vereinigten Landtages am 11.04.1847. Dort betonte er, dass er eine Verfassung, die das monarchische Prinzip zugunsten der Volkssouveränität einschränke, als Eingriff in die gottgewollte Ordnung zwischen Fürsten und Volk ablehne. Er wolle es daher nicht zulassen, dass sich zwischen Gott und „diesem Lande ein beschriebenes Blatt, gleichsam als eine zweite Vorsehung eindrängte, um uns [Anm.: Fürst und Volk als gottgewollte Einheit] mit seinen Paragraphen zu regieren und durch sie die alte heilige Treue zu ersetzen" (M 2, Z.6ff.). Friedrich Wilhelm IV., der von den Ideen der deutschen Romantik geprägt war, trat für die Bewahrung christlicher und ständischer Traditionen ein und favorisierte ein mittelalterlich anmutendes, beinahe feudales Treueverhältnis zwischen Volk und Monarchen („Gottesgnadentum"). Dennoch war er zu Beginn seiner Regierungszeit ab 1840 durchaus ein Hoffnungsträger des liberalen Bürgertums, da er beispielsweise die Verfolgung von sog. Demagogen in Preußen einstellen ließ und immer wieder Reformversuche des Deutschen Bundes anzustoßen versuchte. Allerdings war er ein klarer Verfechter des monarchischen Prinzips und lehnte die Volkssouveränität als Legitimationsprinzip grundsätzlich ab. Dieser am 11.4.1847 sinngemäß geäußerte Ausspruch Friedrich Wilhelms IV. wird von Isidor Popper auf die gescheiterte Kaiserdeputation im April 1849 satirisch überspitzt übertragen. Der König selbst muss die Tür zwischen sich und den Abgeordneten gewaltsam unter großer Anstrengung zudrücken, um zu verhindern, dass die ausgearbeitete Reichsverfassung der Nationalversammlung, die ihm überbracht werden soll, sich zwischen ihn und das Volk drängen kann. Die Kaiserkrone, die ihm angeboten wird, hätte ihre Legitimation aus der Wahl der Abgeordneten der Nationalversammlung bezogen und wäre kein Kaisertum von Gottes Gnaden gewesen. Das preußische Militär, personifiziert durch General Friedrich von Wrangel, stützt zum einen des Königs Herrschaft, scheint andererseits aber auch sicherstellen zu wollen, dass Friedrich Wilhelm IV. dem Ansturm nicht nachgibt wie im März 1848. Popper übt scharfe Kritik am Umgang des preußischen Königs mit den gewählten Volksvertretern und verdeutlicht bildlich, dass der preußische König die Wünsche des Volkes nicht wahrhaben,

diese unterdrücken und die Abgeordneten daher aussperren möchte (=Motiv der gewaltsam zugehaltenen Tür als politisches Sinnbild für Unterdrückung). In der Karikatur wirkt Der König wie ein trotziges Kleinkind. Die Verweigerung der Kaiserkrone und die Ablehnung der ausgearbeiteten Reichsverfassung werden als „kindisch" apostrophiert.

Aufgabe 2: Erörterung – Beispiellösung für die mündliche Prüfung

Tipp zum Punktesammeln

„Erörtern" verlangt hier eine dialektische Argumentation (Für und Wider), die zu einem eigenständigen Urteil führt.

Dafür spricht beispielsweise:
Mit der Ablehnung der Kaiserkrone war die gesamte Verfassungskonstruktion der Nationalversammlung in der Paulskirche gescheitert. Die erneuten Volkserhebungen im süddeutschen Raum infolge der Enttäuschung über die Ablehnung, die sogenannte „Reichsverfassungskampagne", wurden im Juni/Juli mithilfe preußischer Armeeeinheiten gewaltsam beendet. Besonders bedeutsam erscheint in diesem Zusammenhang, dass die Nationalversammlung zu keinem Zeitpunkt über eine exekutive Macht verfügte. Diese war vollständig bei den Regierungen der Einzelstaaten und damit bei den Fürsten geblieben. Die demokratisch gewählten Parlamente in den Einzelstaaten kontrollierten ebenfalls nicht die Exekutive und hatten keinen Zugriff auf die Armeen. Die Fürsten konnten sich aufgrund ihres raschen Einlenkens im März 1848 an der Macht halten und die weiteren Entwicklungen in den Einzelstaaten beobachtend abwarten. König Friedrich Wilhelm IV. von Preußen verstand es zudem, sich im März 1848 öffentlichkeitswirksam an die Spitze einer nationalen Bewegung zu stellen, deren Ziel unter der Führung Preußens ein einheitlicher deutscher Nationalstaat sein sollte. Aus heutiger Perspektive erscheint dieses nahezu anbiedernde Verhalten taktisch klug. Friedrich Wilhelm IV. schien auf Zeit spielen zu wollen. Als die revolutionäre Bewegung ab Oktober/November 1848 dann tatsächlich am Abflachen war, konnten die Fürsten, allen voran der preußische König, die Gunst der Stunde nutzen, um die Kontrolle mittels ihrer Armeen wiederzuerlangen und Verfassungen zu erzwingen, die deren Vormacht sicherten.

Dagegen spricht beispielsweise:
Die Fürsten konnten die Entwicklungen zu ihren Gunsten wenden, da aus der zunehmenden Uneinigkeit bei den revolutionären Trägerschichten (Bürgertum, untere Schichten) unterschiedliche, sich teilweise ausschließende Forderungen entstanden waren: Abgesehen von der Anfangsphase (März/April 1848) gab es keine einheitliche revolutionäre Front. Infolge militärischer Siege der fürstlichen Armeen wurde die innere Spaltung zusätzlich verstärkt. Kurz nach der Märzrevolution zerbrach der fragile Zusammenhalt des Bürgertums und der unteren Schichten ab Mai 1848 allmählich. Beispielhaft sei der Berliner Zeughaussturm im Juni 1848 genannt. Arbeiter und Angehörige der unteren Schichten, die sich übergangen fühlten, da ein Antrag auf allgemeine Volksbewaffnung in der preußischen Nationalversammlung nicht angenommen worden war, stürmten das Waffendepot im Zeughaus und bewaffneten sich eigenmächtig. In der Folge musste die Berliner Bürgerwehr – der militärische Arm

des Bürgertums – die Hilfe des königlichen Militärs in Anspruch nehmen, um die Besetzer vertreiben und die entwendeten Waffen wieder einsammeln zu können. An diesem Beispiel wird die sogenannte doppelte Frontstellung des Bürgertums deutlich. Die liberale Mehrheit des deutschen Bürgertums verfolgte als Ziel Reformen, aber in aller Regel keine radikalen politischen und ökonomischen Veränderungen, wie sie von Teilen der unteren Schichten gefordert wurden. Das Bürgertum tendierte daher mehrheitlich zu einem Ausgleich mit den Fürsten, was dazu führte, dass sich die unteren Schichten nicht hinreichend vertreten fühlten, was auch in der Bezeichnung „Professorenparlament" für die Nationalversammlung in der Paulskirche zum Ausdruck kam. Der Frankfurter Nationalversammlung fehlte so zunehmend die Unterstützung der Straße, was den Druck auf die Fürsten reduzierte. Ein wichtiger Aspekt waren die Schwächen und Anlaufschwierigkeiten der Nationalversammlung. Aufgrund der anfangs chaotischen Parlamentsarbeit (keine Erfahrungswerte, wie Parlamentarismus funktioniert, keine festen Parteien oder Fraktionen, keine Geschäftsordnung usw.) verzögerten sich wichtige Entscheidungen, notwendige Kompromisse wurden behindert und die Vielzahl der Aufgaben (Ausarbeitung einer Verfassung, Herstellung eines deutschen Nationalstaats usw.) überforderte das junge Parlament zusätzlich. Diese Zeit konnten die Fürsten nutzen, um ihre Stellung zu konsolidieren.

Hinweis: Weitere Begründungen und Informationen finden Sie im vorliegenden Band im Abschnitt „Gründe für das Scheitern der Revolution 1848" (ab S. 49ff.).

Abschließendes Fazit und Ausblick: Reichsgründung 1871, Industrialisierung/Soziale Frage, Novemberrevolution und Entstehung der Weimarer Republik etc.

Mögliche Vertiefungsfragen im Kolloquium

(zweiter Prüfungsteil, ca. 10 Minuten)

Mögliche Vertiefungsfragen zu den gegebenen Materialien und Aufgaben:

- Beurteilen/Begründen Sie den Quellenwert der vorliegenden Karikatur „Zwischen mir und mein Volk soll sich kein Blatt Papier drängen" von Isidor Popper.
  Siehe hierzu Lösungshinweise zu Aufgabe 1 (oben) und im vorliegenden Band den Abschnitt „Methodenkompetenz Karikatur" (ab S. 130ff.).

- Nennen Sie grundsätzliche Fragen, mit denen sich die Nationalversammlung in der Paulskirche zu befassen hatte und erläutern Sie eine genauer.
  Siehe hierzu im vorliegenden Band den Abschnitt „Die Nationalversammlung in der Paulskirche" (ab S. 46ff.).

Mögliche Vertiefungsfragen zum Thema „Revolution“:

- Erläutern Sie in Grundzügen den Begriff „Revolution“.
  Siehe hierzu im vorliegenden Band den Abschnitt „Prozesse der Modernisierung …“ (ab S. 19f.).

- Überprüfen Sie, ob es sich bei den Ereignissen im November 1918, die zur Absetzung der Fürsten geführt haben, um eine „Revolution“ gehandelt hat.
  Siehe hierzu im vorliegenden Band den Abschnitt „Die Weimarer Republik“ (ab S. 60ff.).

- Begründen Sie am Beispiel der Montagsdemonstrationen, warum die Umbrüche von 1989/90 in der DDR als „friedliche Revolution“ bezeichnet werden.
  Siehe hierzu im vorliegenden Band den Abschnitt „Der Weg zur Wiedervereinigung“ (ab S.109 ff.).

Mögliche Vertiefungsfragen zu „Verfassung: Grundrechte, Staatsoberhaupt etc.“:

- Überprüfen Sie mit Blick auf die Reichsverfassung von 1871, inwiefern sich die Forderungen der Liberalen und Demokraten von 1848 mit der Reichsgründung 1871 nun doch erfüllt haben.

- Erläutern Sie die Stellung des Deutschen Kaisers in der Reichsverfassung von 1871.
  Siehe hierzu im vorliegenden Band den Abschnitt „Bewertung der Reichsgründung „von oben“ (ab S. 53ff.).

- Begründen Sie, warum der Reichspräsident in der Weimarer Republik oftmals als „Ersatzkaiser“ bezeichnet wurde.
  Siehe hierzu im vorliegenden Band den Abschnitt „Gründe für das Scheitern der Weimarer Republik“ (ab S. 67f.).

Mögliche Aspekte für die Antwort:

Reichstag und Wahlrecht: Der Reichstag als Versammlung der gesamten deutschen Bevölkerung und somit als Ausdruck der Volkssouveränität, hatte zusammen mit dem Bundesrat die Legislative inne, wobei er nicht über eine Gesetzesinitiative im eigentlichen Sinne verfügte, da stets die Zustimmung des Bundesrats zu Gesetzen erforderlich war. Zudem konnte der Reichstag die Regierung nicht zur Verantwortung ziehen und somit nicht kontrollieren. Das Wahlrecht, das für die damalige Zeit durchaus als fortschrittlich galt, entsprach hingegen (links-)liberalen Forderungen von 1848. Wahlberechtigt waren alle männlichen Staatsbürger über 25 Jahre, deren Stimmen gleich gezählt wurden. Es gab also keinen Zensus wie beispielsweise in Preußen, wo bis Ende 1918 das Dreiklassenwahlrecht galt.
Fazit: Bismarck verstand es, Forderungen der Liberalen und Demokraten zu übernehmen, diese aber in der Verfassungswirklichkeit des Kaiserreiches zu neutralisieren. Bismarck manipulierte die gesamte Reichsgründung „von oben“, dass liberale und demokratische Forde-

rungen von 1848 zwar aufgenommen, aber so umgesetzt wurden, dass das monarchische Prinzip bestehen und die Volkssouveränität nicht zum bestimmenden Legitimationsprinzip werden konnte. Dies zeigte sich beispielsweise im Titel „Deutscher Kaiser", der ganz gezielt die Titulatur der geplanten Reichsverfassung von 1849 aufgriff.

Mögliche Vertiefungsfragen zum Thema „Industrialisierung/Industrielle Revolution":

- Stellen Sie grundlegende Veränderungen in Wirtschaft und Gesellschaft im Zuge des Industrialisierungsprozesses im Deutschen Bund bzw. Deutschen Reich dar.
  Siehe hierzu im vorliegenden Band den Abschnitt „Aspekte der Industrialisierung im Deutschen Bund bzw. im Deutschen Reich" (ab S. 23f.).

- Beurteilen Sie, Wechselwirkungen zwischen der politischen Revolution von 1848 und dem Industrialisierungsprozess im Deutschen Bund.
  Siehe hierzu im vorliegenden Band den Abschnitt „Aspekte der Industrialisierung im Deutschen Bund bzw. im Deutschen Reich" (ab S. 23f.).

- Zu den großen Fragen der Zeit gehörte auch die soziale Frage. Erläutern Sie den staatlichen Lösungsansatz des späteren Reichskanzlers Bismarck.
  Siehe hierzu im vorliegenden Band den Abschnitt „Die Soziale Frage: Problem und Lösungsansätze" (ab S. 26ff.).

- Erörtern Sie, inwieweit die Sozialgesetzgebung Bismarcks „Zuckerbrot" zu der „Peitsche" Sozialistengesetze gewesen ist.
  Siehe hierzu im vorliegenden Band den Abschnitt „Die politische Kultur im Kaiserreich" (ab S. 55ff.).

- Beurteilen Sie das Kaiserreich im Hinblick auf seine Modernität.
  Siehe hierzu im vorliegenden Band den Abschnitt „Ökonomische Modernität vs. Herrschaft der traditionellen Eliten" (ab S. 59).

Originalprüfungen Abitur 2020

Quelle der Aufgabenstellung: Ministerium für Kultur, Jugend und Sport Baden-Württemberg. Veröffentlicht mit der Zustimmung des Regierungspräsidiums Stuttgart. Hinweis: Die Musterlösungen zu den Aufgaben sind nicht amtlich, sondern wurden von den Autoren des Bandes „FiNALE-Prüfungstraining“ erstellt.

Abiturprüfung 2020 zu Schwerpunktthema I

Informationen auf dem Deckblatt der Originalprüfung

Bearbeitungszeit:	270 Minuten einschließlich Auswahlzeit
Hilfsmittel:	Nachschlagewerke zur deutschen Rechtschreibung und Zeichensetzung, grafikfähiger Taschenrechner
Hinweise:	– Sie erhalten **zwei** Aufgaben. – Wählen Sie von den zwei Aufgaben **eine** Aufgabe aus und bearbeiten Sie diese. – Vermerken Sie auf der Reinschrift, welche Aufgabe Sie bearbeitet haben. – Sie sind verpflichtet, die Vollständigkeit der vorgelegten Aufgaben vor Bearbeitungsbeginn (auf Anzahl der Blätter, Anlagen usw.) zu überprüfen. – Lösungen auf den Aufgabenblättern werden nicht gewertet. – Rechtschreibung und Zeichensetzung in den Materialien wurden aktualisiert.

Aufgabenstellungen

		Höchstzahl der erreichbaren Verrechnungspunkte
1.	Analysieren Sie M 1.	14 VP
2.	Analysieren Sie M 2 und vergleichen Sie M 2 mit M 3.	18 VP
3.	Stellen Sie das Vorgehen NS-Regimes gegen Juden in den Jahren 1933 bis 1945 dar.	14 VP
4.	„Der Nationalsozialismus führte zur totalen Erfassung und Kontrolle der Bevölkerung.“ Überprüfen Sie diese These.	16 VP
		60 VP

Material 1: „Die Nationalversammlung", Artikel von Rosa Luxemburg in der Zeitung „Die Rote Fahne"[1] vom 20.11.1918

Von der „Deutschen Tageszeitung, der „Vossischen" und dem „Vorwärts" bis zur unabhängigen „Freiheit"[2] ertönt ein einmütiger Ruf nach der Nationalversammlung und ein ebenso einmütiger Angstschrei vor der Idee: die Macht in die Hände der Arbeiterklasse.

Das ganze „Volk", die ganze „Nation" soll dazu berufen werden, über die weiteren Schicksale der Revolution durch Mehrheitsbeschluss zu entscheiden. [...]

Auch unabhängige Führer stellen sich in dieser entscheidenden Frage mit den Wächtern des Kapitals in Reih und Glied.

Sie wollen der Revolution [...] auf diese Weise die Gewaltanwendung, den Bürgerkrieg mit all seinen Schrecken ersparen. Kleinbürgerliche Illusionen! Sie stellen sich den Verlauf der gewaltigsten sozialen Revolution, seit die Menschheit besteht, in der Form vor, dass verschiedene Gesellschaftsklassen zusammenkommen, eine schöne ruhige und „würdige" Diskussion miteinander pflegen, sodann eine Abstimmung [...] veranstalten. Wenn dann die Kapitalistenklasse sieht, dass sie in der Minderheit ist, erklärt sie als wohldisziplinierte parlamentarische Partei mit einem Seufzer: Nichts zu machen! Wir sehen, dass wir überstimmt worden sind. Wohlan, wir fügen uns und übergeben unsere gesamten Ländereien, Fabriken, Bergwerke, alle unsere feuersicheren Kassen und schönen Profite den Arbeitern. [...]

Diese Herren Junker[3] und Kapitalisten sind nur so lange ruhig, solange die Revolution brav ist, d. h. solange der Lebensnerv, die Schlagader der bürgerlichen Klassenherrschaft: das kapitalistische Privateigentum, das Lohnverhältnis, der Profit, unbehelligt bleibt.

Geht es dem Profit an den Kragen, wird das Privateigentum ans Messer geliefert, dann hört die Gemütlichkeit auf. [...]

Wenn die Bourgeoisie ins Herz getroffen wird – und ihr Herz schlägt im Kassenschrank – wird sie auf Tod und Leben um ihre Herrschaft ringen, tausend offene und versteckte Widerstände gegen die sozialistischen Maßnahmen auftürmen. [...]

Denn Bürgerkrieg ist nur ein anderer Name für Klassenkampf, und der Gedanke, den Sozialismus ohne Klassenkampf, durch parlamentarischen Mehrheitsbeschluss einführen zu können, ist eine lächerliche kleinbürgerliche Illusion.

Was gewinnt man also durch diesen feigen Umweg der Nationalversammlung? Man stärkt die Position der Bourgeoisie, man schwächt und verwirrt durch leere Illusionen das Proletariat, man verzettelt und verliert Zeit und Kraft, [...] man arbeitet mit einem Wort all denjenigen Elementen in die Hand, deren Zweck und Absicht es ist, die proletarische Revolution um ihre sozialistischen Ziele zu betrügen, sie zu einer bürgerlich demokratischen Revolution zu entmannen. [...]

Wer heute zur Nationalversammlung greift, schraubt die Revolution bewusst oder unbewusst auf das historische Stadium bürgerlicher Revolutionen zurück [...].

Keine Ausflüchte, keine Zweideutigkeiten, – die Würfel müssen fallen. Der parlamentarische Kretinismus[4] war gestern eine Schwäche, ist heute eine Zweideutigkeit, wird morgen ein Verrat am Sozialismus sein.

Annotations
1 **„Die Rote Fahne":** Zeitung des Spartakusbundes (später KPD), erschienen in Berlin.
2 **„Deutsche Tageszeitung", „Vossische Zeitung", „Vorwärts", „Freiheit":** Zeitungen, die das politische Spektrum von konservativ bis sozialdemokratisch vertraten.
3 **Junker:** oft abwertend gemeinte Bezeichnung für adlige Großgrundbesitzer.
4 **Kretinismus:** Früher gebräuchliche Bezeichnung für eine körperliche und/oder geistige Behinderung.

Quellenangabe: http:/hefys.staatsbibliothek-bedin.de,fndex_php?id=dfg-viewer&set%5Emets%5D=http%3A%2F%2FcuJ tent.staatsbibliothek-berlin.de%2Fzefys%2FSNP2435211f-19181 i20-O-O-O-Oxm! (letzter Aufruf 8.10.2019).

Beispiellösung zu Prüfung 1 (nicht amtlich)

Aufgabe 1: M 1 analysieren – Musterlösung

Schritt 1: Beschreibung von M 1

(Feststellung formaler Merkmale): „Die Nationalversammlung" ist ein Zeitungsartikel von Rosa Luxemburg, der am 20.11.1918 in der Zeitung „Die Rote Fahne" erschienen ist. Er richtet sich an die linksrevolutionären Kräfte, insbesondere an die Mitglieder des Spartakusbundes.

(Inhaltliche Analyse): Thematisch befasst sich der Artikel mit der anstehenden Wahl zur Nationalversammlung. Die Autorin Rosa Luxemburg vertritt in dem Artikel die Ansicht, dass die Nationalversammlung die Chance einer sozialistischen Revolution zunichtemachen und die bürgerlichen Kräfte stärken würde (vgl. Z. 60-69).
Die Forderung des konservativen und sozialdemokratischen Spektrums nach einer Nationalversammlung sei ein Zeichen der Angst dieser Kreise vor einer sozialistischen Revolution (vgl. Z. 1-7). Rosa Luxemburg vertritt die Ansicht, dass sich die Umwandlung der Gesellschaft in eine sozialistische, ohne einen Bürgerkrieg nicht verwirklichen lasse, da die Bourgeoisie ihre Macht niemals freiwillig zugunsten einer sozialistischen Gesellschaft abgeben würden (vgl. Z. 18, Z. 43 ff.). Ihrer Meinung nach würde sich die Bourgeoisie („Junker und Kapitalisten", Z. 34) der demokratischen Mehrheit nur unterwerfen, wenn die demokratisch getroffenen Mehrheitsentscheidungen auch ihrem Willen entsprechen würden (vgl. Z. 39 f.). Sobald sie aber in der parlamentarischen Minderheit wären und „das kapitalistische Privateigentum, das Lohnverhältnis [oder] der Profit" (Z. 40 f.) in Gefahr wären, würden sich die Eliten zur Wehr setzen (vgl. Z. 48-51). Die Vorstellung der Sozialdemokratie und der gesamten gemäßigten Linken, dass sich bürgerliche Kreise infolge einer parlamentarischen Mehrheit dem Sozialismus beugen würden, hält Rosa Luxemburg für naiv (vgl. Z. 56 f.). Aus diesem Grund übt sie Kritik an der geplanten Nationalversammlung. Daher gebe es keinen anderen Weg als die gewaltsame Revolution, da die Bourgeoisie selbst dann einen Bürgerkrieg lostreten werde, wenn der Sozialismus parlamentarisch erreicht worden sei (vgl. Z. 71 ff.),

(Sprache): Auffallend ist die den Text durchziehende Antithese zwischen „Arbeiterklasse" und „Kapitalistenklasse", wodurch die inhaltlichen Gegensätze betont werden (Z. 7, Z. 26): „Man stärkt die Position der Bourgeoisie, man schwächt [...] das Proletariat" (Z. 60).
Rosa Luxemburg verwendet in dem Artikel eine sehr bildmächtige Sprache, wenn sie z. B. von der „Schlagader der bürgerlichen Klassenherrschaft" (Z. 39) spricht und prognostiziert, dass die Gemütlichkeit der Bourgeoisie aufhöre, wenn diese Schlagader „ans Messer geliefert" werde (Z. 44). Zweck der bildhaften Sprache ist es, das Proletariat zu mobilisieren

und die Antithetik zwischen „Arbeiterklasse“ und „Kapitalistenklasse“ hervorzuheben. Die gleiche Funktion haben auch die sprachlichen Gestaltungsmittel des Klimax' (z. B. „Der parlamentarische Kretinismus war gestern eine Schwäche, ist heute eine Zweideutigkeit, wird morgen ein Verrat am Sozialismus sein“, Z. 75-79) und des Appells (z. B. „Kleinbürgerliche Illusionen!“, Z. 18). All diese sprachlichen Mittel unterstreichen die Antithetik, um die Leserschaft davon zu überzeugen, dass es keine gewaltfreie sozialistische Revolution geben könne und die Nationalversammlung keine Lösung sei.

Schritt 2: Erklärung im historischen Kontext

Anfang November 1918 weigerten sich gegen Kriegsende die Matrosen in Kiel, zu einem militärisch sinnlosen Manöver auszulaufen. Diese Meuterei mündete schließlich im Kieler Matrosenaufstand, der sich in den folgenden Tagen zu einer Revolution entwickelte, die das gesamte Reich erfasste. Überall im deutschen Reich kam es im Verlauf der Novemberrevolution zu der Bildung von Arbeiter- und Soldatenräten. In Folge der Novemberrevolution kam es dann am 9. November 1918 zur doppelten Ausrufung der Republik in Berlin durch Philipp Scheidemann von der SPD und durch Karl Liebknecht vom Spartakusbund. Da die Spartakisten allerdings nicht über eine ausreichende Machtbasis verfügten, setzte sich das bürgerlich-demokratische Lager unter Scheidemann durch und es kam zur Errichtung des Rates der Volksbeauftragten, einer provisorischen Regierung unter Leitung des SPD-Politikers Friedrich Ebert.

Innerhalb der revolutionären Kräfte gab es unterschiedliche Vorstellungen zu deren Verlauf und deren Zielsetzungen. Das bürgerlich-demokratische Lager unter Friedrich Ebert strebte einen parlamentarischen Prozess unter Einbindung der gesellschaftlichen Eliten an, dessen Ziel die Errichtung einer parlamentarischen Republik war. Im Gegensatz dazu verfolgten die Sozialisten unter Karl Liebknecht und Rosa Luxemburg einen gewaltsamen Umsturz des bisherigen Systems und die Errichtung einer Räterepublik nach sowjetischem Vorbild.

Auch beim Reichsrätekongress in Berlin konnte sich die radikale Position von Karl Liebknecht und Rosa Luxemburg nicht durchsetzen, der Kongress stimmte mit großer Mehrheit für die Nationalversammlung.

Im Januar 1919 kam es dann zur Wahl der Nationalversammlung, die schließlich die Weimarer Republik begründete.

Schritt 3: Fazit/Haltung und Intention des Autors

Rosa Luxemburg stellt sich in dem Text gegen die Wahl Nationalversammlung. In ihren Augen kann der Sozialismus nicht auf parlamentarischem Weg erreicht und umgesetzt werden, sondern nur durch eine gewaltsame Revolution. Jegliche Kooperation mit gemäßigten Sozialisten oder bürgerlichen Kräften betrachtet sie als kontraproduktiv für die Durchsetzung des Sozialismus.

Material 2: Rede von Joseph Goebbels einer Massenkundgebung der NSDAP in Hamburg am 16.6.1933

Meine Parteigenossen und Volksgenossen!

[...l Es ist nicht das erste Mal, dass ich nach Hamburg komme. Vielleicht fünfundzwanzig-dreißigmal habe ich in dieser Stadt gesprochen. Zuerst vor einigen Dutzend, dann vor einigen Hundert, dann vor einigen Tausend und dann vor einigen Zehntausend. Und im Verlaufe dieser Entwicklung hat sich wie in Hamburg, so auch im ganzen Deutschen Reich das Volk erhoben, hat das republikanische Schandsystem von sich abgeschüttelt und in einer grandiosen national-sozialistischen Revolution der neuen Regierung die Macht und damit die Verantwortung übergeben. Heute kommen wir als die Repräsentanten des Staates, als die Verkörperer eines neuen nationalen Lebenswillens in Deutschland, als die Vollstrecker der Volksforderungen [...].

Am 30. Januar dieses Jahres ist diese Revolution ausgebrochen. Nur die, die neben der Zeit lebten, sahen in ihr etwas Unerwartetes. Wir aber, wir Nationalsozialisten, haben sie kommen gesehen. Nicht nur das, – wir haben diese Revolution planmäßig vorbereitet! Wir haben ihr die geistigen Grundlagen gegeben. Wir verliehen ihr den revolutionären Atem und den durchschlagenden, wunderbar aktivistischen Elan. [...]

In guten und in bösen Tagen wollen wir mitten im Volk stehen, denn wir sind ja nur die Willensvollstrecker des Volkes.

Wir schließen uns deshalb nicht in den luftleeren Räumen der Wilhelmstraße[1] ab. Sondern immer wieder gehen wir ins Land hinaus! Immer wieder öffnen wir die Herzen und die Gehirne der Menschen. Immer wieder geben wir dem Volk [...] Trost in seiner Trübsal. Immer nehmen wir uns der Not und des Elends der breiten Massen an. [...] Wir packen den Stier bei den Hörnern und entwerfen ein Arbeitsbeschaffungsprogramm und verteilen dieses Programm auf vier Jahre. Wir bauen Riesenstraßenzüge, entwerfen ein Riesenbauprogramm, kurbeln die Wirtschaft in ganz großem Stile an und sagen dann zum Volk: Nun musst du auch mithelfen. Wir sehen jetzt mit einem Male, wie die Zahlen der Arbeitslosen zu sinken beginnen, wie alle Hoffnung schöpfen und wie das, was an großer Not noch übriggeblieben ist, vom Volke leichter getragen werden kann, weil es weiß: Wir haben eine Regierung, die uns niemals Stich lassen wird. [...] Das deutsche Volk hat das Lachen gelernt! Wir haben uns dem Leben wieder hingegeben, mit einer inneren Freudigkeit versehen wir den Dienst, und wer noch von der Arbeit ausgeschlossen ist, ist überzeugt, dass die Regierung kein Mittel unversucht lässt, ihm seine Arbeit wieder zurückzugeben.

Anmerkung:
1 **Wilhelmstraße:** Regierungsviertel in Berlin.

Quellenangabe: Helmut Heiber (Hrsg.): Goebbels Reden. Band 1: 1932–1939. Düsseldorf 1971, S, 113–123.

Material 3: „Der zertrümmert Alles!“, Plakat von Helmuth Klotz zur Reichspräsidentenwahl 1932

Über den Zeichner: Helmuth Klotz (1894–1943): Publizist und SPD-Mitglied, 1942 vom Volksgerichtshof zum Tode verurteilt.

Quellenangabe: https://www.dhm.de/datenbank/img.php?img=d2009634&format=1 (letzter Aufruf 8.10.2019)

Aufgabe 2: M 2 analysieren und mit M 3 vergleichen – Musterlösung

Tipp zum Punktesammeln

Es wird nicht erwartet, dass Sie das Wahlplakat genauso detailliert analysieren wie die Rede. Vielmehr müssen Sie wesentliche Vergleichsaspekte herausarbeiten und diese vergleichend untersuchen: u. a. formale Gestaltung wie Quellentyp, Autor, Erscheinungszeit und -ort, Adressat; sprachliche Gestaltung, historischer Kontext und Perspektive/Intention sowie Haltung des Autors/Redners versus der des Zeichners/Grafikers.

Schritt 1: Beschreibung von M 2

(Formal): Die vorliegende Quelle M 2 ist eine Rede von Joseph Goebbels vom 16.6.1933. Gehalten wurde die Rede in Hamburg bei einer Massenkundgebung der NSDAP vor Parteimitgliedern und der Hamburger Bevölkerung.

(Inhalt/Gedankengang): In der Rede stellt Goebbels die Machtübertragung an Hitler und die NSDAP am 30.1.1933 als Beginn einer Revolution dar. Im Anschluss folgt eine Bewertung der Regierungsarbeit sowie Versprechungen für die Zukunft.
Die Machtübertragung beschreibt Goebbels als eine systematisch geplante Revolution (Z. 25-28), die im Sinne des Volkes gewesen sei (Z. 33-36). Er stellt die Machtübertragung so dar, als hätte das Volk die Macht direkt an Hitler und die NSDAP übergeben (Z. 9-17) und als würden diese lediglich den Willen des Volkes ausführen (Z. 33-36).
Im Anschluss daran geht Goebbels auf die Regierungsarbeit der NSDAP ein. Dabei beschreibt er die neue Regierung als eine, die den direkten Kontakt zum Volke suche und nicht abgehoben sei (Z. 42-45). Die Regierung nehme sich der Nöte und des Elends „der breiten Massen an“ (Z. 44 f.). Er verspricht, dass die Regierung durch ein „grandioses Arbeitsbeschaffungsprogramm“ (Z. 47) die Arbeits- und Lebensverhältnisse signifikant verbessern werde (Z. 53 ff.).
Ein weiterer angesprochener Aspekt ist die Rolle des Volkes. Laut Goebbels habe das Volk den Machtwechsel herbeigeführt (Z. 9-17) und die Regierung sei nur der „Willensvollstrecker des Volkes“ (Z. 20). Auch sei es die Aufgabe des Volkes die Politik der NSDAP zu unterstützen (Z. 52 f.) und den Maßnahmen der Regierung zu vertrauen (Z. 59 f.).

(Sprache): Auffallend ist an der Rede die häufige Verwendung des Personalpronomens „wir“ (z. B. Z. 25-32). Durch diese häufige Wiederholung soll, ganz im Sinne der nationalsozialistischen Ideologie, ein Zusammengehörigkeitsgefühl hergestellt werden.
Goebbels spricht sehr pathetisch. Er will auf der einen Seite die Leistungen der NSDAP und Hitlers überhöhen (z. B. „Verkörperung eines neuen nationalen Lebenswillens“, Z. 19 f.) und wertet auf der anderen Seite die Weimarer Republik als „republikanisches Schandsystem“ (Z. 12 f.) ab. Durch die Überhöhung wird der Kontrast zur angeblich schlechten Weimarer Republik noch verstärkt.

Um die Bedeutung des bisher Erreichten hervorzuheben, verwendet Goebbels an vielen Stellen in seiner Rede Hyperbeln. So spricht er von einem „Arbeitsbeschaffungsprogramm" (Z. 47), dem Bau von „Riesenstraßenzüge[n]" (Z. 49) oder dem „Riesenbauprogramm" (Z. 49).
Die Klimax im ersten Absatz („Dutzend", „Hundert", „Tausend", „Zehntausend", Z. 5-9) betont die von Goebbels dargestellte Unaufhaltsamkeit und Zielgerichtetheit der nationalsozialistischen Bewegung.

Schritt 2: Erklärung im historischen Kontext

Nach der Machtübernahme begannen die Nationalsozialisten mit der Festigung ihrer Herrschaft. Hierbei kam ihnen der Reichstagsbrand am 28.2.1933 sehr gelegen. Die Nationalsozialisten sprachen von einer „kommunistischen Verschwörung" und erließen die Verordnung zum „Schutz von Volk und Staat" (Reichstagsbrandverordnung), die bis 1945 alle Grundrechte außer Kraft setzte. Innerhalb kurzer Zeit wurden nun tausende politische Gegner (Kommunisten und Sozialdemokraten) verhaftet und erste Konzentrationslager eingerichtet. Mit dem Ermächtigungsgesetz vom 23.3.1933 wurde die Gewaltenteilung abgeschafft und die Reichsregierung konnte nun Gesetze ohne die Mitwirkung der Legislative erlassen, Exekutive und Legislative waren sozusagen gleichgeschaltet. Mit diesem Gesetz wurde die Weimarer Verfassung ihres demokratischen Kerns beraubt. Das Ermächtigungsgesetz ermöglichte weitere Maßnahmen zur Festigung der nationalsozialistischen Diktatur. Die Gleichschaltung beschränkte sich aber nicht nur auf die Institutionen der Verfassung, denn auch alle anderen Bereiche des politischen und gesellschaftlichen Lebens wurden gleichgeschaltet.

Schritt 3: Haltung/Intention des Redners

Die Umwandlung des Deutschen Reiches von einer parlamentarischen Republik in eine totalitäre Diktatur möchte Goebbels in seiner Rede als eine Umsetzung des Willens der Bevölkerung darstellen und auf diese Art und Weise legitimieren. Die Abschaffung der freiheitlichen demokratischen Grundrechte feiert er als Revolution.

Schritt 4: Vergleich mit M 3 und Fazit

<u>(Formale Gestaltung):</u> Bei M 2 handelt es sich um eine Rede, bei M 3 um ein Plakat. Während M 2 ein halbes Jahr nach der Machtübertragung verfasst wurde, ist M 3 zur Reichspräsidentenwahl 1932 erschienen und stammt somit aus der Endphase der Weimarer Republik. M 2 wurde von Joseph Goebbels, dem Reichsminister für Propaganda, verfasst und richtet sich an Parteimitglieder und Sympathisanten der NSDAP. Im Gegensatz dazu stammt das Plakat von M 3 von dem SPD-Mitglied Helmuth Klotz und richtet sich an die Gegner der NSDAP.

<u>(Sprachliche bzw. grafische Gestaltung):</u> In M 2 werden Hitler und die NS-Politik als Retter, Erlöser und „Willensvollstrecker des Volkes" (Z. 35 f.) dargestellt, während er in M 3 als Zerstörer dargestellt wird, der auf die Menschen und ihre Lebensgrundlage keine Rücksicht nimmt. In beiden Materialen wird Hitler überdimensional dargestellt, aber während in M 2 damit seine übermenschlichen Leistungen dargestellt werden sollen, zeigt M 3 Hitlers enorme Gefährlichkeit. In M 2 wird Hitler als großer Hoffnungsträger dargestellt, während in M 3 die Bevölkerung vor dem überdimensionalen Tyrannen flieht.

(Intention und Haltung des Zeichners/Grafikers): Während in M 2 Hitler als Hoffnungsträger der Bevölkerung dargestellt wird, wird dieser in M 3 als Gefahr und Bedrohung für die Bevölkerung und ihre Lebensgrundlage dargestellt. M 2 versucht die Bevölkerung von der Richtigkeit und Alternativlosigkeit der NS-Politik zu überzeugen, während M 3 sie vor Hitler und dessen Politik warnt.

(Fazit): Die Rede überhöht Hitler und die NS-Politik. Das Plakat dagegen kritisiert Hitler und die NS-Politik und will die Bevölkerung vor den Konsequenzen dieser Politik warnen.

Aufgabe 3: Darstellung – Musterlösung

Tipp zum Punktesammeln

Wichtig ist es, die wesentlichen Ereignisse und Entwicklungen sinnvoll und strukturiert darzustellen und dabei auch die Maßnahmen bis hin zum systematischen Massenmord an den Juden deutlich herauszuarbeiten.

Die Verfolgung der Juden begann schon mit der Ernennung Hitlers. Gemäß der NS-Ideologie sollte das „großdeutsche Reich" so schnell wie möglich „judenfrei" sein. Die Verfolgung der Juden muss daher im Rahmen der NS-Rassenpolitik betrachtet werden, die die Vernichtung dieser Bevölkerungsgruppe vorsah. In verschiedenen Stufen wurden Gesetze erlassen, um jüdische Mitbürger zu diskriminieren.

Die wichtigsten Maßnahmen zur Diskriminierung der jüdischen Bevölkerung bis hin zum Massenmord waren:

- Gesetz zur Wiederherstellung des Berufsbeamtentums: Schon wenige Monate nach der Machtübertragung wurde dieses Gesetz erlassen, das es ermöglichte, nahezu alle jüdischen Beamten aus dem Dienst zu entlassen.
- Nürnberger Gesetze: Durch die Nürnberger Gesetze wurde definiert, wer Jude oder Jüdin war. Damit einhergehend wurden Juden zu Bürgern zweiter Klasse degradiert, ihnen wurden alle politischen Bürgerrechte genommen. Verboten wurden sogenannte „Mischehen". Mit den Nürnberger Rassegesetzen wurde die Emanzipation der Juden, die seit dem 19. Jahrhundert eingesetzt hatte, rückgängig gemacht und neuen Diskriminierungsmaßnahmen Tür und Tor geöffnet.
- Novemberpogrom: In der Nacht vom 9. auf den 10. November 1938 kam es überall in Deutschland zu Pogromen, bei denen die SA jüdische Geschäfte zerstörte, Synagogen in Brand steckte und jüdische Bürger misshandelte. In dieser einen Nacht wurden mehr als 100 Synagogen abgebrannt und zwischen 90 und 100 Juden ermordet. Das Regime rechtfertigte die Pogrome mit dem Attentat auf den deutschen Legationssekretär in Paris durch den jüdischen Deutschpolen Herzel Grynszpan. In den folgenden Tagen wurden mehr als 30 000 jüdische Männer verhaftet und in die Konzentrationslager Dachau, Buchenwald und Sachsenhausen verschleppt. Die Mehrheit der Deutschen verharrte schweigend und zeigte wenig Mitgefühl.

- „Arisierung“: Mit dem Beginn des Jahres 1939 wurde es Juden verboten, Geschäfte zu betreiben oder Dienstleistungen anzubieten. Schon vorher wurden Juden gezwungen, ihre Betriebe – meist unter Wert – an deutsche Bürger zu verkaufen. Mit der „Zwangsarisierung“ wurden jetzt die letzten jüdischen Geschäfte enteignet. Hier sind z. B. die jüdischen Kaufhäuser zu erwähnen, die es in jeder mittleren bis großen Stadt in Deutschland gab. Für viele Juden bedeutete dies den Ruin.
- Deportation und Gettoisierung: Ab 1940 wurde damit begonnen, die Juden in Gettos zu deportieren. Diese befanden sich alle in den eroberten Gebieten im Osten. Die Juden wurden in teils mit Mauern und Kontrollposten abgesperrten Stadtteilen untergebracht, wie z. B. im Warschauer Getto.
- Wannseekonferenz: Auf der Wannseekonferenz 1942 wurde beschlossen, die Tötung der Juden effizienter zu gestalten, da die Massenerschießungen als nicht effektiv eingestuft wurden. Bei dieser Konferenz wurden die Voraussetzungen für die sogenannte „Endlösung der Judenfrage“ beschlossen, u. a. die Einrichtung von Massenvernichtungslagern. Diese ergänzten die Konzentrationslager. Nahezu alle Vernichtungslager befanden sich auf erobertem polnischem Gebiet. Auschwitz erhielt als Erstes dieser Lager vier große Gaskammern, in denen allein 1,4 Millionen Menschen ermordet wurden.

Insgesamt wurden durch die Nationalsozialisten circa sechs Millionen Juden ermordet. Die Begriffe Holocaust bzw. Shoa bezeichnen diesen in der Menschheitsgeschichte mit nichts gleichzusetzenden, industriell betriebenen Völkermord (Genozid).

Aufgabe 4: Erörtern – Musterlösung

Tipp zum Punktesammeln

Bei dieser Aufgabenstellung ist es wichtig, dass Sie die These anhand von verschiedenen Aspekten untersuchen, beispielsweise, indem Sie sich unterschiedliche Bereiche anschauen z. B. Wirtschaft, Politik und Gesellschaft, und untersuchen, inwiefern es hier Probleme gab, die mit den Anfangsjahren der Weimarer Republik in Beziehung gesetzt werden könnten.
Arbeiten Sie am besten mit einer Mindmap, um Ihre Gedanken/Ideen zu strukturieren.
Wichtig: Achten Sie darauf, dass Sie sowohl Pro- als auch Kontra-Argumente anführen und abschließend zu einem eigenen Urteil kommen.

Definition/Begriffsklärung:
Die Formulierung „totale Erfassung und Kontrolle“ ist dahingehend zu verstehen, dass es das Ziel des Nationalsozialismus war, einen umfassenden Zugriff auf die Bevölkerung zu haben. Der NS-Staat wollte alle Bereiche des öffentlichen und gesellschaftlichen Lebens ideologisch durchdringen und kontrollieren. Dabei sollten konkurrierende gesellschaftliche Strömungen durch Gleichschaltung und Anpassung aller staatlichen und gesellschaftlichen Institutionen an die Ziele der Nationalsozialisten ausgeschaltet werden. Der NS-Staat versuchte, Einfluss zu gewinnen auf Politik, Wirtschaft, Gesellschaft und Kultur.

Folgende Bereiche bieten sich zur Bekräftigung der These an:
- Durchsetzung des Einparteien- und des Führerstaats,
- Prozess der „Gleichschaltung",
- Außerkraftsetzung des Rechtsstaats,
- staatliche Zensur der Medien, staatliches Informations- und Propagandamonopol, Allgegenwärtigkeit staatlicher Propaganda,
- Postulieren der „Volksgemeinschaft" – eines einheitlichen, mit einer Stimme sprechenden „Volkskörpers",
- Schaffung von Massenorganisationen,
- staatlicher Terror und Gewalt gegen Andersdenkende,
- Allgegenwärtigkeit von Überwachungsinstrumenten, auch auf unteren Ebenen,
- gezielte Reduktion der Privatsphäre.

Anhand folgender Beispiele könnte man die These widerlegen:
- Differenzierung zwischen institutioneller Macht und individueller Erfassung jedes Einzelnen,
- verschiedene Möglichkeiten des Einzelnen, sich dem staatlichen Zugriff zu entziehen,
- nicht realisierbare vollständige Kontrolle der Bevölkerung,
- Vorhandensein von Widerstand.

Prozess der „Gleichschaltung":
Ein gutes Beispiel der „totalen Erfassung und Kontrolle der Bevölkerung" ist der Prozess der „Gleichschaltung". Anhand dieser lässt sich sehr gut aufzeigen, in welcher Geschwindigkeit die Nationalsozialisten nach der Machtübertragung die Diktatur bis hinab zur kommunalen Ebene durchsetzten. Schon gleich nach der Machtübertragung begannen sie, alle staatlichen und gesellschaftlichen Institutionen an ihre politischen und ideologischen Ziele anzupassen. So nahm die NS-Regierung den Reichstagsbrand zum Anlass, den Grundrechtekatalog der Weimarer Republik mit Hilfe der Reichstagsbrandverordnung außer Kraft zu setzen. Nun konnten politische Gegner ohne Grund verfolgt und verhaftet werden. Innerhalb kürzester Zeit wurden zehntausende Kommunisten und Sozialdemokraten in „Schutzhaft" genommen und die ersten Konzentrationslager wurden eingerichtet. Nach der Auflösung des Reichstages und den folgenden Neuwahlen am 5. März 1933 verfehlte die NSDAP trotz dieser Maßnahmen die angestrebte Mehrheit, doch konnte sie mit der DNVP eine Regierungsmehrheit erreichen.
Mit dem dann folgenden Ermächtigungsgesetz wurde die Gewaltenteilung abgeschafft. Der Regierung war es nun möglich, Reichsgesetze ohne Mitwirkung der Legislative zu erlassen. Mit diesem Gesetz wurde die Weimarer Verfassung ihres demokratischen Kerns beraubt, auch wenn diese bis 1945 in Kraft blieb. Dieses Gesetz ermöglichte es den Nationalsozialisten, alle Bereiche des politischen und gesellschaftlichen Lebens gleichzuschalten und so die Kontrolle über die Bevölkerung zu erlangen. Schon kurz nach dem Ermächtigungsgesetz wurde die Selbstverwaltung der Länder und der Gemeinden abgeschafft. Danach wurden die Gewerkschaften zerschlagen, führende Funktionäre festgenommen und in Konzentrationslager eingeliefert. Im Juni 1933 wurden dann alle Jugendverbände aufgelöst und die Jugendlichen aufgefordert, sich der Hitlerjungend anzuschließen. Von diesem Zeitpunkt an gab es nur noch die HJ als einzig erlaubte Jugendorganisation.

Schon nach dem „Ermächtigungsgesetz“ hatten sich die meisten Parteien aus dem politischen Leben zurückgezogen. Doch mit einem Gesetz „gegen die Neubildung von Parteien“ wurden diese nun endgültig verboten und das Monopol der NSDSAP als einzig verbliebene Staatspartei gesichert.
Mit der Vereinigung der Ämter von Reichskanzler und Reichspräsident nach dem Tod Hindenburgs in der Person von Adolf Hitler war die Vollendung der Verschmelzung von Partei und Staat abgeschlossen.
Bis 1934 war der Prozess der Gleichschaltung schon so weit vorangeschritten, dass die wichtigsten gesellschaftlichen Verbände in die Organisationsstrukturen der NSDAP übernommen worden waren.
Innerhalb von etwas mehr als einem Jahr hatte es die NSDAP geschafft, alle Lebensbereiche unter ihre Kontrolle zu bringen – vom öffentlichen bis hinein in den privaten Bereich. Interessant ist hierbei auch, dass in manchen Fällen nicht einmal Zwang nötig war. So haben z. B. einige Vereine und Verbände die Ideologie in einer Art vorauseilendem Gehorsam freiwillig übernommen.

<u>Möglichkeiten des Einzelnen, sich dem staatlichen Zugriff zu entziehen:</u>
Was man zur Widerlegung der These heranziehen könnte, sind die unterschiedlichen Möglichkeiten, sich dem Zugriff des Staates zu entziehen. Auch wenn der nationalsozialistische Staat die Kontrolle über beinahe das gesamte politische und gesellschaftliche Leben besaß, gab es trotzdem die Möglichkeit, sich seinem Zugriff in der privaten Sphäre zu entziehen. Diese Form der inneren Emigration wählten viele Künstler, wie z. B. Erich Kästner. Manche Menschen arbeiteten auch in Widerstandszirkeln mit oder untergruben durch die Verbreitung ihrer Werke die nationalsozialistische Propaganda. Auch das Vorhandensein vieler unterschiedlicher Widerstandsgruppen, von Einzelnen, wie z. B. Hans Georg Elser, über die Mitglieder der Weißen Rose um Hans und Sophie Scholl oder die Kölner Jugendgruppe der „Edelweißpiraten“, bis hin zum militärischen Widerstand, wie dem Kreisauer Kreis, zeigt, dass der NS-Staat keineswegs eine totale Erfassung und Kontrolle der Bevölkerung besaß. Der Widerstand blieb jedoch vereinzelt und gewann so nie an Durchschlagskraft.

Abiturprüfung 2020 zu Schwerpunktthema II

Informationen auf dem Deckblatt der Originalprüfung

Bearbeitungszeit:	270 Minuten einschließlich Auswahlzeit
Hilfsmittel:	Nachschlagewerke zur deutschen Rechtschreibung und Zeichensetzung, grafikfähiger Taschenrechner
Hinweise:	– Sie erhalten **zwei** Aufgaben. – Wählen Sie von den zwei Aufgaben **eine** Aufgabe aus und bearbeiten Sie diese. – Vermerken Sie auf der Reinschrift, welche Aufgabe Sie bearbeitet haben. – Sie sind verpflichtet, die Vollständigkeit der vorgelegten Aufgaben vor Bearbeitungsbeginn (auf Anzahl der Blätter, Anlagen usw.) zu überprüfen. – Lösungen auf den Aufgabenblättern werden nicht gewertet. – Rechtschreibung und Zeichensetzung in den Materialien wurden aktualisiert.

Aufgabenstellungen

		Höchstzahl der erreichbaren Verrechnungspunkte
1.	Analysieren Sie M 1.	12 VP
2.	Ihrem Selbstverständnis nach war die DDR ein demokratischer Staat. Stellen Sie dar, wie sich dieses Selbstverständnis auf Politik und Gesellschaft auswirkte.	14 VP
3.	Analysieren Sie M 2 und vergleichen Sie M 2 mit M 3.	16 VP
4.	„In der Bundesrepublik Deutschland wurden in den 1970er- und 1980er-Jahren gesellschaftliche Herausforderungen erfolgreich bewältigt.“4Überprüfen Sie diese These.	14 VP
		60 VP

Material 1: **„Nie wieder sollen sie unsere Jugend missbrauchen!" – Plakat von Gerhard Benzig, Bautzen, Sowjetische Besatzungszone, 1949**

Quellenangabe: David Heather, DDR Poster. 130 Propagandabilder, Werbe- und künstlerische Plakate von den 40er- bis Ende der 80er-Jahre illustrieren die Geschichte des Kalten Krieges, Zeitgeist und Lebensgefühl der DDR. Ostdeutsche Propagandakunst / The Art of East German Propaganda

Übersetzung: Mechthild Barth

Aufgabe 1: Analysieren – Musterlösung

Tipp zum Punktesammeln

Ein Plakat bildet immer eine zugespitzte Position gegenüber einem bestimmten Geschehen oder Sachverhalt ab. Wenden Sie zur Analyse den Dreischritt aus dem Methodenkapitel des FiNALE-Prüfungstrainers an (S. 133 f.):

1. Beschreiben Sie das Plakat formal und bildlich: Welche Bildelemente gibt es, wie stehen sie miteinander in einem Zusammenhang?
2. Erklären Sie den historischen Kontext, in dem die Bildquelle entstanden ist.
3. Arbeiten Sie die Gesamtaussage des Plakats heraus und beurteilen Sie diese in Bezug auf die historische Situation.

Schritt 1: Beschreibung von M 1

Formale Merkmale:

Das Plakat M 1 trägt den Titel „Nie wieder sollen sie unsere Jugend missbrauchen!" und wurde von Gerhard Benzig gezeichnet. Veröffentlicht wurde es im Jahr 1949 in Bautzen, einer Stadt in der damaligen Sowjetischen Besatzungszone (SBZ). Entnommen wurde dieses Plakat aus Heather, David: DDR Posters. Ostdeutsche Propagandakunst. München u.a. 2014, S. 36.

Beschreibung des Dargestellten und der Gestaltungsweise:

Dem Betrachter des Plakats sticht direkt eine Zweiteilung des Bildes in einen helleren Vorder- und einen deutlich dunkleren Hintergrund ins Auge, wodurch der in Frontalansicht [‚en face', d. h. das Gesicht des Porträtierten wird direkt von vorn gezeigt] gezeichnete Junge im vorderen Zentrum des Plakats zusätzlich von den beiden anderen Figuren in der hinteren Hälfte abgesetzt wird. Dieser Junge, der sich im frühen Teenageralter befinden dürfte, sieht den Betrachter mit strahlenden Augen und einem einnehmenden Lächeln unmittelbar an. Hinter ihm (vom Betrachter aus rechts) sind in Profilansicht ein weiterer Jugendlicher und im Viertelprofil ein Totenkopf hintereinander angeordnet. Dieser zur Seite blickende Jugendliche scheint mit einer (womöglich braunen) Uniform bekleidet zu sein, die an jene der Hitlerjugend erinnert. Der Totenschädel hinter ihm trägt einen Stahlhelm und ist mit einem über die rechte Schulter gelegtem Schwert ausgestattet, von welchem Flüssigkeit, wahrscheinlich Blut, auf ein schwach angedeutetes helles Hakenkreuz vor schwarzem Hintergrund tropft. Vom Betrachter aus links vorne ist ein Zweig (vermutlich von einem Ölbaum) zu sehen, im Hintergrund vom Betrachter aus links sind mehrere Grabkreuze zu erkennen. Der titelgebende Text des Plakats „Nie wieder sollen sie unsere Jugend missbrauchen!" ist unterschiedlich groß gedruckt, wodurch die Textelemente „nie wieder" und „unsere Jugend" – jeweils in schwarzer Schrift auf hellem Hintergrund – besonders akzentuiert werden.

Schritt 2: Erklärung im historischen Kontext

Im Erscheinungsjahr des Plakats 1949 werden nach der politischen und ökonomischen Auseinanderentwicklung der östlichen Besatzungszone und der westlichen Besatzungszonen auf dem Gebiet der Tri-Zone die Bundesrepublik mit der Verkündung des Grundgesetzes am

23.5.1949 und auf dem Gebiet der SBZ die Deutsche Demokratische Republik (DDR) am 7.10.1949 gegründet. Nach der Fusion der britischen und amerikanischen Besatzungszonen (BBZ und ABZ) am 1.1.1947 zur Bi-Zone, der Währungsreform am 20.8.1948, welcher sich die französische Besatzungszone (FBZ) anschloss und der endgültigen Erweiterung der Bi- zur Tri-Zone im April 1949 durch den Beitritt der FBZ, hat sich die Teilung Deutschlands über Jahre hinweg immer deutlicher abgezeichnet. Die drei Figuren sind allegorisch zu verstehen und stehen für den Tod im Krieg (Totenschädel mit Stahlhelm), für die vom Nationalsozialismus politisch verführten und im Krieg (im Volkssturm oder als Flakhelfer) missbrauchten Jugendlichen und für die gegenwärtige Jugend in der SBZ, die im deutlichen Kontrast zu den beiden anderen Figuren optimistisch in die Zukunft blickt und die totbringende Vergangenheit hinter sich lassen kann. Der Aufbau des Plakats und die Verwendung der Symbole verdeutlichen diesen Unterschied zwischen der friedlichen Gegenwart, für welche der Ölzweig als Friedenszeichen steht und der in einen Vernichtungskrieg mündenden, blutigen NS-Vergangenheit, welche durch das Hakenkreuz, den Totenkopf mit Stahlhelm und blutigem Schwert sowie das anonyme Gräberfeld symbolisiert wird. Durch den Ausspruch, dass „sie", worunter die Nationalsozialisten und allgemein alle faschistischen Kriegstreiber subsumiert werden, nie wieder „unsere Jugend" missbrauchen sollen, wird der völlige Bruch zum nationalsozialistischen Deutschland betont und der Unterschied zur friedlichen Gegenwart in der SBZ zusätzlich verstärkt. Das „sie" lässt sich zudem auf die Verantwortlichen in den westlichen Besatzungszonen sowie die westlichen Alliierten beziehen, sodass sich die Abgrenzung vom Missbrauch und von der Instrumentalisierung der Jugend nicht nur auf die NS-Vergangenheit beziehen muss, sondern vom Betrachter auch auf die kapitalistische staatliche Alternative der Trizone bzw. der entstehenden Bundesrepublik auf deutschen Boden übertragen werden kann.

Schritt 3: Intention des Plakats

Das Plakat thematisiert die angeblich erfolgreich vorangetriebene Denazifizierung und Demilitarisierung in der SBZ, die im Potsdamer Abkommen vom 2.8.1945 zwischen den Alliierten neben anderen Grundsätzen als Rahmen einer gemeinsamen Besatzungspolitik vereinbart worden sind. Der Zeichner setzt allegorisch um, wie die SBZ bzw. die entstehende DDR verstanden werden möchte, nämlich als der antifaschistische, friedliebende und friedensbewahrende (pazifistische) Staat auf deutschem Boden, der „Auferstanden aus Ruinen" (auch im Unterschied zur Tri-Zone und der entstehenden Bundesrepublik) der Zukunft zugewandt ist und wegen der aus der NS-Vergangenheit gezogenen Lehren folgerichtig das bessere Deutschland sein möchte.

Aufgabe 2: Einen Sachverhalt darstellen

Wichtig ist es zunächst, das Selbstverständnis der DDR zu erklären und dann die hieraus resultierenden Auswirkungen strukturiert darzustellen.

Volksdemokratie und Antifaschismus:

Nach dem Zweiten Weltkrieg wurden alle Staaten im sowjetischen Machtbereich in einem Prozess des gesellschaftlichen und ökonomischen Umbaus in sogenannte Volksdemokratien nach sowjetischem Vorbild umgewandelt („Sowjetisierung"). Die DDR verstand sich als eine antifaschistische, sozialistische Volksdemokratie, die sich bewusst gegen NS-Deutschland und die kapitalistische, bürgerlich-parlamentarische Demokratie der Bundesrepublik abgrenzte. Staatsziel sollte es sein, eine aus der Theorie des Marxismus-Leninismus abgeleitete, vermeintlich historische Wahrheit in die Realität umzusetzen, d.h. die Entwicklung der sozialistischen Gesellschaft unter Führung der Arbeiterklasse und deren Partei hin zum Kommunismus voranzutreiben. Der Nationalsozialismus wurde unter dem Gesichtspunkt eines linearen, gesetzmäßigen Verlaufs der Geschichte als logische historische Folge des westlichen Kapitalismus interpretiert, der durch den Aufbau antikapitalistischer Strukturen im Sozialismus zu bekämpfen sei. Der in diesem Sinne verstandene, selbstverständliche „Antifaschismus" bildete die zentrale Grundlage der aus der Geschichte abgeleiteten Legitimation und wurde zum Gründungsmythos der DDR.

Staatsaufbau:
Der sogenannte Demokratische Zentralismus sah nur auf dem Papier eine scheinbar geteilte Staatsgewalt vor, die ihre Legitimation über Wahlen bezog. In der Praxis war der Staatsaufbau der DDR von einer Gewalteneinheit geprägt: Das Zentralkomitee der Sozialistischen Einheitspartei Deutschlands (ZK der SED) war die bestimmende Größe bei der Regierungsbildung und der Gesetzgebung, da alle zentralen Positionen in Regierung, Verwaltung, Justiz und im Militär mit Angehörigen der SED oder mit als zuverlässig eingestuften Sozialisten der Massenorganisationen und anderer (Block-)Parteien besetzt wurden. Die Kandidatinnen und Kandidaten der Wahlvorschläge auf allen Ebenen des Staates (Kommunal- bis Volkskammerwahlen) mussten von der jeweils übergeordneten Instanz bis hinauf zum ZK der SED abgesegnet werden („Top-down"). Die von oben nach unten vorgegebenen Entscheidungen über Personen und Inhalte waren verbindlich, sodass die Weisungsbefugnis der obersten SED-Funktionäre das bestimmende Element in den Staatsorganen der DDR war.

Rolle der SED und der Blockparteien:
Obwohl es neben der SED, die 1946 aus der Zwangsvereinigung von der Sozialdemokratischen Partei Deutschlands (SPD) und der Kommunistischen Partei Deutschlands (KPD) entstanden war, auch andere sogenannte Blockparteien in der SBZ/DDR wie die Christlich-Demokratische Union Deutschlands (CDU DDR) und die Liberal-Demokratische Partei Deutschlands (LDPD) gegeben hat und diese neben den Massenorganisationen wie dem Freien Deutschen Gewerkschaftsbund (FDGB) Abgeordnete in der Volkskammer (= Parlament der DDR), Mitglieder im Minister- und Staatsrat stellten, war die SED die herrschende Kader- und Staatspartei, deren Führungsanspruch seit 1968 sogar in der Verfassung der DDR festgeschrieben war. Die SED als führende marxistisch-leninistische Partei verfügte über das Wahrheits- und damit auch über das Meinungsmonopol im Staat, weshalb eine echte Opposition in der DDR nicht möglich war und der Staatsdoktrin widersprochen hätte. Die Blockparteien (und Massenorganisationen) sollten nur auf dem Wahlzettel den Anschein eines Parteienpluralismus erwecken und dienten der SED vielmehr als Transmissionsriemen, um beispielsweise bürgerliche, bäuerliche und kirchlich geprägte Bevölkerungsgruppen erreichen zu können. Walter Ulbricht, Erster Sekretär des ZK und der mächtigste Politiker der SED in den ersten beiden Jahrzehnten nach der Gründung, soll es mit folgendem, ihm zugeschriebenen Diktum auf den Punkt gebracht haben: „Es muss demokratisch aussehen, aber wir müssen alles in der Hand haben".

Wahlen in der DDR:

Bei Wahlen in der DDR konnten die Wähler nicht wie in einer parlamentarischen Demokratie zwischen den Kandidaten und/oder Listen der verschiedenen Parteien und Massenorganisationen auswählen und so auf die Sitzverteilung in der Volkskammer Einfluss nehmen, da diese Sitzverteilung bereits vor der Wahl feststand. Die Parteien und Massenorganisationen waren in der Nationalen Front zusammengeschlossen und kandidierten nach einem festen Verteilungsschlüssel, der de facto die Vormachtstellung der SED auf der Einheitsliste sicherte. Dieser gemeinsame Wahlvorschlag konnte nur als Ganzes abgelehnt oder angenommen werden (einzelne Kandidaten konnte man streichen). Eine Wahl war in der DDR, in welcher Wahlpflicht bestand, daher vielmehr ein öffentliches Bekenntnis zum sozialistischen Staat und hatte mit einer freien Wahl, die in der Bundesrepublik auch die sanktionsfreie Wahlenthaltung durch Nichtteilnahme vorsah/vorsieht, nichts zu tun.

Partizipation:

Der Grundsatz „Arbeite mit, plane mit, regiere mit", der in Artikel 21 der DDR-Verfassung von 1968 zu finden war, sollte das Recht der DDR-Bürger zur Mitgestaltung des sozialistischen Staates zum Ausdruck bringen, verdeutlichte aber gleichzeitig die damit verknüpfte Forderung des Staates an seine Bürger, sich für den (und im) Sozialismus zu engagieren. Neben der Wahlpflicht wurde von allen DDR-Bürgerinnen und Bürgern eine Mitwirkung in den Massenorganisationen als Bekenntnis zum Sozialismus erwartet. Diese Mitwirkungspflicht im sozialistischen Staat machte es dem Einzelnen schwer, sich dem Zugriff der SED zu entziehen. Hinzu traten eine ständige Ideologisierung in der Schule, in den Betrieben, den Vereinen und Hausgemeinschaften, aber auch direkte Einschüchterung und Überwachung bei abweichenden Meinungen und Verhaltensweisen durch das Ministerium für Staatssicherheit („Stasi"). Die Politisierung nahezu aller Gesellschaftsbereiche führte zum Rückzug vieler DDR-Bürger in private Nischen (Gartenlaube in Kleingärtnerkolonie etc.), weshalb die DDR der 1970er- und 1980er-Jahren als Nischengesellschaft bezeichnet wurde.

Material 2: „Widerstand ohne Tyrannen", Zeitungsartikel des Politikwissenschaftlers Dolf Sternberger, Frankfurter Allgemeine Zeitung, 6.5.1968

Die Bundesrepublik muss es büßen, dass Hitler zwölf Jahre lang über die Deutschen herrschen und nicht von Deutschen gestürzt werden konnte. Hitler herrschte mit Hilfe seiner verschworenen Gefolgschaft und mit Hilfe derer, welche die Sprache der nachmaligen Entnazifizierung treffend als Mitläufer bezeichnet hat. Fanatismus, Terror und Anpassung griffen ineinander. Der innere Widerstand blieb schwach, organisierte Verschwörung kam spät und endete glücklos. Die nachgeborene Generation scheint die eine Lehre gezogen zu haben, dass gegen Herrschaft immer Widerstand geboten sei. Die Söhne rächen sich für die Schwäche der Väter, und die Bundesrepublik muss es entgelten. Obgleich dieser Staat in liberalem Geist von denen errichtet worden ist, die an jenem Fanatismus keinen Anteil hatten, die jenem Terror entronnen waren und die drinnen oder draußen je für sich dem Druck und der Versuchung widerstanden, die also auch ihre moralische Haut einigermaßen hatten retten können. Diese setzten ihren Eifer an die Erneuerung des Staates; die Söhne – oder doch ein Teil von ihnen – ereifern sich nicht für den Staat, sie ereifern sich für den Widerstand, und sie treffen gerade auf diesen Staat, der doch als Gegenbild der Tyrannei entworfen worden ist – von Leuten, welche die Tyrannei erlitten, aber ihr freilich wenig aktiven und jedenfalls keinen erfolgreichen Widerstand entgegengesetzt hatten. Nun treibt es die Söhne, den Widerstand nachzuholen. [...]

Damals gab es einen Tyrannen und wenig Widerstand. Heute gibt viel Widerstand oder doch Widerstandsbedürfnis und keinen Tyrannen. Rudi Dutschke[1] hat den Tyrannenmord gutgeheißen, worin ihm zuzustimmen ist, aber sogleich hinzugefügt, unsere jetzigen Regenten seien nur „auswechselbare Charaktermasken" und lohnten solchen Aufwand nicht. In einem gewissen Sinn ist ihm übrigens auch hierin zuzustimmen: Eben dass sie tatsächlich „auswechselbar" sind, unterscheidet diese Regenten von tyrannischen. Es kennzeichnet den Verfassungsstaat, dass die Regierungsämter auf Zeit anvertraut werden.

Anmerkung:
1 **Rudi Dutschke (1940–1979):** politischer Aktivist und Wortführer der Studentenbewegung.

Quellenangabe: Frankfurter Allgemeine Zeitung, 6.5.1968. Zur Verfügung gestellt vom Frankfurter Allgemeine Archiv.

Material 3: „Organisieren wir den Ungehorsam gegen die Nazi-Generation“, Flugblatt, 1967/1968

Organisieren wir den
U N G E H O R S A M
gegen die Nazi-Generation.

Ehemalige Nazi-Richter wollen über uns „Recht“ sprechen. Wir haben sogar einen ehemaligen Nazipropagandisten als Bundeskanzler![1]

Unsere Geduld muss jetzt ein Ende haben: Machen wir Schluss damit, dass nazistische Rassenhetzer, dass die Juden-Mörder, die Slawen-Killer, die Sozialisten-Schlächter, dass die ganze Nazi-Scheiße von gestern weiterhin ihren Gestank über unsere Generation bringt.

Holen wir nach, was 1945 versäumt wurde: Treiben wir die Nazi-Pest zur Stadt hinaus. Machen wir endlich eine richtige Ent-Nazifizierung. Heizen wir ihnen so ein, dass ihnen die fetten Gehälter, Dividenden und Pensionen, die sie für ihre Verbrechen von gestern verschlingen, im Halse stecken bleiben.

Nazi-Richter, Nazi-Staatsanwälte, Nazi-Gesetzgeber aller Couleur, Nazi-Polizisten, Nazi-Beamte, Nazi-Verfassungsschützer, Nazi-Lehrer, Nazi-Professoren, Nazi-Pfaffen, Nazi-Journalisten, Nazi-Propagandisten, Nazi-Bundeskanzler, und nicht zuletzt gegen Nazi-Kriegsgewinnler, Nazi-Fabrikanten, Nazi-Finanziers.

Verweigern wir uns total den Nazis. Befolgen wir keine ihrer Anweisungen. Sagen wir ihnen, dass wir sie bestenfalls ignorieren können. Damit legen wir den gesamten Apparat dieser miesen Gesellschaft lahm, denn er besteht – bezeichnenderweise – zu einem lebenswichtigen Teil aus den alten Nazis.

Mobilisieren wir die permanente
A N T I-N A Z I-K A M P A G N E
Bereiten wir den
A U F S T A N D
gegen die Nazi-Generation vor.

Hervorhebungen im Original.

Anmerkung:
1 **Kurt Georg Kiesinger (1966–1969 Bundeskanzler):** Er war von 1933 an Mitglied der NSDAP und arbeitete während des Nationalsozialismus als Jurist im Auswärtigen Amt.

Quellenangabe: Ralf Bentz u. a.: Protest! Literatur um 1968. Eine Ausstellung des Deutschen Literaturarchivs. Marbach am Neckar 2000, S 43 f.

Aufgabe 3: Textanalyse von M 1 und Vergleich zwischen M 1 und M 2 – Musterlösung

Tipp zum Punktesammeln

Hinweise zur Texterschließung finden Sie im Methodenteil des FiNALE-Prüfungstrainers auf S. 129 f. Zu beachten ist:
- Bei einem appellativen Text (z. B. Flugblatt, Zeitungsartikel) sind zwingend die Werturteile herauszuarbeiten, die die Autorin/den Autor leiten (hier: Frage nach der Zielsetzung/Legitimation der Studentenproteste).
- Versuchen Sie auch, die Argumentation des Textes herauszuarbeiten, und diese in Ihrer Analyse übersichtlich gegliedert darzustellen.

Schritt 1: Beschreibung von M 2

Formal:

„Widerstand ohne Tyrannen" ist ein Zeitungsartikel des Politikwissenschaftlers Dolf Sternberger, welcher am 6.5.1968 in der „Frankfurter Allgemeine Zeitung" (FAZ) veröffentlicht wurde und sich an die westdeutsche Öffentlichkeit, allen voran an den vorwiegend liberal-konservativen Leserkreis der FAZ richtete.

Inhalt/Gedankengang:

Thematisch handelt der Artikel von den Protesten im Jahr 1968 vor dem Hintergrund des kritisierten mangelnden Widerstands der Elterngeneration gegen den Nationalsozialismus. Sternberger vertritt die Ansicht, dass die Bundesrepublik es nun büßen müsse, dass die Hitlerdiktatur nicht von Deutschen selbst gestürzt worden sei und die nun nachgeborene Generation der Söhne ihren Vätern diesen schwachen inneren Widerstand gegen den Nationalsozialismus zum Vorwurf machen könne (vgl. Z. 10-12.).
Im Gegensatz zu den Vätern scheinen eben diese Söhne den studentischen Protest als nachgeholten Widerstand der jüngeren Generation zu verstehen (vgl. Z. 29 ff.), der allerdings als Widerstand ohne Tyrannen die damaligen Verhältnisse in ihr Gegenteil verkehrt. Dieser Widerstand treffe, so Sternberg kritisch, zu Unrecht einen Staat, der gerade „als Gegenbild der Tyrannei entworfen worden ist – von Leuten, welche die Tyrannei erlitten, aber ihr freilich wenig aktiven und jedenfalls keinen erfolgreichen Widerstand entgegengesetzt" (Z. 31-36) haben. Sternberger betont, dass Rudi Dutschkes zynische Aussage, ein Tyrannenmord lohne bei den jetzigen auswechselbaren staatlichen Funktionsträgern nicht, gerade ein Kennzeichen des funktionierenden liberalen Verfassungsstaates sei, da die zeitlich befristete Übertragung von Regierungsämtern und die damit verbundene Auswechselbarkeit die gegenwärtigen Regenten klar von Tyrannen unterscheide.

Sprache:

Die Antithese „Väter – Söhne" strukturiert den gesamten Artikel, um den Gegensatz zwischen der Eltern- bzw. Vätergeneration und der nachgeborenen Generation der „Söhne" bzw. der Kinder im Jahr 1968 zu verdeutlichen: „Die Söhne rächen sich für die Schwäche der Väter" (Z. 15 f.). Sternberger verwendet Wiederholungen und Chiasmen, die stellenweise in

Form einer Epanodos den scharfen Kontrast zwischen den Generationen hervorheben und zur Verstärkung der Antithese dienen: „Damals gab es einen Tyrannen und wenig Widerstand. Heute gibt es viel Widerstand oder doch Widerstandsbedürfnis und keinen Tyrannen" (Z. 38-41).

Schritt 2: Erklärung im historischen Kontext
Die Bildung der ersten Großen Koalition aus CDU/CSU und SPD unter Bundeskanzler Kurt Georg Kiesinger (CDU) im Jahr 1966, der im Bundestag lediglich die kleine FDP als Opposition gegenüberstand, beförderte die Entstehung einer Außerparlamentarischen Opposition (APO), die vorwiegend aus Studenten und Gewerkschaftlern bestand und sich mit Großkundgebungen u. a. gegen die am 30.5.1968 vom Bundestag verabschiedete Notstandsverfassung richtete. Die Proteste prangerten autoritäre Strukturen in Staat, Gesellschaft, Medien (Axel-Springer-Verlag) und im privaten Kreis der Familie (patriarchalische Struktur) an. Neben einer Demokratisierung der Universitäten und Schulen wurde eine konsequente Aufarbeitung der NS-Vergangenheit (Bundeskanzler Kiesinger als Ex-NSDAP-Mitglied stand hierbei stellvertretend für die NS-Vergangenheit der gesamten Vätergeneration) gefordert und gegen den Vietnamkrieg demonstriert. Die Erschießung Benno Ohnesorgs 1967 bei einer Demonstration und das Attentat auf Rudi Dutschke 1968 trieben die Spaltung der Gesellschaft weiter voran und führten zu einer Radikalisierung der Studentenbewegung (RAF).

Schritt 3: Haltung/Intention des Autors
Sternberg äußert sich kritisch gegenüber der Studentenbewegung um Rudi Dutschke, deren Widerstand gegen die freiheitlich-demokratische Grundordnung der Bundesrepublik und deren Repräsentanten ihm nicht nachvollziehbar erscheint. Er verdeutlicht seinen Lesern, dass der westdeutsche Staat als liberaler und demokratischer Rechtstaat konstruiert worden ist und damit gerade das Gegenmodell zur nationalsozialistischen Gewaltherrschaft verkörpert. Er verteidigt demnach die bestehende staatliche Ordnung.

Schritt 4: Vergleich mit M 3 und Fazit

Tipp zum Punktesammeln

Um Material 2 (M 2) mit Material 3 (M 3) strukturiert und effizient vergleichen zu können, sind Vergleichskriterien bzw. -punkte zu wählen: u. a. Quellentyp, Autor, Erscheinungszeit und -ort, Adressat, historischer Kontext und Perspektive/Intention.

Formale Gestaltung:
Bei M 2 handelt es sich um einen Zeitungsartikel, bei M 3 um ein Flugblatt, die beide in den Jahren 1967/1968 erschienen sind. Während sich der Zeitungsartikel an die eher bürgerlich-konservative Leserschaft der FAZ wendet, ist das Flugblatt an Anhänger und Sympathisanten der APO gerichtet.

Haltung der Verfasser gegenüber dem Staat:
In M 2 wird die Bundesrepublik als demokratisch und rechtsstaatlich verfasster Staat und damit als Gegenentwurf zum Dritten Reich charakterisiert, dem entgegen erscheint die Bundesrepublik in M 3 als faschistisch. Während Sternberg die „in liberalem Geist" (M 2, Z. 18 f.) von denjenigen errichtete Ordnung der Bundesrepublik, die aus der NS-Diktatur „ihre moralische Haut hatten einigermaßen retten können" (M 2, Z. 24 f.), akzeptiert und den Verfassungsstaat als Errungenschaft gegen Tyrannei (vgl. M 2, Z. 30 f.) positiv hervorhebt, lehnen die Verfasser von M 3 die Bundesrepublik ab und rufen die Leser dazu auf, den Aufstand gegen die Elterngeneration vorzubereiten (vgl. M 3, Z. 40 ff.).

Sprachliche Mittel:
Während sich Sternberg als Politikwissenschaftler in M 2 der Bildungssprache bedient (siehe oben), ist M 3 durch Umgangs- und Vulgärsprache geprägt: „Nazi-Pest" (M 3, Z. 16). M 3 ist als Flugblatt appellativer als M 2, möchte Anhänger und Sympathisanten mobilisieren und zielt auf eine dauerhafte Kampagne gegen die vermeintlichen Nazis in Staat und Gesellschaft ab (vgl. M 3, Z. 23-31). Beide Texte setzen sprachliche Wiederholungen zur Verstärkung der Aussage ein.

Auslegung der Studentenproteste:
Sternberg interpretiert die Studentenproteste als Versuch der nachgeborenen Generation, den schwachen inneren Widerstand der Väter gegen das NS-Regime in der Bundesrepublik des Jahres 1968 nachholen zu wollen, was ihm angesichts des bundesrepublikanischen Verfassungsstaates unpassend erscheint. Das Flugblatt betont hingegen die Notwendigkeit des Ungehorsams gegen die „Nazi-Generation" (M 3, Z. 3) und verlangt, „endlich eine richtige Ent-Nazifizierung" (M 3, Z. 18) durchzuführen. Gemeinsam haben beide Texte, dass von einem Generationenkonflikt ausgegangen wird.

Fazit:
Das Flugblatt ist als Ausdruck des sich radikalisierenden Studentenprotestes zu verstehen. Der Zeitungsartikel kritisiert diese Proteste als unangemessen und verteidigt die politische und gesellschaftliche Ordnung der Bundesrepublik.

Aufgabe 4: Überprüfen – Musterlösung

Tipp zum Punktesammeln

- Sie sollten zuerst das Konzept „gesellschaftliche Herausforderungen" schlüssig erläutern.
- Bei dieser Aufgabenstellung ist es wichtig, dass Sie strukturiert Argumente anführen, die die These stützen, bevor Sie diese widerlegen und so dann zu einem eigenen Urteil gelangen.
- Für eine strukturierte Analyse ist es hilfreich, wenn Sie versuchen, das Thema in unterschiedliche Bereiche aufzuteilen, um Schwerpunkte für die Beurteilung zu setzen (z. B. Wirtschaft, Bildung, Kultur, Außenpolitik usw.).

Definition/Begriffsklärung:
Unter „gesellschaftliche[n] Herausforderungen" sind Probleme/Zukunftsaufgaben in der 1970er- und 1980er-Jahren zu verstehen, die gesellschaftliche Bedeutung haben, also die ganze Gesellschaft der Bundesrepublik und nicht nur Partikulargruppen betroffen, sondern ein umfassendes, grundlegendes politisches Tätigwerden erfordert haben. Als „erfolgreich bewältigt" kann aus heutiger Sicht beispielsweise eine effektive, aber auch eine nachhaltige Lösung gelten, die gleichermaßen suffizient, konsistent und effizient war/ist.

Folgende gesellschaftliche Herausforderungen bieten sich für die Widerlegung und/oder für die Bekräftigung der These an:
- Mangelnde politische und gesellschaftliche Partizipation (APO),
- Kritik an traditionellen Moral- und Wertvorstellungen,
- mangelnde Bildungs- und Aufstiegschancen,
- Krisen- und Umweltbewusstsein (Umweltbewegung, Club of Rome: „Grenzen des Wachstums", „Waldsterben"),
- Kriegsängste (Angst vor einem „heißen Krieg", Wettrüsten, NATO-Doppelbeschluss, Friedensbewegung),
- Wirtschafts- und Energiekrise („Ölpreiskrisen"),
- Strukturkrise („Ende des Booms"; Sektoraler Wandel),
- Terrorismus (RAF) u.a.

Beispiel: Wirtschafts- und Energiekrise/Strukturkrise
Eine gesellschaftliche Herausforderung waren die Ölpreiskrisen in den Jahren 1973/74 und 1979/80 und die sich daran anschließenden Konjunktureinbrüche. Die erste Ölpreiskrise von 1973/74 führte zu einer Stagflation, d. h. bei stagnierendem Wirtschaftswachstum setzte gleichzeitig eine übermäßige Geldentwertung (Inflation) ein. Hervorgerufen wurde diese Situation durch einen bewusst herbeigeführten Angebotsschock beim Rohöl („Ölschock"). Die zweite Ölpreiskrise von 1979/80 hatte im Vergleich zur ersten weniger drastische Auswirkungen auf die bundesrepublikanische Wirtschaft. Die Ölpreiskrisen verdeutlichten, dass das Öl die heimische Kohle zu Beginn der 1970er-Jahre längst als wichtigsten Energieträger abgelöst hatte und die Abhängigkeit von dieser und anderen endlichen Ressourcen die „Grenzen des Wachstums" der Volkswirtschaften bestimmen würden, wie eine Dokumentation des Club of Rome im Jahr 1972 prognostiziert hatte. Die seit 1960 bestehende und von arabischen Staaten dominierte OPEC (Organization oft the Petroleum Exporting Countries = dt.: Zusammenschluss der erdölexportierenden Staaten) kann bis heute als Angebotskartell den Ölpreis durch die Steuerung der Fördermenge gezielt beeinflussen, Als Strafe („Ölwaffe") für die westlichen Industrienationen, die Israel im Jom-Kippur-Krieg (6.-24.10.1973) unterstützt hatten, drosselte die OPEC die Ölförderung, was zu einer Verdoppelung des Rohölpreises in relativ kurzer Zeit führte und die bundesdeutsche Volkswirtschaft in einen Schock versetzte. Die Folge waren erhebliche Preissteigerungen in nahezu allen Bereichen der Volkswirtschaft und ein deutlicher Konjunktureinbruch mit drohenden Firmenpleiten und Massenentlassungen. Die Krise verstärkte die Auswirkungen des Strukturwandels weg vom sekundären (Bergbau, Industrie) hin zum tertiären Sektor (Dienstleistungsgesellschaft; Übergang von der Industrie- zum Informationszeitalter), der die Bundesrepublik in den

1970er-, 1980er- und 1990er-Jahren, auch aufgrund der beschleunigten Globalisierung, prägte. Die sozial-liberale Bundesregierung unter Bundeskanzler Helmut Schmidt legte ab 1974 kostspielige Konjunkturprogramme zur Abwendung von Insolvenzen sowie zur Bekämpfung der steigenden Arbeitslosigkeit auf und ergriff Maßnahmen zur Energieeinsparung: u. a. Fahrverbote an vier Sonntagen (Energiesicherungsgesetz), die jedoch wenig effizient und suffizient waren, allerdings zu einem allmählichen Umdenken in puncto Rohölabhängigkeit und zu Überlegungen zur konsistenteren Energieerzeugung (Atomkraft, regenerative Energien) führten. Zudem wurde u. a. eine strategische Erdölreserve aufgebaut, um zukünftigen Engpässen besser begegnen zu können. Diese antizyklische Konjunkturpolitik führte allerdings zu einer sprunghaft steigenden Verschuldung der öffentlichen Haushalte, die die Handlungsfähigkeit des Staates einzuschränken drohte. Obwohl die Maßnahmen effektiv geholfen haben, dass die bundesrepublikanische Volkswirtschaft recht unbeschadet durch die erste Ölpreiskrise kommen konnte, stiegen neben der Staatsverschuldung die Arbeitslosenzahlen trotz einer Erholung der Konjunktur weiter an. Es zeichnete sich eine anhaltende, von der konjunkturellen Entwicklung abgekoppelte Sockelarbeitslosigkeit ab. Die Politik der sozial-liberalen Bundesregierung war auf längere Sicht nur teilweise erfolgreich, da eine nachhaltige Bekämpfung der strukturellen Arbeitslosigkeit unterblieben war und die staatlichen Konjunkturprogramme nur kurzfristig gefährdete Arbeitsplätze sichern konnten. Unter Bundeskanzler Helmut Kohl erfolgte nach 1982 ein Wechsel hin zu einer angebotsorientierten Wirtschaftspolitik mit der Zielsetzung, Einsparungen beim Bundeshaushalt vorzunehmen und die Produktionsbedingungen für Unternehmen zu verbessern. Trotz anfänglicher Erfolge (Rückgang der Staatsverschuldung und leichte Zunahme der Beschäftigung) konnte die strukturelle Arbeitslosigkeit von der christlich-sozialen Bundesregierung auch nicht nachhaltig bekämpft werden und die anhaltende Massenarbeitslosigkeit blieb das zentrale Problem der Wirtschaftspolitik bis Mitte der 2000er-Jahre.

Stichwortverzeichnis